上海市重点图书
上海大学创意写作丛书(第二辑)
许道军　主编

创意写作十五堂课
第2版

许道军　冯现冬／著

上海大学出版社
·上海·

图书在版编目(CIP)数据

创意写作十五堂课 / 许道军, 冯现冬著. —2版. —上海: 上海大学出版社, 2023.10
(上海大学创意写作丛书, 第二辑)
ISBN 978-7-5671-4836-9

Ⅰ.①创… Ⅱ.①许…②冯… Ⅲ.①汉语-写作-研究 Ⅳ.①H15

中国国家版本馆 CIP 数据核字(2023)第197077号

策　　划　徐雁华　江振新
责任编辑　徐雁华　江振新
封面设计　缪炎栩
技术编辑　金　鑫　钱宇坤

创意写作十五堂课(第2版)
许道军　冯现冬　著
上海大学出版社出版发行
(上海市上大路99号　邮政编码200444)
(https://www.shupress.cn　发行热线 021-66135112)
出版人　戴骏豪

*

南京展望文化发展有限公司排版
江苏凤凰数码印务有限公司印刷　各地新华书店经销
开本 890mm×1240mm　1/32　印张10.5　字数235千
2023年11月第2版　2023年11月第4次印刷
ISBN 978-7-5671-4836-9/H·420　定价 58.00元

总序(一)

葛红兵

创意写作学科在中国经历了 10 多年的发展,从对英美创意写作学科的译介和引进,到面向中国的历史和现实寻找理论与实践资源进行内生性建设及发展;从与创意写作产业结合逐步打开产业视野,到进一步与公共文化服务结合融入原创性社区文化建设,创意写作在中国走过了从无到有,从引进到创新,从教育到与产业、事业联结等过程。正如笔者在世界华文创意写作大会(2015 年,上海)创生时将大会性质定义为"国际华文创意产业界文创人员、职业作家、写作教育者的行业大会"[①],将大会的目标定义为"促进华文创意写作人才的培养,促进华文创意写作作品的培育,促进华文创意写作事业国际影响力的提升,促进华文创意写作人才、作品与创意产业、公共文化服务的联结……推进华文创意写作学科研究及教育教学发展"[②],创意写作在中国诞生之初,就被视作"以创意思维养成为目标,以写作为呈现手段,面向创意产业,培养创意产

---

① 世界华文创意写作协会. 世界华文创意写作大会宣言(2015)[EB/OL]. (2015 - 06 - 23)[2019 - 07 - 06]. http://blog.sina.com.cn/s/blog_473d280c0102vipc.html.
② 世界华文创意写作协会. 世界华文创意写作大会宣言(2015)[EB/OL]. (2015 - 06 - 23)[2019 - 07 - 06]. http://blog.sina.com.cn/s/blog_473d280c0102vipc.html.

业原创从业人才及创意事业服务人才的学科"①。从这个角度讲,创意写作学科在中国诞生之初,就拥有比它在欧美肇始更自觉的实践学科定位和社会角色意识,然而,这并不意味着创意写作学科在发展过程中没有经历过波折,未来不会遇到问题,事实可能恰恰相反。

一、创意写作学科中国化发展及问题

创意写作在中国由少数几个高校孤立的试点实验发展到如今近两百所高校的联盟共创,由当初的孤绝而至如今的热闹,其热闹的外观下,实际隐藏着可能更加让人担忧的东西:创意写作正从当初对于传统中文教育来说的革命性反对者,变成了这个立场的另一方向的合谋者。当初,创意写作反对的是中文学科内部文艺理论话语产生话语的"学术机制"、文学史学拘泥于历史而对现实发声无力的"泥古机制";反对的是这种机制的不及物,它与实践脱节,与学生的能力需求脱节。同时,创意写作在中国诞生之初,它就在反对传统中文学科内的某种话语等级结构,在那种传统的中文话语结构中,历史话语高于现实话语,理论话语高于实践话语,古代文学史课程时长是当代文学史课程的8倍,文艺理论课程时长是创作实践类课程的4倍,有一段时期某些高校的中文学科甚至全部取消了创作类实践课程。布尔迪厄曾经指出:"教育社会学是知识社会学和权力社会学的一个篇章,而不是一个微不足道的部分……实际上,它引导我们理解旨在再生产社会结构和心智结

---

① 世界华文创意写作协会. 世界华文创意写作大会宣言(2015)[EB/OL]. (2015-06-23)[2019-07-06]. http://blog.sina.com.cn/s/blog_473d280c0102vipc.html.

构的机制。由于这些机制在起源和结构上与上述客观结构相关，从而有助于对这些机制真相的误识，并因而有助于认可其合法性。"①传统中文教育体系曾经将学术区隔转化为学术话语等级和教授之间的社会地位区隔，反过来这种对于教授社会地位的区隔的合法化（写作教师当年在传统中文教学体系中是完全没有地位的，处于这个中文学科话语体系的底层，其地位当然也处于底层，写作学甚至没有核心期刊，不设教授职位），"通过在学术中立性掩盖下所强加的认知分类"②，传统中文教育系统再生产了现存的中文学科的社会关系，不断地自我强化着而不是消除了这种学科资源的不平等现状。

创意写作诞生之初，为了打破这种不平等关系，着意建构了另一种关系体系，一种更多地依赖文创产业的外部力量将自己特别定位于"实践领域"的学科。为了强调自己不是传统中文学科体系中的"一员"，它甚至不承认自己是另一种中文学科，不愿意自己被那种学科传统收编而"理论化""系统化"，拒绝创意写作的元理论研究。为了保持自己属于颠覆者的革命性"他者身份"，创意写作重新定位了自己的师生关系，它甚至认为在课堂上，教师是没有地位的，他只是经验稍稍丰富一点的创写活动的组织者，它把自己的课程形式定位于新型的"工作坊"。在工作坊中，要求教师带项目来和学生一起工作，教师可以帮助学生，但不允许高高在上地"指导"学生；在课堂中，不允许教师单纯讲授知识；而要求教师亲身参

---

① 布尔迪厄.国家精英：名牌大学与群体精神[M].杨亚平，译.北京：商务印书馆，2004：8.
② 朱国华.文化再生产与社会再生产：图绘布迪厄教育社会学[J].华东师范大学学报（哲学社会科学版），2015(5)：181.

与,把课堂变成师生的共同创作实践。在这种认识的引导之下,创意写作强调作家教学,大量引进作家型教师,把创意写作变成了师徒相授的经验传承。以上这些在世界华文创意写作协会主办的世界华文创意写作大会第一届年会上,形成了某种共识,且以宣言的形式发布,宣言讲道:"随着中国文化创意产业的发展、中国公共文化事业的发展,创意写作已经成为文化创意产业、事业的基础性力量。"[1]尽管第一届世界华文创意写作大会,倡导"在高校建立创意写作学科""改革中国高校中文教育教学培养机制,创建中国化创意写作学科,为培养具有现代意识的专业创作人才和具有原创写作能力的创意产业核心从业人才做出更多的工作";但很明显,大会认为这个"学科"是实践性的,它培养的学生也不同于以往,不是文学史家、文学批评家、语文教育工作者,而是创意产业基础从业人员,"要求创意写作学科加强创意写作与文化产业、事业的联结,推广创意写作的社会化"[2]。由此,我们看到,中国的创意写作学科建设者,实际上是把该学科当作"实践领域"来认识的。

这种思路,也延续到第二届大会。在第二届大会的会议总结中,我们的总结者这样说道:"未来要在华文作家的作品报告、会员成果发布、创作出版对接等方面加强工作,同时尽可能多地促进华人青年创意写作人才培训工作,让华文创作者有机会接触国际创意写作大师,跟大师一起参加工坊创作,让大会成为原创文稿创作经验交流及名家名作成果发布、创意的产业化转换对接、创意培训

---

[1] 世界华文创意写作协会.世界华文创意写作大会宣言(2015)[EB/OL].(2015-06-23)[2019-07-06]. http://blog.sina.com.cn/s/blog_473d280c0102vipc.html.
[2] 世界华文创意写作协会.世界华文创意写作大会宣言(2015)[EB/OL].(2015-06-23)[2019-07-06]. http://blog.sina.com.cn/s/blog_473d280c0102vipc.html.

的多层次共生平台。"①在第二届大会上,与会者呼吁社会应更多地关注创意写作事业;政府和企业应更多地重视文化原创力的培育与提升,吸引、组织文创人才考察经济发展及投资环境,为地方发展建言献策,吸引世界级华文创意大师、专业写作人才利用地方传说、风物进行创作,提高文稿创作水平和影响力,促进地方性题材、作品创作项目立项,等等。也是在那届大会上,创意写作学科界请来了作家、企业家等,还邀请了阅文集团加盟,这让创意写作和生产联结。那年,除了高端研讨活动之外,我们还在上海市文化发展基金会的扶持下,组织了华文创意写作周活动,请来了作家、企业家,组织了作品发布会、研讨会,试图"打造中国创意写作界自组织平台,开发世界性华文创意写作文化品牌活动,促进世界华文文化创意产业原创力提升,原创作品的创作和原创人才的培养"②。今天看来,第二届大会提出期待社会认可创意写作,期待创意写作走出校园,走出课堂,与广阔的社会生活结合的设想与呼吁,依然是有其现实价值的。即使是在今天,虽然创意写作学科被教育界认可已经是不争的事实,但是,教育部依然没有承认创意写作的独立学科地位,创意写作教师面临学科地位不被承认,申请课题没有学科口径,发表论文没有核心期刊阵地等问题依然存在。创意写作若要得到社会的广泛认可,创意写作界需要做的工作还有很多。创意写作也的确需要走出校园和课堂,去证明自己的产业前景和在公共文化服务事业上的力量,证明自己在创新中国战略中不可

---

① 世界华文创意写作协会.世界华文创意写作大会宣言(2015)[EB/OL].(2015 - 06 - 23)[2019 - 07 - 06]. http://blog.sina.com.cn/s/blog_473d280c0102vipc.html.
② 世界华文创意写作协会.世界华文创意写作大会宣言(2015)[EB/OL].(2015 - 06 - 23)[2019 - 07 - 06]. http://blog.sina.com.cn/s/blog_473d280c0102vipc.html.

忽略的地位和价值；的确，中国正由生产型大国、服务型大国向创新型大国和创新驱动型大国转型，在这个过程中，中国需要全新的创新战略，不仅仅是要把科技创新看作生产力发展的核心要素，也同时要把文化的创意创新当作生产力发展的核心要素；在这个过程中，创意写作作为其核心底层支撑性学科应该受到更多的重视和认可。

但是，要求创意写作学科直接走向社会，和社会联结，直接成为某个"实践领域"，直接培育作品、推动作品出版和改编，直接组织作家和企业对接，组织面向产业和事业的创作及创作服务活动，用这个来证明自己的地位和价值，其实是走岔了路。

现在，回首四年前的呼吁，我们发现那时呼吁创意写作学科要走出校门和时代生活结合，和创意产业结合，提高传统中文学科的实践性，在培养学生基础素养的同时培养学生的从业技能，这些都是适逢其时而又具有前瞻性的。这些年来，中国高校创意写作学科的创生已经成了不可否认的事实，中国创意写作学科已经由部分高校的实验性探索发展成了全面开花的高校中文教育改革行动。但是，创意写作学科对自身的学科定位认识应该说是有一个过程的，其理论探索也是逐步发展起来的，到第三届世界华文创意写作大会时，大会的组织者就提出了"建设中国创意写作教育教学体系，建构中国化创意写作学科高地"的大会主题。大会与中国高等教育出版社合作，把建构中国创意写作教育教学高地当作主题，讨论了创意写作教育教学方法的研究和推广问题。在这届大会中，创意写作学科界惊喜地迎来了很多中学老师、小学老师，迎来了近两百所高校代表，创意写作已经不仅仅是部分高校的实验，而是拥有数百学校共同参与的一项重大行动；创意写作不仅仅是高校的探索行为,同时也是在逐步向中学和小学渗透的全民教育行为;它把创意放在第一位,把写作看作创意实现的基本主张,它把人人可以写作、写作可以教授的主张带向了更加广阔的层次,正把创意教育推向更加广泛的教育领域。值得注意的是,第三届大会对创意写作学科超速扩张提出担忧,大会总结性发言中,总结者提道:"我们的基本理论研究、基本实践实验,我们对创意写作能力评估、潜能激发,创意写作中的分体写作方法,创意写作与产业及文化公共事业的关系的研究,等等,还刚刚起步,尤其是创意写作教育教学方法论的建构,我们还没有脱离向海外学习的阶段,甚至,我们向海外的学习还不够,我们的中国化研究更不够,这个时候,创写学科的超速发展就让人担忧了。"

我们可以看到第三届大会的主题反而定得比较小,专心研究创意写作教材和教法,大会在主题发言阶段、圆桌会议阶段都展开了激烈讨论,还专门开设了创意写作示范课及示范课讨论,专门讨论教学法。笔者甚至认为,第三届大会是一届中国创意写作教育教学法的大会,它标志着中国创意写作学科摆脱了在教育界由寻求创生和对创生的认可的路线,走向学科自觉甚至反省。

二、学科合法性及基础理论难题

创意写作学科自在美国诞生以来,一直是在质疑中发展的,很多内部理论问题,一直没有得到很好的厘清,没有产生完整的系统的学科共识。在中国,创意写作学科也面临着类似困境,因为在中国,创意写作学科是在跟文学非产业派、创意产业非产业派、创意写作学科非学科派的斗争中成长起来的,其特殊的成长史,使得中国的创意写作学科在诞生之初处理这些问题时表现出了偏于一边倒的情况,而产生了其特殊的困难。但是,创意写作学科,其实是不可能回避这些问题的,它必须直面自己的内部理论困境:① 如何理解学科的理论属性和实践属性及其矛盾关系,这事关学科的基本定位;② 学科培养人才的目标的内在矛盾:教导创作共性和创作需要个性之间的矛盾,这事关学科存在的价值;③ 学科奠基于创意思维(创造性思维、批判性思维)还是奠基于写作技能的矛盾,这事关学科存在的基本途径;④ 学科精神的矛盾,面向产业的市场精神和面向创作者个人的精英精神的矛盾,这事关学科存在的价值观选择。

创意写作学科的对象是什么?它的逻辑起点、中介、终点在哪里?它的学科本质论、认识论、方法论如何展开?这些都需要我们研究创意写作学科基本原理、创意写作学科发展史、创意写作学科中国化方法、国外创意写作学科研究、创意写作教育等。

也有学者认为,写作学既已存在,又何必单独设立一门创意写作学?创意写作学不能以原型的独立形态被纳入中文学科体系,历史地看,写作学在部分高校的学科目录中的确是存在过的,它可以涵盖创意写作学。然而,创意写作学作为严整而完备的科学体系和学科体系,有其自身的内在逻辑结构,是整体化的、内部各方面有机联系的、揭示创意产业背景下写作及写作活动的本质的体系,这是传统的在非创意产业背景下产生的"写作学"所做不到的,更是无法包容的,两者对写作本质的理解是不一样的。创意写作学把写作的本质理解成是产业、事业及思维;而写作学把写作的本质理解成是个人性的语文和修辞技能,设立创意写作学学科是有创意产业作为客观依据及现实基础的。涉及传统写作学和创意写作学的学科地位之争,笔者甚至认为,结论应该是相反的,应该是创意写作学包含传统写作学,而不是传统写作学包含创意写作学,我们不应该囿于传统和现状,相反应该立足于现实,放眼未来。当然,不管如何,设立创意写作学一定会使现有汉语言文学学科建设面临新的困境与挑战。创意写作学既是创意产业(或者更窄一点——文学产业)重要指导思想的来源及规律的揭示者,又是二级学科(狭义的创意写作学),它涉及重要的产业实践领域,其研究和传播必须符合国家产业政策,视野必须拥有创意国家的口径[①]。广义的创意写作,往往与广告、影视、文学创作、文学的社区化服务等混为一谈,广义的创意写作研究的视野、内容过于宏大,而且重大理论创新和突破,往往由政府政策来决定(例如文学产业中数字出版的许可政策等),学界似乎应该退而求其次,追求创意写作的狭义理解,建构狭义的创意写作学。

"创意写作"一词,通常有几方面的含义:首先是指个人创作实践;其次是指国家层面的产业实践,即为实现个人和团体创意创作成果而进行的产业活动及其成果;再次是指社会层面的公共服务实践;最后是指思想,即指导这些实践、为建立和发展新型创意(写作)产业、创意(写作)事业做论证的思想理论。它是个人的,也是社会的;是产业,也是事业;是个人的精神高标,也是世俗社会的消费娱乐。笔者主张,"创意写作",主要就是指思想理论体系;"科学创意写作学"的产生,是相对于"传统写作学"而言的,它奠基于创意产业尤其是文学创意产业之上,成为科学,就是要求人们去研究

---

① 葛红兵,高翔."创意国家"背景下的中国当代文学转型:文学的"创意化"转型及其当代使命[J].当代文坛,2019(1):105.

它；它的概念的内涵与外延不能泛化，而是要狭义化，要奠基于其本源性的研究范围——个人性写作与社会化创作实践，建构结构化的理论体系。

从2008年开始，十余年来，创意写作学从无到有，近年越来越成为一门显学，有其独立的研究对象、学科定位、基本范畴和理论体系，而且从第三届世界华文创意写作大会开始，中国创意写作学界就提出了"中国化"问题。实际上，中国创意写作学理论体系是国际创意写作学基本原理同中国文学创意写作实际和时代特征相结合的产物，是以人类写作活动的世界性历史经验和规律作为研究范围，总结其历史规律，从而揭示发展趋势，能对创意写作实践构成指导意义的总括理论，也是与中国现实结合而产生的理论。它的各种理论难题和悖论都要在这个基调上加以解决。

（1）我们认为狭义的创意写作学应该是理论形态的，它的理论性毋庸置疑，尽管它是实践性非常强的学科，但是，这并不能掩盖其理论性，甚至，对于当前的社会需要来说，其理论的自觉定位相较于实践探索，还显得更为重要。

（2）创意写作学要研究学科共性规律，要把科学性放在首位。任何创造都是个性化的，但是，产生创造的过程和必然产生创造的机制却是共性化的，不能因为创造需要个性化而掩盖学科研究共性规律的本质。创意写作学不是要把每一个人的创作当作个案来研究，研究其个性化特征，相反是要把个人性的创作当作普遍规律的抽样样板来研究；它不反对个性，相反锻造个性，但是，它强调创造个性的过程和规律是有共性基础的。

（3）它奠基于人类创意思维的共性研究，但是，也绝不把这种研究神秘化，它坚信创意思维的科学规律是可循的，而这种规律的发现对打造创意技巧是有直接指导意义的,对相应的创意实践(creative practice)也有帮助作用。

(4)它应该坚决反对矮化产业,片面强调个人文学创作和写作创意的精神性的看法。产业化并非必然地让文学创意创作变得没有精神,相反有精神的文学创作也并非必然地不能产业化,它也同时强调,要把文学创意创作放进国家创意机制系统和公共文化服务体系中去研究,片面的个人的精神性的高蹈是反学科的,只有有背景限定的共性研究才具有学科意义。

创意写作不是经验之学,创意写作学也不可能作为纯粹的经验之学而存在。创意写作学是科学,创意写作学要加强"人人可以写作,但写作能力需要培养"等基础原理的研究,建构自己逻辑自洽的理论话语体系,加强国别经验研究的同时将之历史化,完成学科史话语建构,强化中国问题意识,建设中国学派,同时要特别重视教育教学研究。如此,才能在历史发展中汲取养料,在不断发展的中国现实中提取实践经验,在不断的理论探索中解决自己的理论悖论,走出理论困境,找到自己的学科合法性和健康发展之路。

三、创意写作学建构:创作之道与应用之道

工作坊制教学在创意写作领域方兴未艾,世界华文创意写作大会第三、第四届大会都有专门的主题讨论和教育教学实验活动专场,两届会议都开设了创意写作工作坊教学讨论单元。很多高校都要求教师把真实项目带进课堂,甚至要求学生直接在网络文学创作平台上完成作业,这种课堂训练,对于学生寻求创意写作技能的运用之道,把学习创作之道和运用之道直接结合,让课堂和产

业直接接轨具有实际意义。它不仅明确在课堂上除了教给学生基础素养,还直接培养职业技能,这对传统汉语言文学教育教学来说,是有革命性意义的。但是,这样的课堂,对于创意写作学科来说,到底是高标还是低标呢?如果把创意写作看作是一个实践领域,而不是一个学科,这样的教育教学策略应该是高标;但是,创意写作不是经验之学,创意写作学也不是职业培训学,创作之道和运用之道,并不能完全画上等号,在应用之道之外,创意写作学要做的还有很多。

创意写作是为文化创意创新实践提供基础支撑的领域之一,创意写作学则是一门综合性的人文社会理论学科,创意写作学以创意写作为研究领域,但是,这并不等于说,创意写作学就天然地拥有了自己的研究"对象"。如何规定创意写作学的研究对象呢?笔者主张,创意写作学,其学科的研究对象应当是——当前生产力和文化发展条件下人类以语言为媒介的原创力的养成及实现规律,特别是要深入研究中国特色文化创意产业及事业制度下创意写作的活动及发展规律。笔者之所以主张创意写作学科的研究对象是当前生产力和文化发展条件下人类以语言为媒介的原创力的养成及实现规律,是因为当前这既是创意写作学研究的逻辑起点,也是其逻辑终点,只有这样的对象才能成为一个学科的"对象"。

为什么这么说呢?其实,一切人文社会科学的根本目标都是人的解放,说到底都是以人为本,克服人的异化,都是为了达到人的自由而全面发展的理想境界;但是,各个学科自身又有自己独特的对象,这个对象规范了学科的存在,规范了该学科的基本范畴、基本原则、重要原理,并且因之而能建构符合历史与逻辑高度统一的学科体系。对于一个学科来说,其逻辑起点应该是"构成研究对象最直接和最基本的单位",其内涵贯穿于理论发展的全过程,其范畴有助于形成完整的学科理论体系。笔者主张,把"人类以语言为媒介的原创力的养成及实现"作为创意写作学学科的逻辑起点,是因为其中蕴含了以"文明对人的原创力的压抑"为切入点的研究,可以分析人的原创力的本质与特性、人的可能原创力及现实原创力;在"人的解放"和"人的发展"的视阈中研究当代文化,尤其是教育文化、产业文化的矛盾,研究人的原创力解放问题,研究人的可能原创力向现实原创力转化的可能途径与方法,论证"人人能创造""人人能写作"的人的原创力图景;在全面建设中国特色创意写作教育及创意产业实践进程中,最终实现"人的原创力自由而全面发展"的目标。

创意写作学科拥有自己的本质论观念及其体系,由此,在学科方法上,片面地反对演绎法,反对学科原理原则推导法等都是不对的。学科对人的创造性"本质"的认定,对"人人能创造""人人能写作""写作可以教"等原则的认定,对学科通过下定义来分析创意、写作、创意写作等的内涵和外延,丰富和明确自己的基本范畴系统,研究创意写作原创力的各个方面,进而讨论原创力养成和实现的各种途径,指明"人类以语言为媒介的原创力的养成及实现"的可能性,等等,是具有奠基意义的;进行系统的理论演绎,让其本质论开花结果,形成学科理论体系,也是学科建设的应有之意。在学科方法论上,创意写作学不应该变成心理学、教育学及其附庸,也不应该在这里变成传统的以修辞为核心的写作学、行为管理学及其附庸。尽管它不反对借鉴其他学科的理论和方法,创意写作学的学科方法,当然应该包含由下往上的归纳法;但是,由上述分析可见,它绝对不应该仅仅把自己局限于经验归纳,更不应该仅仅局限于人类传统的所谓"写作"经验的归纳,而应该自觉地把自己上升到"人的原创力实现"这个理论的高度。同样的,创意写作学科也应该拥有自己的认识论体系,笔者已经注意到近年部分博士论文在创意写作学认识论上已经有所突破,引入了"灵性"等概念,这就突破了机械反映论的局限,突破了传统的关于"灵感"的模糊而又神秘主义的见解,我们不应该因其具有一定的"心灵主义"倾向而否定它,相反应该肯定它的探索①。

遗憾的是,尽管创意写作学在西方已经诞生一个世纪,但是,由于一直存在着对学科性质的认识偏差,世界范围内目前创意写作学的状况是有自己的学科史,而没有自己公认的权威的学科理论体系,也许这正是世界创意写作学发展留给中国学者的任务。

上海大学创意写作研究丛书第一辑由我主编完成,第二辑由许道军先生主持邀约新一代研究者分头完成,相较于第一辑的筚路蓝缕,第二辑显然已经展示了创意写作学中国化建设的大概样貌,是非常重要的成果。丛书展示了近年中国创意写作学界在创意写作理论研究、创意写作史研究、创意写作教育教学研究、创意写作能力激发研究等领域的进展和抱负,尽管这些研究还有粗浅的成分,还有不成熟的成分,但是,我认为作为青年学者的尝试,它们都是值得肯定的,希望丛书的出版,能将创意写作学的中国化建设引向深处。

2019 年 2 月 18 日

---

① 雷勇.创意写作学的创意理论及方法研究[D].上海:上海大学,2017.

总序(二)

许道军

　　创意写作是什么,它是一门怎样的学科,写作是否可以学习,作家可以培养吗?从未有这样的一个学科像创意写作这样,从创立到现在,一百多年来仍争议不断。更令人沮丧的是,它明明在实践中证明有效,在现实中广受欢迎,在世界范围内大行其道,但就是"麻烦缠身",而且,这些"麻烦",是如此低级。如《纽约时报》(2012)描述的那样,这样的大争论,在美国每隔二十年就要重来一次。

　　这是什么原因呢?这是因为,创意写作是一个特殊的学科,重实践轻理论,正如黛安娜·唐纳利(Dianne Donnelly)描述的那样:"创意写作一直是这样的一个领域,它避开了学识问题。"[①]一方面,它一直作为事实上的学科存在,但又在学科理论、学术研究等方面准备不足,相对于其他学科,这方面的工作与成果非常少,长期以来作为学科和学术的异常而存在。创意写作已经有了相当长的历史,但是,"创意写作是什么""创意写作为什么可以教""创意写作为什么可以学"等问题,却一直没有得到根本解决,正如格雷戈

[①] DONNELLY D. *Establishing Creative Writing Studies as an Academic Discipline: New Writing Viewpoint7*[M]. Bristol, UK; Tonawanda, NY: Multilingual Matters, 2011: 1.

里·莱特（Gregory Light）所说："虽然创意写作作为正式的学科在英国和美国高等教育体系中存在已久，但其自身的学科视阈却仍未完全设定。"[1]另一方面，一百多年来，创意写作经历了走出校园深入社区、走出美国落地他国、走出文学写作走向包容性写作等改变，在发展过程中，衍生出不同的目标和发展模式，而且仍旧处在生长中，正如史蒂夫·梅尔（Steve May）所指出的，创意写作是一个年轻的学科，它在不同的地区、不同的机制内以不同的方式发展自己，并且拥有多样的目标，导致我们对它的认识难以统一。

　　创意写作和创意写作研究是两个迥然不同的领域，但创意写作遭遇的尴尬处境却由创意写作研究不足引起，两者原是一条绳上的蚂蚱。创意写作要得到理解和尊重，它就要放下架子，不要因为自己"野蛮生长"就认为可以故步自封，以为不要理论、不要研究也行。同时，要展开创意写作研究，既要从考古学上溯根求源，了解它的产生背景、针对问题、发展轨迹，也要在学科特性上，综合考察它的文学、写作学、创意学、教育学、心理学、社会学等多重属性；既要在全球视野上，考察它历史上的存在状况和当下包括美国在内的实际存在状况，也要以发展的眼光，考察它未来可能的态势；既要研究它的创作规律、创意规律、创作教学规律、学科制度、学科方法，也要研究创作心理、接受心理；既要确定它的研究对象、研究方法，也要形成自己的研究方法；既要紧贴实践，也要建立自己可辨识的学科规范，成为与作文研究、文学研究肩并肩，并且能与其他大学研究有差别但又平等的学科，进而完整回答"创意写作是什

---

[1] LIGHT G. *From the Personal to the Public: Conceptions of Creative Writing in Higher Education*[M]//Marginson S. *Higher Education*, Amsterdam: Kluwer Academic Publisher, 2002: 259.

么""创意写作为什么可以教""创意写作为什么可以学""作家为什么可以培养""如何系统化培养""创意写作的职责是什么"等一系列问题。但对于中国而言,我们还要研究创意写作该如何落地生根,如何中国化,如何对接已有的传统经验与诗学,向世界创意写作贡献自己的智慧,并形成创意写作的中国学派。

我们一直在尝试推进这个工作。2012年上海大学推出了"上海大学创意写作丛书(第一辑)",包括《创意写作:基础理论与训练》《创意写作:虚构与叙事》《创意写作的兴起:美国战后文学的"系统时代"》,前两部是专著,后一部是译著,主编是葛红兵教授。第一辑虽然存在这样那样的不足,但译著却第一次打开了美国创意写作的历史发展的窗口,揭开了创意写作的神秘面纱,两部专著也对接了世界创意写作的研究,同时加入了上海大学以及中国本土探索经验,因此它推出后,受到很大关注。七年过去了,上海大学的创意写作探索又向前迈进了一步,中国创意写作的发展也远非昔日可比,创意写作研究也正在深入,在这个背景下,我们推出了"上海大学创意写作丛书(第二辑)"。

该丛书一共五本,包括一部译著,三部关于创意写作学科史、学科方法与学科理论方面研究的专著,一部创意写作教学探索的课堂复盘。译著《作为学术科目的创意写作研究》(*Establishing Creative Writing Studies as an Academic Discipline*)作者黛安娜·唐纳利,译者许道军副教授、汪雨萌博士。该专著首次将"创意写作"作为规范的"学术科目",在学科视野中,主要结合文化研究和文学研究的学术方法厘清了"创意写作"(Creative writing)与"创意写作研究"(Creative writing studies)的区别,明确了创意写作研究的领域与对象,探讨了创意写作的实践与方法等问题,提升了创意写作研究的理论水准,为走出创意写作重实践轻学术、"回避学术"倾向做出了重大贡献。《创意与时代:美国创意写作史专题研究》是国内首部关于美国创意写作史研究的著作,作者高尔雅博士。著作围绕百年来美国社会对"写作能否教""写作如何教"的论争,论述了美国创意写作的发生发展史,勾勒了美国创意写作的学科发展轨迹,揭示了创意写作的内在运行机制及其与社会发展的交互作用和时代意义。"创意"是创意写作的灵魂,《创意写作的创意理论研究》的作者雷勇博士从写作的创意本体论角度出发,围绕创意本质、创意过程、创意障碍、创意动机、创意思维和创意灵性等六个方面,剖析创意的丰富内涵,在创意写作范畴下尝试初步搭建"创意理论"的学术分析和研究体系,回应"创意是什么""创意有何规律""如何创意"等问题。《创意写作基本理论问题》是国内第一部创意写作基本理论问题综合研究的专著,作者刘卫东博士。著作包括创意写作本体论、创意写作发生发展论和创意写作实践论三个部分。第一部分在梳理创意写作发展历史上代表性的概念和定义的基础上,探讨了创意写作的本体与本质。第二部分立足于创意写作的发端、发展历史的考察,描述了创意写作面向文学教育、文化产业和文化创新的立体发展图景。第三部分在考察联合国教科文组织授予的"文学之都"案例的基础上,勾勒了创意写作从工作坊、产业社区、创意城市到创意国家的四位一体的实践路径。《创意写作十五堂课》是许道军和冯现冬二位副教授的课堂的文字复盘,作者亦是上述二人。著作精选的十五堂创意写作课程,涵盖故事、小说、影视、非虚构、自由诗和创意文案六种基本文体,尝试从原理、技巧和工坊活动三个方面,复活创意写作课堂真实概貌,同时加以文字与理论的整理,保留现场的生动活泼和学术的丰富严谨,以此在实践上探讨"创意写作如何教"和"创意写作如何学"等问题。

五部著作各有侧重,各有特色。译著在内容上创新,提供了宝贵的信息资料和方法论启发;三部专著在学科历史、理论与方法上进行了很多探索;《创意写作十五堂课》则更多地聚焦教学实践,基本上搭建了创意写作的学术框架。尽管这套丛书无论是学术探索,还是教学探索,都有许多需要商榷与进一步研究的地方,但是这种大胆的探索,仍然值得肯定,尤其是四位年轻的博士,更需要鼓励,因为无论是在世界范围内,还是在中国,都特别需要年轻学者投身于新的学术领域。投身于新的学术领域,有时候意味着冒险,甚至意味着牺牲。

丛书虽然称作"第二辑",我们仍旧相信,它依然只是开始。同时我们依然愿意做"抛砖引玉"中的那块"砖",呼吁更多更深入的研究涌现,共同促进中国乃至世界创意写作研究的发展。

2019 年 2 月 17 日

前　言

许多初次接触创意写作,或者一些从事创意写作很久的人,喜欢在 creative 这个字眼上大做文章,倾向于把创意写作理解为一种神乎其神、玄之又玄的写作方式,而有意无意地忽视了它作为"文学/写作教育"的属性。这种望文生义或自我封神的结果,往往令人无端地对创意写作生厌,拉了"仇恨",把创意写作逼上了绝路。常见的质疑是:"难道传统写作就没有创意?";"(如果有)创意写作古已有之",这真可谓好心办了坏事。但一些认真从事创意写作教育的老师,也会遇上另一种尴尬,他们会经常遇到这样的调侃、揶揄:"你说创意写作可以培养作家,那么来呀,你把我培养出来试试?"或者"没有创意写作,莫言不照样成了作家,还拿了诺贝尔文学奖,可见创意写作也就那么回事!"

从发生学和考古意义上说,创意写作产生于 19 世纪末期的美国高校,本来就是应高校文学教育、写作教育改革需要而生的,最初是聘请成名小说家、诗人入驻高校,在全国范围内开设小说、诗歌等课程。从本质上说,创意写作属于教育学,其本意是通过专业的写作教育,实现全民的写作素养提升,即作家/专家教写作,大家都来学(包括退役老兵、移民、监狱犯人等),从而实现扩大写作人口、提高全民写作技巧的目的,运气好的话,能培养出大作家。创意写作到底有没有用处,我们无须硬碰硬地回答,只是道出事实即可：在美国,你现在已经很难找到一个没有创意写作经历(教学或学习)的成功作家了！美国战后小说很繁荣,成就很大,但它们有一个奇怪的称呼,即"校园小说"。这个"校园小说"跟我们理解的作为类型的"校园小说"不一样,这些小说的作者大多是高校创意写作课堂的老师或学生！一些对中国影响很大的美国作家,比如尤金·奥尼尔、爱德华·谢尔登、托马斯·沃尔夫、弗兰纳里·奥康纳、雷蒙德·卡佛、尤金·甘特、扬希尔·康等,还有我们熟知的严歌苓、石黑一雄等,他们都有创意写作经历。作家进高校教授写作,的确大幅度提升了写作教育的质量,当然,产出也相当可观。

创意写作引进中国以来,迅速落地生根,遍地开花(结果还为时尚早)。跟任何新鲜事物的出现一样,都会遇到阻力,但这次,创意写作遇到的阻力很小。原因如下:一是"中文系不培养作家"的观念导致的结果太糟糕,大家"苦秦久矣";二是传统写作教育不作为太久,大家依旧"苦秦久矣";三是"你看看人家美国！"这次,是作家,尤其是大作家帮了中国创意写作的忙,比如,王安忆、阎连科、莫言、何建明、葛红兵、李洱、毕飞宇、张生、王宏图、贾平凹、陈忠实、红柯、王家新等作家、诗人,纷纷为创意写作发声、站台,甚至身体力行,直接进高校,教起了创意写作。放眼望去,中国一线作家,诺奖、茅奖、鲁奖获奖者,不进高校教授创意写作的,寥寥无几。将来,几乎可以肯定地说,不进高校教授创意写作的作家,根本就不好意思说自己是一线作家！当然,这是玩笑,但创意写作需要专业作家、诗人、编剧的支持,这也是事实。随着学科发展的深入,创意写作对作家、诗人、编剧等的需求量,将会越来越大！因为我们这个国家、这个时代对作品的数量、质量、层次、类型、导向等的新需求,也越来越急迫。

作家教授写作，学生有福了。但问题又来了，作家们会教授写作吗？当然有许多作家会教，而且教得很好，但是这样的作家凤毛麟角！我们不能回避这个事实：写作是艺术实践，培养作家是教育科学，两者属于不同的范畴。想必那些进入了高校，实打实地教授写作一两个学期以上的作家，对此会有更深的体会。这个时候，我们有必要回过头来看看美国的同行，看看他们会教吗？

他们当中当然有不会教的作家，甚至有人因此拂袖而去，但是作为一个整体，作为一个学科，英语国家的创意写作比我们要成熟得太多太多！对创意写作的理解，对写作规律、创意规律的认识，尤其是对教学教法的研究，已经走得很远很远！他们开发出作家工作坊方法；他们研究出包括"开始写吧"和"成为作家"等系列的完整方案；他们不仅做好了"工坊第一课"，更做好了"工坊第二课"。从我们对美国创意写作有限的了解来看，他们开发出了几百套行之有效的训练方案。这个数据很吓人，就我们上海大学中国创意写作中心的同行来说，十多年下来，真正属于自己且成熟有效的方案，也不过几十个！我们寄希望于我们的同行，但放眼全国，绝大多数也处于呼吁"开始写吧"的状态。高手在民间？我们倾向于相信这个事实，因为许多民间培训机构、编剧团队、网络写手培养计划等，的的确确产生了许多创意四射的方案。他们面临的教学语境跟学院派不一样：他们的教学教法如果无效，学生就立马走人。学院派不一样，教砸了可以做学问，拿课题，回到传统熟悉的地方，当教授、专家去，毫发无损。作为"学院派"的写作教师、创意写作从业者，我们应该沉下心来，仔细研究创意写作教学教法，虚心向国外创意写作同行学习，努力探索，坚持试错，将"作家培养"工作落到实处。

本书就是这样的一个尝试，其内容主要来自创意写作课程复盘，当然有课后的文字修饰。从体例上说，它包括导论、正文和附录三个部分。导论是对创意写作理念及其课程与教学方法的简要介绍，回答"何谓创意写作？""为什么需要创意写作？""什么是创意写作课程与教学？""如何建立工作坊？"等问题。附录是"创意写作教育教学方法基本问题探讨"，回答"创意写作课堂是什么样子？""如何在课堂中学习写作、教授写作？"等理论问题。正文十五堂课，运用"讲座体＋工坊复盘"的形式，收录我们比较成熟的讲课内容，内容涉及各类文体知识、写作原理与技巧。工坊复盘体现工作坊教学方法，遵循"从文本入，从文本出"的教学原则。

"从文本入"的"文本"，是指类型化经典文本，体现的是创意阅读。这个"文本"不同于传统意义上的文本概念，它强调以文学文本为主，但又不局限于文学一隅，而是跨媒介、跨文体、跨类型地去涉猎更广阔的领域，比如创意文案、软文、影视、数字技术合成等。"从文本入"的阅读方式立足文本生产和创作的动态过程，高度重视创作技巧，高度重视文体的写作原理、永恒普遍的形式、原型、整体性、写作的现实、技巧、独创性，它更贴近创作本身，更具有专业性，同时发挥个体的主动性。"从文本出"的"文本"，是指学生创作的作品，体现的是创意写作。学生在创意阅读基础上进行仿写、改写，进而运用写作原理与技巧独立设计作品，通过创作实践体现工坊课堂的成果导向。因此，分析、研讨、提升学生创作的作品是工坊课堂的重要任务之一，也是检验教学效果、实现产学研一体化的路径。

创意写作工作坊立足"文本"，体现了从创意阅读到创意写作的创意写作课堂教学思想，致力于探索将创作原理、技巧与学生的创作实践相结合的可能路径。在课堂形式与教学设计上，落实"问题指引""专业指导""及时反馈""头脑风暴""私人定制""实践教学""成果导向"等创意写作课堂教学理念。

正文包含六种基本文体的写作,其中故事写作四课,小说(含小说故事的剧本改编)写作两课,剧本故事(含小品)写作三课,非虚构写作一课,诗歌(自由诗)写作四课,创意文案写作一课,共分为六个单元,具体内容详见目录。每个单元争取讲清楚一种文体的基本知识,每一堂课争取解决一到几个具体问题。问题引导,不愤不启。

创意写作课堂也需要教材,我们依据的教材是自己编写的,包括《大学创意写作·文学写作篇》(葛红兵、许道军主编,中国人民大学出版社 2017 年版)、《创意写作教程》(葛红兵、许道军主编,高等教育出版社 2017 年版)、《故事工坊》(许道军著,中国人民大学出版社 2015 年版)、《创意写作:基础理论与训练》(许道军、葛红兵著,广西师范大学出版社 2012 年版)。课堂是对教材的具体运用,是教材上看不到的东西,至于教材的依据来自哪里?我们在教材里已经说了,这里不再列举,但要对那些启发我们的前辈致敬。

本书从体系上说是不完整的,它只是一些课程的复盘,不代表创意写作的全部内容。另外,创意写作既然已经深入人心,它注定是要发展的,今天我们努力的结果,一定是历史的中间产物,将来许多结论会被修正,许多教法会被优化,许多想法会成为常识,当然,一定有许多内容将被抛弃。但这无所谓,如果真的是这样,那也是极好的事情。作为中国第一批从事创意写作的人,我们有且应当有这样的觉悟。

2019 年 3 月 15 日

目　录

导　　论　　1

第一单元　故事写作 15

　　单元导入 17

　　第一堂课　好故事为什么吸引人？...... 23

　　第二堂课　故事如何往前走？...... 38

　　第三堂课　如何设置具有代入感的人物？...... 60

　　第四堂课　你的故事讲完了吗？...... 80

第二单元　小说写作 97

　　单元导入 99

　　第五堂课　八分之七的冰块哪里去了？...... 102

　　第六堂课　小说如何改编为剧本？...... 120

第三单元　剧本故事写作 129

　　单元导入 131

　　第七堂课　小品是用来演的故事 133

　　第八堂课　电影如何讲故事？...... 152

- 第九堂课　电影故事"九步结构法" 166

第四单元　非虚构写作 179
- 单元导入 181
- 第十堂课　怎样写好一个非虚构故事？...... 183

第五单元　诗歌（自由诗）写作 199
- 单元导入 201
- 第十一堂课　"诗"是一种怎样的文字艺术？...... 205
- 第十二堂课　如何证明一首"诗"是诗？...... 223
- 第十三堂课　戴着镣铐跳舞：联想力与逻辑力 231
- 第十四堂课　好诗应具备的 N 个要素：鉴赏与批评 243

第六单元　创意文案写作 261
- 单元导入 263
- 第十五堂课　创意文案如何讲故事？...... 265

附录 280
- 创意写作教育教学方法基本问题探讨 280

参考文献 298

后记 303

再版后记 305

导　论

◆ 何谓创意写作？

创意写作是一种针对传统文学写作教育弊端而兴起的新型写作教育和写作实践模式。19世纪末诞生于美国高校，20世纪以来在欧美、大洋洲、亚洲等国家和地区广泛传播，并在服务社会发展、文化创意产业升级、文学创作繁荣等事务的过程中发展壮大为一门成熟学科。在写作理念上，它认为写作是以创造性思维为主导，以文字、符号等作品为实现形式的创造性活动，创意优先，并构成文化创意及其产业活动最重要最基础的上游环节。

作为一个历史概念，"创意写作"最初仅仅指文学写作和文学写作教育，后来泛指包括文学写作在内的一切面向现代文化创意产业、适应文学民主化、文化多元化、传媒技术的更新换代等多种形式的写作及相关的写作教育。因此，创意写作所定义的作家并非仅限于传统意义上以文学创作为代表的作家，而是指在文化产业化发展的新型语境下，培养具备创意生产能力，能够与文化产业对接的创意写作者。

◆ 中国为什么需要创意写作？

（1）国家综合实力提升的需要。中国的文化创意产业现在才占GDP的5%不到，美国则约占GDP的26%，中国的文化创意产业发展空间非常大。

（2）中国文化产业化发展的需要。文化的创新也是生产力，未来中国的文化产业可能会成为支柱性产业。

（3）中国当代文学发展的需要。当代文学发展对作品与作家在数量、质量、类型、层次等方面的要求，超越了过往任何时期。

（4）中国高校文科教育教学制度改革的需要。文科生要有专业技能，中文系的学生要能写作，这是大势所趋。他们不仅要有专业知识，会做研究，而且还应有写作实践能力。

◆ 创意写作有哪些课程？

目前，国内创意写作课程主要包含六个系列：

（1）"成为作家"课程系列，包括"潜能激发""技能拓展"和"作家工坊课"。

（2）"理论与实践"课程，主要是分文体写作的理论与实践，同时研究创意写作教育教学规律。

（3）"创意写作史"类课程，介绍美国、英国和澳大利亚等国家和地区的创意写作发展的学科史。

（4）综合性训练课程，比如创意写作夏令营等。

（5）创意活动的组织策划类课程。

（6）文化创意产业课程，这个课程目前国内还在研发中，个别院校走在前面，探索取得了一定成果。

◆ 创意写作课程教学具有哪些特征？

（1）专业指导。作家/专家教授，教师需要钻研写作学、类型学、叙事学、接受美学、教育学、心理学等相关理论。创作是艺术活动,但写作指导是特殊的教育科学。

(2) 现场指导。及时反馈,试错与纠错并行。

(3) 集体指导。多向反馈,头脑风暴。

(4) "私人定制"。主张因材施教,因为每个学生的问题会不一样。

(5) 问题指引。主张不愤不启,发现了问题,就找到了教学的方向;有了改正的需求,就有了与学生的互动。

(6) 实践教学。"Now Write!"现在就开始写,在写作中学会写作。

◆ 创意写作课程教学的目标是什么?

与作家班、自学不一样,创意写作课程教学目标既非"文学作家",也非"创意写作知识"。创意写作课程教学目标非单一的作品,而是指向综合目标。

(1) 知识目标:包括文体知识,但并非传统意义上的静态知识,而是属于动态知识,问题引导的知识。

(2) 技能目标:培养学生正确的写作方式与构思习惯。从选材到立意,从开头到结尾,从写作到修改,技巧指导介入创作全过程。

(3) 素养目标:培养学生正确的价值观,帮助学生发现自我、成就自我、反思自我、超越自我,在创作中发掘自己的潜能,发现自己的可能性。

(4) 作品目标:成果导向,包括创作文案、单篇作品、著作(译著)、丛书,制作刊物、光盘,设计网页,建立网站等。

【敲黑板】板凳／木匠理论

所谓板凳理论,也称木匠理论,是指创意写作的培养目标,是为文化创意产业的各类岗位培养合格的写作人才,而不仅仅着眼于培养文学大师或文学天才。这正如木匠师傅带徒弟一般,他们并不指望把每一个徒弟都培养成手艺高超的鲁班,而是首先在三年内教会徒弟做出一条合格的板凳。当然,这里也并不排除具有独特天赋的徒弟,可以被培养成鲁班。这个比方大致揭示了创意写作教育遵循因材施教、量体裁衣,不可好高骛远的教学原则,是对当前个别把培养文学大师当成创意写作教育唯一价值衡量标准观念的纠偏。

【敲黑板】作家培养1.0

在现有招生体制下,创意写作教育所要做的,是把普通学生培养成适应文化创意产业需要的各类写作人才,其中包括文学作家。

中国作协副主席、鲁迅文学奖获得者徐贵祥对此有一个风趣的比喻:如果作协与鲁迅文学院等培训机构所做的,是"1.0—2.0"的工作,即把原本已具有一定文学成就的作家培养成为更优秀的作家;那么,创意写作所要做的,则是"0.1—1.0"的工作,即把热爱写作的普通学生培养成具有一定写作能力的作家。

当然,我们不否认学生里面会有具备1.0潜质的作家。因此,创意写作教育,不仅要做好"0.1—1.0"的工作,还要准备做"1.0—2.0"的工作。

把写作当作一门玄学,人们就过分相信自己的感觉,相信灵感,相信自己的个性,这是好的,这是在课堂上应该培育的东西,属于自己独有的、专有的东西。但是我们不讨论那些不可能讨论的东西,不讨论那些不存在的东西,不讨论那些玄学,我们要讨论那些可以讨论的东西,比如说,原理、技巧,训练那些看得见的东西,就像西医一样。创意写作不是教天才,但是一定能够发现天才。

不是每一次活动都能产生天才性的想法、天才性的作品,但是能够保证我们走在产生天才性的想法、天才性的作品的路上。

◆ **创意写作课程的内容有哪些?**

以"故事写作"课程为例,包括如下内容:

(1) 故事知识:主要是用理论说明故事的普遍原理,解决"为什么要这样写"的问题,提供写作的角度和术语,培养学生写作的自觉性。故事知识自成体系,同时又与写作过程同构。

(2) 技巧分析:主要是经典故事/案例研读,比如通过同题讨论来分析"优秀作家怎么写",为学生写作提供标准、经验,引导学生模仿与超越。

(3) 工坊活动:主要是课堂写作/作品研讨,通过头脑风暴,针对学生作品进行多向反馈,为学生作品构思、修改、加工提供支持,体现全程实践。

◆ **创意写作的教学方法是什么?**

创意写作工作坊是创意写作的标志性教学方法。创意写作工作坊是以创意写作或创意写作教育、研讨等相关工作为导向,由若干参与者组合而成的活动组织。它既是一种工作组织,也是一种以集体创意与团队合作为特征的工作方法,这种方法应用于写作教学,生发出了一种独特而有效的教学模式和相应的教学方法。我们一般把这种产生于创意写作工作坊并主要运用于写作教学的方法称为创意写作工作坊教学法,简称工坊教学法。

《纽约客》作者露易丝·曼南德曾将工作坊教学法的神奇之处概括为:"一群从未发表过诗歌的学生,能够教会另一群从未发表过诗歌的学生,如何写出一首能被发表的诗歌。"①这种说法可谓抓住了工作坊教学法的本质功能。创意写作工作坊是培育作品、培养作家的主要场所,创意写作工作坊教学法也是培育作品、培养作家的主要方法②。

◆ **创意写作工作坊有何特点(与传统写作教学相比)?**

(1) 多重反馈/头脑风暴:1 对 N→N 对 N。
(2) 专业反馈:教师教学写作→作家/专家参与教学活动。
(3) 及时反馈/试错与纠错并行:出卷/考试→产学研一体化。
(4) "不愤不启":系统知识传授→问题引导/主题探讨。
(5) 目标转换:作品完成→创意能力获得。
(6) 主体转换:教师讲解→沉浸式写作、头脑风暴式研讨、集体创意。

总之,创意写作工作坊实行写作法与教学法的统一,要求学生从作家角度阅读,像作家一样写作,像解读经典一样解读自己的作品。

◆ **产学研一体化工坊课堂的任务是什么?**

一般而言,作品(包括经典作品和学生创作的作品)研讨、写作知识与技巧讲解和学生写作实践,是创意写作工作坊的三个组成部分,根据学生和课程实际安排三部分的次序,每个部分约占三分之一的

---

① MENAND L. Show or Tell: Should Creative Writing be Taught. *The New Yorker*, 2009(6).
② MYERS D G. The Elephants Teach — Creative Writing Since 1880. *The New Yorker*, 2006(2).

比重。以"大学创意写作""创意写作""文学写作"等课程为例,包括如下教学任务:

(1) 一个课程活动完整的创意策划、参与、组织与管理的方案。
(2) 一份完整的课程活动策划文案的写作。
(3) 几种文体作品的写作、研讨、提升与完善。
(4) 一本文学刊物/作品集(电子与纸媒)的策划、设计与制作。
(文体包括:故事/小说/小品或剧本/自由诗/散文等)

◆ **如何建立创意写作工作坊?**

规模:6—12人

目标:人/物/程序

内容:写作知识/技巧讲解(不超过25分钟);作品研讨;课堂写作。

程序:开学初即公布教学大纲,公布写作任务、目标;组建工作坊;课程活动;个人或小组代表汇报写作大纲、困惑等。

纪律:保密(伦理)原则;合作原则(师生、生生);表扬原则(三条优点,"我做不到的地方");不抗辩原则;提出替代性方案。

◆ **工坊活动程序是什么?**

(1) 汇报人汇报(PPT或板书)写作大纲。
(2) 汇报人简要说明自己的写作意图。
(3) 汇报人谈自己的困惑(问题)。
(4) 工坊伙伴(包括老师)一起梳理写作大纲或故事梗概,汇报人作补充。
(5) 请工坊伙伴发言、提问,汇报人回答(只回答,不抗辩)。

（6）在尊重汇报人作品原稿、特色与能力的基础上，工坊伙伴（包括教师）提供新的方案。

◆ **创意写作课程如何使用教材？**

（1）教材提供概念、术语、知识系统，是从普遍性上讨论写作，区别于"作家创作谈"。

（2）从教材中找到写作的切入点，不同的教材有不同的切入点。

（3）教材打下工坊讨论的基础，并形成共识。

（4）提前学习教材，并在写作中反复验证其写作原理，使用教材但不拘泥于教材，这是一个动态生成过程。

【敲黑板】"处方"与"偏方"

"处方"与"偏方"，是指在创意写作视域下，针对学生写作中出现的各种问题，通过写作教学提供不同解决方案时所采取的一种比喻性的说法。

"处方"指的是写作教育中基本的、普遍性的写作原理与技巧，适用于普遍的写作教学，并且能生发更多的技巧。这正如医生为病人开的处方，作为一种书面文件，具有治疗疾病的普适性。

"偏方"指的是某一作家适合自己使用的写作技巧、风格与习惯等，它不一定适合每一个学生使用，但是可以作为借鉴。这正如民间流传的偏方，虽不成体系，但又独具特色。

【工坊活动】名字的故事

活动目的：作为第一次课（导论），需要消除师生之间以及生生之间的陌生感，以营造良好的工坊课堂环境，为后面教学活动的持续开展打下良好基础。

活动内容：有创意地介绍自己，让别人永远记住你。

学生顺次介绍自己，在这个过程中，师生共同归纳出以下介绍技巧：

（1）讲一个故事，让别人记住你。

（2）揭开一个秘密，自我"爆料"。

（3）利用自身的反差/戏剧性来介绍自己。

（4）转换视角，描述别人眼中的你。

（5）运用修辞/细节，突出核心性格。

（6）语言表达的陌生化。

……

【例】 揭开一个秘密，自我"爆料"

我叫黛米斯蒂·道恩·贝林格。我母亲想给我取名叫戴芙杰兰特，而我父亲则喜欢美斯狄这个名字。于是我生命中的头一天是在没有名字的处境中度过的，直到他们彼此妥协。我住在美国中部的内布拉斯加州。我写现实主义小说，这不同于现代、后现代以及实验小说。我推荐詹姆斯·伍德的《小说原理》。如果你需要有关抚养双胞胎方面的信息，可以问我，但是关于家居装潢方面的事，抱歉，我就帮不了你什么了。如果我不告诉你，你永远不会知道，我真的深入研究过小妖精乐队和弗兰克·布莱克的所有代表作[①]。

这种自我介绍的形式，在学生无从下手时，可以为他们提供一个模仿的案例。

---

① 沃尔克.创意写作教学实用方法50例[M].北京：中国人民大学出版社，2014：217.

【例】 利用自身的反差/戏剧性来介绍自己

像我这样的人

毛不易

像我这样优秀的人

本该灿烂过一生

怎么二十多年到头来

还在人海里浮沉

像我这样聪明的人

早就告别了单纯

怎么还是用了一段情

去换一身伤痕

像我这样迷茫的人

像我这样寻找的人

像我这样碌碌无为的人

你还见过多少人

像我这样庸俗的人

从不喜欢装深沉

怎么偶尔听到老歌时

忽然也晃了神

像我这样懦弱的人

凡事都要留几分

怎么曾经也会为了谁

想过奋不顾身

像我这样迷茫的人

像我这样寻找的人

像我这样碌碌无为的人

你还见过多少人

像我这样孤单的人

像我这样傻的人

像我这样不甘平凡的人

世界上有多少人

……

像我这样莫名其妙的人

会不会有人心疼

如果时间允许,可以在课堂上播放这首歌,然后让学生讲一下感受,继续追问:这种感受是如何通过有创意的自我介绍表达出来的?本案例充分发挥音乐的感染力,能达到很好的教学效果。

【例】 运用修辞/细节,突出核心性格

错位(节选)

雪 子

他动作很稳

走路是,说话是,微笑也是

好像他的体内堆满瓷器

生怕一不小心,哪里

会突然碎裂……

雪子这首诗歌的节选片段,能让人过目难忘,原因在于运用了有创意的细节描写和修辞手法。本案例由自我介绍拓展到有创意的写人技巧。

【学生自我介绍选录(一)】

大家好,我叫李源。我爸爸希望我的出生能让我们家财源广进,所以给我起名叫李财,妈妈说把财带进名字显得俗气,于是全家人协商决定叫我李有钱。后来家里最有文化的舅舅说不妥当,他说取名要慎重。于是舅舅拿出新华字典,随便翻了一页,映入眼帘的第一个字就是"源",然后我就叫了李源。

【学生自我介绍选录(二)】

我叫李冰,是穿越来的。嗯,是的,在我的那个年代,也就是你们所说的两千多年前,那时候的我,还是个膝下有子的地方官,用你们今天的话来讲,那时的我相当于今天四川的省长,是的,我在蜀郡做太守。其实我这个人很无聊,也没有什么好说的,只是有一天心血来潮想要改善一下生活环境,于是我就和我的儿子修了个水坝,哦,是的,你们都知道的,都江堰。当我一觉醒来,我发现自己摇身一变而为一个小丫头片子的时候,内心是很崩溃的。嗯,虽然回不去了,但偶尔少女心一下,还是挺刺激的。

【学生自我介绍选录(三)】

大家好,我叫郑岳,我爸姓郑,我妈姓岳,他们商量了一下,把姓氏加在一起就成了我的名字,整个过程耗时不到两分钟,没错,就是这么敷衍!我来自山东枣庄,一个没有枣只有煤炭的城市,所以希望我给你们带家乡的大红枣那是不可能的,因为我们那里根本就不产枣!我在宿舍里毫无地位可言,生活在最底层,每天被怼得体无完肤,但仍然坚强地活着……

这种主题的工坊活动放在第一次课上,目的有三:一是以良好的环境和氛围感染学生的情绪情感,融洽师生之间、生生之间的关系,使学生更容易也更愿意敞开心扉,走进彼此心灵深处;二是运用写作技巧唤醒学生的自我意识与生命体验,初步激发创作主体的灵感与潜能(赖声川称之为"原初的基础"),调动经验储备,使写作活动由自发走向自觉;三是帮助学生解决羞怯、伪装、放不开、缺乏自信,乃至完美主义、拖延症、无法动笔等心理障碍。

一个人只有在安全、放松的情境之下,在个人体验,如经历、回忆、观察、思考被充分唤醒的场域中,其创造力、想象力才会活跃并能尽情发挥,创意才能被真正启动。创意写作工作坊本质上就是一个激发创意的唤醒场,在这个场域中,教师运用教学手段巧妙"破冰",打开局面,营造并维持一种轻松愉悦的课堂氛围,加强师生之间的亲和力,使学生由现实世界步入心灵世界。

※ 阅读与写作训练

(1) 介绍自己最喜欢的作家作品(或电影故事),每人做一个PPT发到小组群里,每节课前留出时间,小组推荐1—2名同学在课堂分享,侧重于"从作家角度阅读"。

(2) 谈一下自己的写作计划,准备模仿某个作家作品(或电影故事)写个什么作品,尝试创造性模仿写作。

第一单元
故事写作

单元导入

◆ **什么是故事？**

我们要创作，需要找到一个切入口，故事也不例外。那么，什么是故事？当我们说到故事时，你的第一个反应是什么？情节、人物，还是场景？三者似乎都不容易入手。那么，我们把故事定义为什么最容易上手？

其实，故事就是事件，是真实或虚构的，按照时间顺序与逻辑关系接连发生的事件。当我们说故事就是事件时，就很容易找到讲故事的入口：因为讲故事就是讲事件，讲发生了什么；相反，什么事件都没有发生，那肯定不是故事。很多同学讲自己故事的时候，一般会写初恋的经历，这里面似乎有一个神奇的规律："我就坐在她后面，三年来我一直暗恋她，我每天放学都默默跟在她后面，看到什么都会想到她，后来我们去了不同的大学。"这样的经历差不多都烂尾了。这是不是故事？当然不是。为什么？因为主人公没有采取任何行动，最后什么都没有发生。什么行动也没有，怎么可能会有故事？因此，按照这种方式写初恋故事的基本上都黄掉了。

故事是"一系列事件"

故事总要发生点什么，形成事件。同时，一个事件成不了故事，故事必须是"一系列事件"，哪怕是最小的故事。

【例】

小李："你最近好像闷闷不乐？"

老王:"……隔壁总是打孩子。"

为什么一个最小的故事也需要一系列事件呢?因为故事的发生至少由行动的动机、怎样行动、行动的结果这三个部分组成,三个部分都必须要由"事件"来说明。比如上面这个"最小的故事",也是由一系列相互联系的事件组成的。这"一系列事件",包含了"时间顺序""因果关系""逆转"等构成原则。

核心事件——"故事核"

在所有的事件中,有一个核心事件,它是故事的中心,相较于其他事件,它起着聚合目标的作用,失去它,故事的其他事件就失去了方向,我们俗称它为"故事核"。对于一个故事而言,其重要性无异于"种子",有经验的作者一旦拥有了一颗种子,必精心培育,让它生根、发芽,"长出"好故事。核心事件与故事的核心行动相关,故事紧扣核心行动展开。一般而言,核心事件由人物尤其是主人公的核心行动参与、完成。它的位置,可能处于故事的起点,可能处于高潮,也可能处于结尾,视故事的类型和主题而定。

许多类型故事就是建立在类型化的核心行动之上的,比如"寻宝故事""复仇故事""学艺故事""成长故事""拯救故事""逃亡故事"等,数不胜数。具体故事往往围绕核心行动展开,比如《一九四二》的核心行动是"逃荒",《走向共和》是"寻路",《雍正皇帝》是"改革",《活着》是"活下去",《神探狄仁杰》是"断案",《西游记》是"取经",《魔戒》是"销毁",《人在囧途》是"回家",等等。

复合故事也有自己的核心行动,比如《自然传奇》《动物世界》,斑羚与狮群分别有自己的核心行动——活下去(觅食与繁殖),只不过它们行动的目标正好相反。另外如《地理中国》《国宝传奇》

《地球的脉动》《深海》《舌尖上的中国》《乡村世界》《大米》《大"真"探》等纪录片中,也暗藏着一个个故事,而每个故事都有自己的核心行动。

◆ **故事不仅仅是事件!**

是不是所有的事件都是故事?未必。第一,我们说的故事事件,是按照时间顺序与逻辑关系重新策划的事件,已经被结构化。第二,故事事件有内在冲突,也就是具有一个动力与阻力的架构,它能够保证故事自己往前行走。第三,故事事件包含变化过程,比如,主人公有目标,需要靠行动去实现,但是行动之后目标一定会发生变化。同时,跟目标与行动所有相关的要素都要随之发生变化。第四,故事事件具有戏剧性,戏剧性的一个特点就是"有趣"。你们能找出一个无趣的故事吗?我们所有的经典故事都是有趣的。第五,故事事件要体现出作者的见解与感情。你为什么要讲这个故事?你为什么要这样讲?也就是故事事件不仅要"有趣",还要有"意义",有温度。好故事都是这样的。

总之,故事不仅仅是事件,而且是有冲突的事件、能引起变化的事件、具有戏剧性的事件、能体现作者见解与感情的事件。因此,故事可以被归纳为:

(1)故事是事件(主干);

(2)故事是有冲突的事件(动力/阻力);

(3)故事是能引起变化的事件(目标/行动);

(4)故事是具有戏剧性的事件(有趣);

(5)故事是能体现作者见解与感情的事件(有意义);

……

故事要素

故事有哪些要素？前两个要素是时间、地点，时间和地点这两个要素非常关键，因为它们涉及这个故事的一个前提，它表现的是世界观，这个世界观是故事的逻辑保证。也就是说，我们的故事在开始的时候就要告诉读者：这个故事行动的逻辑是什么？是一个历史故事，是一个现实故事，是一个幻想故事，是一个荒诞故事，是一个无意识的故事，还是一个架空的故事？我们在时间和地点这个部分就要解决这个问题。为什么那么多看起来荒诞无稽的经典故事我们都觉得可以接受，就是因为世界观的问题解决了。第三个要素是主人公，故事的主人公必须是人。为什么不能是一棵树、一块石头呢？因为只有人才会有行动欲望，才会有行动。有人说孙悟空就是石头，但我们知道，孙悟空是石头成精了。有人就有人物的配置，包括对手、助手和帮凶等，这样故事就丰满了，但需要哪些人物依你的故事而定。第四个要素是事件/行动，事件是主干，行动是动力，行动围绕事件发生，同时行动也是线索，能够引起故事的变化。第五个要素是戏剧性，戏剧性的本质是反差，提供的是趣味。第六个要素是作者的见解/感情，也就是说故事要有意义。综上所述，我们把故事要素归纳如下：

故 事 要 素

（1）时间；

（2）地点；

——世界观：前提、逻辑（历史、现实、幻想、荒诞、无意识、架空……）；

（3）主人公/人物（对手、助手、帮凶……）；

(4) 事件/行动（主干/动力）；

(5) 戏剧性（反差/趣味）；

(6) 见解/感情（有意义）；

……

然而，有了这些要素，还不能自动构成一个好故事，好故事来自对故事材质的巧妙安排。那么，如何安排、使用这些材质，设计出一个好故事呢？

◆ 创意写作从"讲故事"开始

故事很少直接呈现在读者面前，往往以评书、小说、散文、传记、剧本、影视等方式呈现出来，因此，从讲故事的演变来说，它有三种表现形式：口头讲故事、书面写故事和人物/影像演故事。故事一旦进入不同的文体方式，这个故事就会被重新编制，成为不同的话语对象和话语现实。这个时候我们要找故事，就需要对它进行还原，也就是从这些文体当中将它重新梳理出来。但是，故事始终是存在的，就像一团面，不管你怎么和、怎么捏，本质就是一团面。故事不管怎么讲，用什么方式讲，它还是故事。因此我们说，故事具有独立性，它可以被反复地多样性地使用。反过来说，上述各种文体无论如何不同，但本质还是讲故事，讲述事件。可见，故事是创意写作的基础。创意写作要从讲故事开始。

"故事写作"这个单元推出四堂课，分别围绕故事中的四个关键要素——"戏剧性""冲突""人物设置"和"变化"——来讲授，一堂课解决一个问题，我们争取用四堂课的内容教会你写出一个好故事。选定的这四个要素，在学生写作实践与教师课堂教学中往往难以把握，或者浅尝辄止、不得要领，造成学生在实际写作中的致命缺陷。在这里,我们将从这四个方面分别切入,深入分析与挖掘故事之为故事的核心命脉,揭示写好故事的内在奥秘,从根本上把你的故事打造得无懈可击。

另外,在本单元即将结束的第四堂课上,我们将为你的故事开出一剂"处方",推出一份故事检测表,提供好故事的考核标准,全面检测你手中的故事存在的各种"病症",为你提供自我修正的依据。通过本单元的学习,你将造就一双鉴定"究竟什么是好故事"的慧眼。

第一堂课
好故事为什么吸引人？
——故事的戏剧性

◆ **什么是好故事？**

罗伯特·麦基认为，"好的故事"是值得讲而且世人也愿意听的故事。龙一说，好故事要有意义，还要有趣。因此，我们先来归纳一下什么是好故事：

（1）事件要饱满（展示与陈述）；

（2）行动要有力（自己证明自己，无须强叙述）；

（3）戏剧性强（有趣）；

（4）能提供新的见解/世界观（有意义）；

（5）感情要真挚（感染力强）；

（6）人物可信并能够产生移情（逻辑化/生活化）。

好故事是"有趣"与"有意义"的结合。这堂课，我们先来讲一下"有趣"。"有趣"就是故事要有戏剧性。

西摩·查特曼说："事件同时是行动（actions）和事故（happenings）。"[1]事件由行动组成，事件同时又是行动，而行动同时具有"故事"和"事故"两种含义，这是很有意思的概念。在前面那

---

[1] 查特曼.故事与话语：小说和电影的叙事结构[M].徐强,译.北京：中国人民大学出版社,2013：29.

个最小的故事里面,就隐藏了一个"事故"。因此,"故事"往往就是"事故",人物只要一行动,事故就会发生。相对于"好人做好事"的故事,我们在阅读趣味上更愿意看到"好人做坏事"或者"坏人做好事"的故事。因为后两类故事在材质上有共同点,那就是人物和事件存在反差,有了反差,就有了戏剧性。

◆ 什么是戏剧性?

好故事为什么吸引人?因为它好玩,有意思。我们先来看下面这首诗歌(故事是可以用诗歌来讲的)。

张常氏,你的保姆

伊 沙

我在一所外语学院任教
这你是知道的
我在我工作的地方
从不向教授们低头
这你也是知道的

你不知道的是
我曾向一位老保姆致敬
闻名全校的张常氏
在我眼里
是一名真正的教授
系陕西省蓝田县下归乡农民
我一位同事的母亲

> 她的成就是
> 把一名美国专家的孩子
> 带了四年
> 并命名为狗蛋
>
> 那个金发碧眼
> 一把鼻涕的崽子
> 随其母离开中国时
> 满口地道秦腔
> 满脸中国农民式的
> 朴实与狡黠
> 真是可爱极了

　　这首诗的语言我们不讨论，好坏先搁置，但它有过人之处，至少我们读完都记住了。为什么？因为它讲了一个好玩的故事。再看这个题目，没有这个题目，这个故事也是成立的，但有了题目，故事就更好玩。从来都是外国人教我们说话，我们很少能教外国人说话，从来就是我们学习外国人，外国人很少学习我们，这么多年一直如此，虽然我们有很多外国语学院，有很多外国语教授，但是他们都没有做到这一点。我们那些教授做不到的，现在一个农民做到了。这个农民是一个保姆，一个外国小孩的保姆，但诗歌却说是"你的保姆"，这就很有意思了。故事是说，包括我们教授在内的知识分子都需要张常氏这样的人给我们第二次启蒙，做我们的保姆。我们看这个故事，又好玩又有意思。故事如果没意思，你会放弃的。换句话说，我们所认为的好故事，差不多都有意思。

　　那么，什么是戏剧性？就像《张常氏，你的保姆》中的张常氏那样,一个保姆干了一个教授干不了的工作,这里面有反差,人物身份与他的行为存在反差,我们把这种反差称为"戏剧性"。戏剧性的内涵是"离奇""不平常",另外,戏剧性还常常涉及偶然性、巧合、骤变等现象。一个故事是否有趣,取决于故事自身的戏剧性以及对故事戏剧性的发掘。经典故事多是有趣的,我们因为喜欢它,才愿意交出自己,接受它的观念和判断。

◆ **戏剧性从哪里来?**

一个完整的故事,它的基本样式是这样的:

从前(时间),在一个地方(地点),有一个人(人物),想做什么事(事件开端),经过种种经历(事件发展),最后成功/失败了(事件结局)。

怎样让一个"顺着讲"的故事变得有趣、具有戏剧性?重新编排哪些要素可以达成呢?从一个完整的事件来看,戏剧性可以出现在故事的任何一个阶段/要素中,秘诀是——制造"反差"。也就是说,故事强调哪一方面,哪一方面就具有戏剧性。

如果你的故事强调时间,那么这个时间一定是有意味的,而且这个时间一定是错误的时间,或者这个时间特别漫长,再或者这个时间就是行动的底线(时间上的限制)。

如果你想要强调地点,那么它一定是一个错误的地点,地点一定要出问题。

如果你想要强调主人公,那么主人公一定是一个不合适的人,不合适的人做了不合适的事,人物就具有戏剧性。

强调某件事情,一定是主人公非做不可的事情,但他要做肯定是不合适的,而且很可能自不量力,后来他成功或者失败了。

大多数故事最后都成功了,如果成功,表明正义必胜的主题;如果失败,那就是悲剧的必然性,比如罗密欧与朱丽叶就失败了,但《罗密欧与朱丽叶》讲的是不是一个失败的故事呢?其实它仍旧是一个成功的故事,因为它是有价值的失败。不然我们讲失败有什么意义呢?故事都是成功的,所有的悲剧都是有价值的,所有的失败都是有意义的。

强调结局,则结局一定有出乎意料的反转。

因此,我们说,一个好故事的实质就是——

从前(时间:在错误的时间)

在一个地方(地点:在错误的地方)

有一个人(人物:不合适的人)

他想要/做(自不量力)(事件:非要不可/非做不可)

后来,他成功了(正义必胜)

或者,他失败了(有价值的失败)

从这个意义上,我们说:故事是奇观,故事是事故。因此,一个具有戏剧性的故事就可以形成这样一个故事核——

在一个错误的时间!

在一个错误的地点!

一个不合适的人!

做了一件不合适的事情!

结果他——

成功了!(或者,失败了!)

如果你的故事符合这些条件的话,就值得写下去。我们用这个标准去重新看那些经典故事,比如,《红楼梦》里宝玉、黛玉和宝钗的三角恋,这个故事发生在今天还叫故事吗?这是一个很常见的事件,但是往前推,它就是发生在不合适的时间、不合适的地方——一个封建大家族里。要是一个小门小户也倒罢了,要是其他人也还可以,贾琏可以做,贾环可以做,宝玉就不可以做,因为他是贾家未来的掌门人!他做了一件不合适的事情,如果他一开始追求薛宝钗,就是对的,但是他追求的是林黛玉,最后失败了!失败了,我们说是封建社会自由恋爱的失败,这个必然性就出来了。

或者,有的时候,是在正确的时间,人物做了不该他做的事情,比如《水浒传》中一群梁山好汉做了不该他们做的事——替天行道,这本来是皇帝的事情,最后梁山好汉替他干了。

如果我们从这样的角度去设计故事,是不是非常简单?

◆ 戏剧性的类型

戏剧性的内涵是"离奇""不平常",我们可以通俗地理解为"反差"。另外,戏剧性还常常涉及偶然性、巧合、骤变等。因此,戏剧性的类型,可以包含(但不限于)以下几个方面:

(1) 行为发生的时间不合时宜(包括时代条件);

(2) 行为发生的地点不合时宜(包括文化环境);

(3) 人物身份与行为存在反差;

(4) 行为与结果存在反差;

(5) 行为与日常生活存在反差(超越日常生活);

(6) 行为与意义存在反差(提供了异质生命);

(7) 人物关系设置的反差;

(8) 一个秘密/悬念的被揭开;

……

◆ **故事如何设计戏剧性？**

我们可以从故事流程的任何一个阶段/要素入手，开始设计故事的戏剧性。

1. 故事时间的戏剧性（行为发生的时间不合时宜）

时间的特点，一是顺次流动性，二是历史限定性。一个故事，必须有它发生的时间。如果故事事件违背了时间的特点，就具有了一种奇观，一种意味，一种戏剧性。

比如《八十天环游世界》，"八十天"这个时间就是一个限定，是行动的底线，而《堂吉诃德》《红楼梦》，则是为人物行动提供了一个错误的时间。

穿越小说的时间，完全是一种时间的错位；架空小说则是凭空想象出了一个现时时间之外的另一个时间谱系，时间的戏剧性让这个故事变得好玩、有趣。

2. 故事地点的戏剧性（行为发生的地点不合时宜）

强调地点，那就是地点出了问题，它一定是一个错误的地点，比如沈从文的《月下小景》，讲的是特定地域族人的习性：女人同第一个男子恋爱，却只许同第二个男子结婚。在具有这样一个风俗的地域里，才能产生青年男女的爱情悲剧。

还有《红楼梦》《罗密欧与朱丽叶》等，都是人物生错了地方，所以才有了故事。

3. 人物身份与行为存在反差

如果人物身份与他的行为相一致，那么读者就不愿意读下去。因此必须有一个反差，也就是，必须是一个不合适的人去做一件不合适的事，比如，一个贼不去偷盗，反而阻止同伙对受害者实行偷盗（《天下无贼》）；一群强盗去剿灭另一群强盗，其目标不是为了钱财,居然是为了"公平"(《让子弹飞》);一个和尚万里迢迢去取经,途中要面对无数的妖魔鬼怪,他肉眼凡胎,毫无辨别危险的能力和自保能力,而他自身又是妖魔鬼怪的首要攻击目标(《西游记》);没有枪、没有经费、主张和平主义、具有"达姆弹情结"的人,要去公开刺杀,完成"一桩事先张扬的谋杀案"(《借枪》);妓女比贵妇更高贵(《羊脂球》);等等。试想,如果"老鬼当家"(《小鬼当家》)、"青年与海"(《老人与海》),这样的故事又该如何讲述呢?堂吉诃德生活在17世纪,但脑子却停留在骑士时代,他披挂整齐、骑驴游侠天下的时候,我们就想知道:两个世纪的碰撞会怎么样?

爱情故事的"高低配",也属于人物身份与行为的反差。中国有四大爱情故事:牛郎织女、董永与七仙女的故事讲述的是贫穷的人间小伙与貌美富足的天仙的故事;白娘子与许仙是"人与妖"的故事;梁山伯与祝英台最后因变成了蝴蝶而获得永久的幸福。国外有许多"穷小子与白富美"的故事,也有贵族子弟与妓女的故事(《魂断蓝桥》《茶花女》)等,还有一些经典的"偷情故事"(《安娜·卡列尼娜》《泰坦尼克号》《廊桥遗梦》《查泰莱夫人的情人》)等。这些爱情故事,人物的行为与自己的身份形成了巨大的反差。

4. 人物行为与事件结果存在反差

比如,反抗悲剧命运的行为却导致悲剧命运的加速到来,像《俄狄浦斯王》《无极》等;想要摆脱某种坏的东西,抛弃了之后却发现这是最宝贵的东西,因此而失落,像《人生》《黑骏马》等;也有相反的,没有摆脱掉却因此而受益,像《疯狂的石头》等;得到了一直想要的东西,最终却发现不可能再拥有或已经没有价值,比如《两杆大烟枪》等。这些故事,有些是悲剧,有些是喜剧,有些是滑稽剧,但种种反差存在其间。可见,戏剧性只关乎趣味,不关乎主题。

在故事开始,往往是诱导事件打破原有的脆弱平衡,引起故事走向的变化;在故事中部,表现为冲突的设置,主人公一步步陷入困难、困境、绝境;在故事结局,则表现为故事发展的逆转,比如"欧·亨利式结尾"。为了增强反差的冲击力,我们往往为人物设置一种相反的前提,这时候,人物行为与结果的反差,更有一种出乎意料之外的观赏效果,比如,《无极》《俄狄浦斯王》《疯狂的石头》《人生》《黑骏马》《两杆大烟枪》等。

5. 故事事件跟日常生活存在反差(超越日常生活)

这样的事件在我们身边是看不到的,或是我们很少见到的事件。它们或具有异国情调,或是异质文明,比如很多故事都是反日常的,我们很难发现其跟日常同构的事情,如两个相互仇视的人以匿名的形式交往后,反而都爱上了对方(《街角商店》《电子情书》);一个律师一下子丧失了说谎的能力(《大话王》);几个牙买加人决定以雪橇队的名义参加奥运会,尽管牙买加这个地方连雪都没有(《冰上轻驰》);一个男人发现他被自己的克隆人顶替了(《第六日》);另外还有《阅微草堂笔记》《聊斋志异》《世说新语》《木偶奇遇记》等。

6. 故事提供异质生命,启发我们思考

有些人物、有些故事我们不能为其做出评判,但是有没有我们的评判,其都成立。这种例子不好举,但确实大量存在。在我们生活当中总会有我们不理解的人物,虽然不被我们理解,但是他依然过得很好。假如有一天被我们理解了,他反而过得不适。假设一下,如果把《桃花源记》放到现代的北欧去,这个故事还有吸引力吗?如果把韩寒写的那些青春叛逆的故事放到美国去,还有意思吗?没意思。因为"桃花源"在北欧已经实现了,是一种常态;而那些青春叛逆的故事放在美国也是一种常态,但它们在中国,就是奇观。

它们或是来自偏远的地方,或是来自遥远的过去,像《边城》《大淖记事》《马桥词典》《商州》等,故事本身是奇观,故事的主人公是特殊材料制成的人。在现代化、全球化的今天,这样的人与事件或许在"量"上处于绝对少数派,在影响力上处于绝对劣势,不被理解,现实中并无多少人愿意模仿。虽然事件反常,但有其道理,其仍旧有自己的价值,对我们的生活是一个补充和修正,给我们提供了异于日常的状态,所以有趣。

7. 人物关系设置的反差

就像说相声的两个人,从外形到性格特点,乃至功用等,都形成一种反差。比如堂吉诃德与他的侍从桑丘,《水形物语》中的伊莉莎与她的女伴泽尔达,都形成一种对照与反差。另外,人物见解/感情的对立,也形成一种反差:一是人物自身经历了某种创痛或打击,其见解/感情产生突变,比如《人再囧途之泰囧》;二是正反面人物的见解/感情存在冲突,这样的例子非常多,比如《熊出没》中的光头强与熊大、熊二之间的冲突,也形成故事的看点。

8. 一个秘密/悬念的被揭开

故事开始隐藏一个秘密,设置一个悬念,整个故事,就是一个秘密/悬念被揭开的过程。比如《驴得水》,四个投身乡村教育的人,为了增加经费,把一头驴上报成英语老师领空饷。故事开始,就是教育部的人要来调查,整个故事围绕着隐藏/揭开这个秘密展开,情节跌宕起伏,形成看点。

很多故事发展到关键时刻,都有一个真相被揭开的设计,在结构上形成小高潮。比如《寻梦环游记》,米格在寻梦过程中发现自己崇拜的歌神德拉库斯并不是自己的曾曾祖父,却是杀死自己曾曾祖父埃克托的凶手;而《十面埋伏》中,金捕头在绝境中突然发现,刘捕头和小妹都是飞刀门的卧底,且两人是情侣,计划一开始就是一个谎言。

总之,戏剧性就是在上述故事要素中寻找各种"可能性",整个故事就在连接这种可能性。也就是说,问一下"如果……将会如何?"发现可能性,就是发现问题,而整个故事就是解决问题的过程。可见,戏剧性是一个故事的看点、核心与灵魂,故事核粗壮有力,故事才能够成立,才会有趣。

【工坊活动】

你看过或听过哪些难忘的好故事(小说或电影)?请你用一句话概括十个好故事的看点,即戏剧性/反差、有趣的地方。

【例】

(1)《堂吉诃德》:一个迷恋骑士小说的人在和平年代里试图做一名骑士所遭遇的一系列传奇故事。

(2)《驴得水》:一头驴冒充英语老师领空饷的故事。

(3)《决战钢锯岭》:一个不拿枪的士兵在战场上成就了一段英雄传奇。

(4)《这个杀手不太冷》:杀手成为少女的守护者。

(5)《月亮与六便士》:中产阶级放弃舒适的生活独自去荒岛上寻觅生命的真谛。

(6)《雷雨》:一个乱伦之爱的故事。

(7)《生死疲劳》:一个人接连投胎转世的故事。

(8)《霸王别姬》:一个男人爱上了另一个男人并为之而死。

(9)《水果硬糖》:十四岁少女设计阉割变态罪犯。

(10)《肖申克的救赎》:正义的越狱。

【案例分析】分析电影故事《驴得水》的戏剧性

故事梗概

1942年,四个为了农村教育、怀揣梦想的大学教师从大城市来到偏远乡村开办了三民小学。由于此地严重缺水,一头驴专门运水,孙校长的女儿孙佳佳为驴取名"驴得水"。为了争取更多的资金筹办学校,孙校长提议把"驴得水"化名为"吕得水",以英语老师的名义报到教育局领空饷。

学校收到电报,特派员要来视察工作,特地写明要见吕得水老师。他们让前来修钟的铜匠假扮吕得水,张一曼教给铜匠几句基本的英语。特派员到了,张一曼发现特派员根本不懂英语,铜匠就用方言蒙骗过关。原来,特派员这次来考察吕得水老师,是因为美国慈善家罗斯要资助基层教育家,由于其他几位老师档案都有污点,所以教育部选择了吕得水老师。

裴魁山向张一曼表白遭拒绝。孙校长得知罗斯每月将资助三万元,极力挽留铜匠留下照相,但铜匠迷信坚决不照。张一曼"睡服"铜匠,裴奎山得知后愤怒至极,转身离去。铜匠完成任务,跟张一曼依依惜别,张一曼把自己的一缕头发送给了他。学校有了钱,通了电,置换了教学用具,张一曼买来面料为大家做新校服,大家一起开心跳舞。

裴魁山回到学校,想要分奖金,但其他人想盖教室,四人意见不同争执起来。这时学校又收到电报,特派员和罗斯要一起来看吕得水老师,他们正在商量,不能让罗斯和特派员见到铜匠。这时,铜匠的媳妇带着铜匠找来了,她发现老实的铜匠被人睡了。张一曼为了大局承认睡了铜匠,铜匠媳妇与张一曼厮打,铜匠让媳妇滚,张一曼只好说出了跟铜匠睡觉的真实原因,并说铜匠就是个牲口。铜匠五雷轰顶,扔下张一曼的那缕头发悲愤离去。

特派员被驴踢了头,铜匠失踪,罗斯高原反应昏睡不醒。罗斯资助了十万元,教育部克扣了七万元,特派员让孙校长统一口径说是收到了十万元。

孙校长欺骗罗斯说吕得水老师出差了,结果铜匠又回来了,他以吕得水的身份,折磨张一曼,让大家骂张一曼解气,裴魁山由于之前的事怀恨在心,对张一曼恶语相向。铜匠依然不满意,要求把张一曼的头发剪了才可以既往不咎,孙校长只好剪了张一曼的头发,张一曼被折磨得神经错乱。

特派员得知实情,但为了利益统一口径,坚持说铜匠就是吕得水老师。特派员提出杀驴吃肉,周铁男阻拦,特派员开枪恐吓,周铁男吓得跪地求饶。大家杀驴吃肉,周铁男躲在杂货间,看到美国护卫欺负张一曼,但他此时已不敢抵抗,特派员的秘书把美国护卫赶走。

孙校长告诉张一曼,不管听到什么看到什么都不许管,好好在屋里做新校服。特派员和孙校长等人为了向罗斯隐瞒实情,制造了吕得水意外去世的假象,罗斯为了表达歉意,要把一万美元送给吕得水的家属。大家不敢让铜匠真实的媳妇来,于是让孙佳佳假扮吕得水的媳妇来领钱。

罗斯问孙佳佳是否愿意跟他去美国,孙佳佳还未来得及回答,铜匠突然坐起说愿意。裴魁山和周铁男千方百计使罗斯相信吕得水的复活就是奇迹,罗斯于是让孙佳佳和吕得水结婚,将一万美元作为贺礼。特派员担心孙校长不同意,便将校长绑起来。教堂中,罗斯正在为孙佳佳和吕得水举办婚礼,铜匠媳妇跑来闹事,裴魁山趁机抢走钱,张一曼被人群撞倒在地,一把枪落在张一曼面前,张一曼捡起枪离开,孙佳佳撕掉了结婚证件,也离去,罗斯被震惊到不知所措。

一切水落石出,孙佳佳去投奔在延安的大哥。孙校长等人被记了处分,但是没有开除任何人,学校一切照旧。孙校长、裴魁山和周铁男三人决定继续留下来支持农村教育,三个人一起团结聚气。这时,枪响了,张一曼做好所有人的新校服,自杀了。

故事分析

《驴得水》讲的是一头驴冒充英语老师领空饷的故事。其戏剧性在于一系列秘密/悬念的被揭开;同时,秘密的暴露也使人物一步步陷入困难→困境→绝境。最后所有秘密被揭开,故事完成。

第一个秘密:孙校长以驴冒充英语老师,特派员来视察,孙校长等人被迫以铜匠冒充吕得水蒙混过关,张一曼用身体搞定了铜匠。真正的驴被杀了吃肉。

第二个秘密:虽然第一回合蒙混过关,但却引来更大的麻烦:铜匠老婆发现铜匠做爱姿势突然变了,打上门来,张一曼被迫承认是自己所为;为了让铜匠跟老婆好好过日子,她告诉铜匠之所以睡他的真正原因。铜匠的爱情幻灭,当众羞辱张一曼。此时,特派员跟美国慈善家罗斯先生要来资助吕得水。为了得到这笔钱,特派员跟孙校长他们一起蒙骗罗斯。

第三个秘密:特派员和孙校长共同骗罗斯,说吕得水老师去世了,罗斯拿出一万美元要交给吕得水的家属,无奈,孙校长求女儿佳佳冒充吕得水的老婆。当罗斯要资助佳佳出国时,铜匠坐起来说自己愿意出国。

第四个秘密:他们让罗斯相信有"还魂"一事,罗斯便为铜匠和佳佳举办婚礼。这时,铜匠老婆闯进来,说自己才是铜匠老婆。一切真相大白。

结局：佳佳投奔延安的哥哥，张一曼自杀。

※ **阅读与写作训练**

（1）设计一个有戏剧性的故事，并用一句话概括其故事核。课下发到微信群里。

要求：

① 故事里至少需要 2 个人物，可以设计 2—5 个人物的故事，每个人物都要有名有姓。

② 体现故事的要素：故事是事件，要写事件，以行动推动事件发展；行动的结果也是事件，事件的结果体现价值观。

③ 突出戏剧性。

④ 字数 1500 字。

（2）课后观看电影《寻梦环游记》，看看影片是如何讲述"冲突"的。

第二堂课
故事如何往前走？
——冲突的设置

我们如何开始一个故事呢？

首先问自己：你为什么要写作？

有人说，写作如同做梦。因为我们不能不做梦，所以我们不能不写作。做梦乃出自人类想象的本性，写作则是梦的实现。

有人说，写作是为了从无聊的生活中理出一种独特的意义，世界有多重意义、多种可能，人生在世的历险，就在于发掘意义，找出可能。

有人说，我们写作，是因为我们内心有过剩的活力，因为我们比旁人对生活更敏感，更充满热情，或者更富有好奇心。因此，我们觉得有一种独特的东西要说，而且非我莫属。

还有人说，写作产生了自我把握的幻觉，我们掌握不了现实，于是我们通过写作拼命企求这种把握，拼命解释那些表面上稀奇古怪的行为……

你心中真正在乎的是什么？作者内心最深层的东西往往决定作品的主题／题材，我们称之为写作动机，这就是故事的外部动力来源。

◆ **故事动力来源**

故事动力是推动故事事件前进的力量，故事动力来源有两种：

1. 故事的外部动力

即作者的创作动机,体现作者讲述故事的欲望和抒发见解与感受的迫切程度。

编剧陈秋平在《分享编剧技巧》中说:"下笔前一定问自己:这个剧本你非写不可吗?什么让你如鲠在喉?也许是一个愤怒、一段思念、一个画面、一场高潮戏、一个流泪片段,甚至可能是一次委屈。总之,找到这个动力源,把它当作 A 点确定下来。有了 A,才能推演出 B,由 B 再推演出 C 和 D。也许往下推演不顺而回过头来调整 A,但是,写剧本必须找到 A 点。"①

陈秋平所说的这个 A 点,也就是我们平常所说的"创作动机"。内心的创作驱动力在很多时候是被掩盖的,现在我们要找到它。找到了这个 A 点,就找到了我们不得不开口、不得不下笔的起点,我们的创作就真正开始了。

2. 故事的内部动力

故事的内部动力包括冲突和结构性人物关系,前者构成故事的动能,后者构成故事的势能。

先说一下结构性人物关系。

给一个伟大的人物配置一个伟大的对手,或给一个能干的人物配置一个难以解决的问题,构成人物设置的二元对立结构,这几乎是故事普遍的原理。古希腊戏剧的人物设置所遵循的一条"潜规则":伟大的英雄人物都拥有一个致命的缺陷,英雄本性与致命缺陷形成了故事的势能。

---

① 陈秋平.分享编剧技巧[EB/OL]. http://blog.sina.com.cn/s/blog_543bd0750100rbs7.html.

理想的人物关系设置足以打破日常生活的正常秩序,隐隐露出"事故""传奇"或"隐私"的苗头,蕴含着丰富而复杂的故事的可能性。比如《猫和老鼠》,不能相见的两者一相见,厮杀与追逐立即开始。

类似的人物关系设置不可计数。比如《熊出没》中的光头强和熊大、熊二,《喜羊羊与灰太狼》中的羊与狼,《西游记》中的唐僧与各路妖怪,武侠故事中的正派与邪派,清官故事中的忠臣与奸臣,等等,他们因本性、因利益、因信念,永远势不两立。他们成对出现时,我们只需要给他们一个小小的挑拨、一个由头,比如,给江湖一个传说:藏宝图、武林秘笈、名分、一次莽撞的攻击;给清官一个贪腐案……故事就开始了,结构势能转化成了情节动能。下面的事情,由人物按照你设置的本性开始行动。

我们这一堂课重点讲故事内部动力中的动能——冲突。

有了写作动机和结构性人物关系的设置,如何推动故事往前走呢?我们这里说的故事推动力,不是指那种简单地让事件草草结束或者迅速找到解决故事难题的力量,而是既设置障碍,让故事充分展开,同时又找到克服障碍的方法,促使故事沿着可然律和必然律的方向前进,让故事有丰富而又复杂的驱动力。

回顾课前看过的电影《寻梦环游记》,思考:故事是如何开始的?梳理主人公米格的行动线,他是怎样迈出第一步的?

◆ 从人物欲望开始

若故事无法开头,那么,快刀斩乱麻,从欲望开始,即寻找主人公的欲望是什么,故事中每一个角色想要的是什么,由此确定人物行动目标。因此,故事通常会从一个充满欲望的人物开始。《寻梦环游记》讲了一个生长在禁止玩音乐的家庭的孩子米格,追寻音乐梦想最终成功的故事。米格的欲望就是想要实现音乐梦想。

人物有了欲望,故事已经开始,但是为什么人物行动不了,这是什么缘故?我们该如何让故事往前走?其实,推动故事往前走的力量,来源于对立双方的冲突。也就是说,主人公想要实现欲望,必须努力克服成功道路上的各种障碍,这就形成一种冲突。冲突让人物完全接管了行动,带着故事往前走。

故事从人物的欲望开始,分为两种情况:一种是主人公因为某种东西的匮乏而产生改善的欲望,想要获得什么,这是主动的;还有一种是被动的,主人公想要逃避什么。比如《一九四二》写的是一个地主逃荒,地主按说不用逃荒,但是故事要他必须逃荒,因为他的粮食被烧掉了,还有旱灾加蝗灾,粮食颗粒无收,此外政府黑暗,日本侵略河南,他必须要跑。"被动"就是迫使主人公不得不行动的状态,当然更多的时候是先逃避再获取。欲望的实现就是故事的结局。

◆ **什么是冲突?**

人物如何开始行动?首先需要设置冲突。有些小说不存在问题或冲突,但大部分故事中,存在冲突;没有冲突与挣扎,故事很难进行下去。冲突是表达作者世界观的一个方法,同时冲突也体现人物性格。冲突越强烈,故事越有意思。

杰里·克利弗说:"冲突是我们用来强迫人物采取行动的元素,人物因此必须使尽浑身解数来展现自身。"[①]在一部电影中我们可以看到,冲突就是人物在朝着自己的欲望/目标行动的过程中所

---

① 克利弗.小说写作教程:虚构文学速成全攻略[M].王著定,译.北京:中国人民大学出版社,2011:47.

遇到的至少一个来自社会、个人或者环境的阻力。冲突的实质就是阻力、障碍，而行动就是主人公克服阻力与障碍的过程，用一个简单的公式表示就是——

渴望＋障碍＝冲突

渴望是人物要实现某个目标的强烈的内在自觉意识。障碍是人物在实现目标过程中所遇到的一切相反因素，包括人物自身以及错觉。冲突是故事中的一个关键要素，只有设置冲突，人物才有行动的欲望、主动性和感受，才有属于"自己"的事件发生。

渴望和障碍必须是有效的，否则冲突就是"伪冲突""弱冲突"。所谓有效渴望，指的是人物的渴望必须是压倒一切的渴望，把人物推到极限状态，能"转念一想""幡然醒悟"的渴望不是戏剧性冲突里的渴望。有效障碍是指作为渴望的对立面也足够强大，像主人公一样拥有强大的决心、强劲的动力，它拼死也要阻挡主人公的行动，或者打消主人公的渴望。两者如影随形，势均力敌。

渴望与障碍形成矛盾对立的双方，两者又构成合理的结构性人物关系。好的结构性人物关系让事件自动往前走，如同一颗石头在平面上滚不动，但放在一个摇摇欲坠的位置，轻轻一捅，就会滚得很远。猫和老鼠在一起，一定会干仗，这样就会形成一种张力。

一旦戏剧性渴望与障碍设置完毕，故事冲突就建立起来。对于人物或主人公而言，他的任务就是一步一步克服障碍，实现目标。对于作者而言，只是记录主人公为解决问题而行动的过程。冲突不断升级，产生多米诺效应，迫使角色之间不断相互碰撞，推动情节向前发展。因此，故事也可以如此描述——

冲突＋行动＋结局＝故事

◆ 冲突的二元对立结构

列维-施特劳斯研究发现,任何特定的神话都可以被浓缩成二元对立结构,比如生/死、天堂/地狱、神/人等,世界不同的文化就是不同文化对这个深层结构的阐释。神话故事的本质就是解决一个看似无法调和的二元对立,但解决后的故事仍旧是一个幻想或信念,因为新的故事依旧是一个二元对立。无论神话怎样衍变、发展,二元对立的结构保持不变,所有的神话都是这种二元对立结构的变形和转换。

世界各地的故事在内在文化上有高度的相似性,存在普遍的二元对立结构,无论是神话中的人/神、生/死、天堂/地狱,还是亚里士多德后来所归纳的六种基本故事冲突(人/人、人/社会、人/自然、人/自我、人/神、人/机器),二元对立(包括对二元对立的克服、协调)是故事的基本结构。因此,故事的本质就是解决一个看似无法调和的二元对立。冲突的二元对立结构包括人物对立面、目标对立面、行动对立面、情感对立面、思想对立面以及场景对立面,等等。

戏剧性结构

温迪·简·汉森认为一个影视故事应包括一个开端、一个中间阶段和一个结局;一个能展开整个故事的干扰事件(一个引起观众兴趣的"钩子"或是戏剧性的事件);一个处于主人公及其对手之间的核心冲突[①]。他将这些内容称为"戏剧性结构"。戏剧性结构不仅存在于影视故事,在小说故事中也能见到它的身影。中国当

---

① 参见汉森.编剧:步步为营[M].郝哲,柳青,译.北京:世界图书出版公司,2010:76-77.

代学者考察了讲述抗日战争时期斗争生活的故事情节模式,发现可以将其归纳为十个环节:

（1）介绍时代背景、地理环境(一般是首先讲述战争形势的严峻和战争环境的恶劣);

（2）主人公(主要英雄人物)出场亮相;

（3）英雄开始行动,旗开得胜,大快人心;

（4）敌人魔高一尺;

（5）我军道高一丈;

（6）我军遇到小挫折:内部出了叛徒,或有暗藏的特务;

（7）敌人报复性出击——无可奈何的疯狂;

（8）我军更加如鱼得水,神出鬼没地打击敌人,节节胜利;

（9）敌人垂死挣扎,取得一点回光返照式的成功;

（10）大结局("谈笑间,樯橹灰飞烟灭")。①

主人公要行动,他的障碍是什么？为主人公设置障碍,就是故事目标。人物目标与故事目标两者是对立的。凡是帮助主人公实现目标的,叫作助手;凡是阻碍主人公实现目标的,叫作对手/帮凶,与主人公行动形成冲突,由此建立起矛盾对立的双方,即冲突的二元对立结构。主人公在行动的时候,一定要找到自己的对立面。如果作品没有一个二元对立的关系,那么这个故事要么写不下去,要么没有新意。

【敲黑板】什么是诱导事件？

即诱惑或逼迫人物开始行动的事件。它的功能是打破人物生

---

① 参见吴培显.当代小说叙事话语范式初探[M].长沙:湖南师范大学出版社,2003:87-97.

活中原本脆弱的平衡,引出紧迫或诱惑性问题,形成戏剧性需求。它是一切后续事件的直接导因,促使人物尤其是主人公开始行动。高效的诱导事件总能引发连锁反应。

诱导事件不同于激励事件。

一个故事中可以有多个诱导事件,但激励事件只需一个,比如林冲被逼上梁山,诱导事件有许多,但只有"火烧草料场"这件事才是激励事件。激励事件是逼迫人物不得不行动的特殊事件,它让人物建立起理性的明确的目标,孤注一掷,开始核心行动,并产生唯一后果。

如果诱导事件或最先出拳的人物出现,故事依旧没有行动,怎么办呢?这时就需要检查以下几点:

(1) 诱导事件是否触及人物的信仰、道德、禁忌、生死等底线,也就是有没有达到极限。

(2) 故事切入时机是否适当,是否让人物遭遇并感受到困境,尤其是否有被动的主人公或者有更深刻经历的人物,典型的例子是"逼上梁山"。当然,让被动人物行动起来,本身也具有戏剧性。

(3) 背景设置是否合理。好的故事总是在这种情况下发生:人物(尤其是主人公)生活表面平静,但危如累卵,亦如悬崖边上的石头,只须轻轻一推,鸡蛋倒掉,石头掉入深渊,再也回不到山上,脆弱而危险的平衡禁不起风吹草动。

有些事件具备天然的故事情境特征,比如一个人处在他所不属于的时间(历史架空、穿越)、空间(异域、探险)、文化,面临伤害、被迫反应等。但有时候我们也要仔细分别"行动"的实质,比如潜意识的活动,往往以"症候"的形式显露出来。

故事的结构

杰克·哈特认为:"故事通常会从一个充满欲望的人物开始,

他努力克服成功道路上的各种障碍。实际上,这就是故事的结构。""当人物遇到错综复杂的情况,而他又不得不面对和解决时,行动就发生了,故事正是由一连串这样的行动所构成的。"①

"主人公→困境→摆脱困境",这就是简明而常见的故事模式。主人公遭遇困境,产生摆脱困境的欲望,开始行动,困境最终摆脱或未能摆脱,故事结束。

但通常情况下,主人公不会遭遇一次困境。主人公遇到难题,他开始行动,解决难题,然而行动——至少第一次和第二次行动——必不能解决难题,潜规则是他会越来越糟,离良好的主观愿望渐行渐远,从难题走向困境,进而陷入绝境——这就是为什么说故事同时是"事故"的内涵。

也就是说,主人公在实现欲望的过程中,往往被推至极端故事情境,经历"困难—困境—绝境",最后实现或未能实现欲望。我们从主人公行动的线索来梳理,则故事的结构可以表示为:

欲望→遇到困难/克服困难→困境/摆脱困境→绝境/脱离绝境→成功/失败

因此,故事结构的入门技巧,可以表示为:

情境出现,(主人公)产生欲望→采取行动→遭遇障碍、形成冲突(困难—困境—绝境)→实现欲望、解决难题

注意,主人公的欲望要足够大,甚至大得看上去不可能实现。也就是说,要挖一个大坑,然后故事的展开,就是慢慢填这个坑的过程。

---

① 哈特.故事技巧:叙事性非虚构文学写作指南[M].叶青,曾轶峰,译.北京:中国人民大学出版社,2012:5-6.

【敲黑板】什么是极端故事情境？

极端故事情境就是我们常说的文学"高于生活""无巧不成书"之处。它要求人物要么具有极为偏执的性格与处理事情的方式，要么被迫拥有极为糟糕的人际关系（有时候又极好），要么陷入愈来愈窘迫的生存处境，直至面临死亡，等等。一般而言，现实中的我们很难"凑齐"这么多极好、极坏（包括极平庸）、极多等极端的生活事件，但我们的故事人物总是生活在这样的情境之中。

【工坊讨论】为何要将故事情境推向极端？

故事情境是具体故事时空中，各种故事要素（如人物关系、生活状态、文化、社会及自然条件等）的组合，它们共同构成人物行动的背景和逻辑。

极端情境是对人性实施考验的实验室、预设条件，它将人物置于一个极其被动的境地，迫使他全力应对、难以作伪，从而展露人物的本性、世界观。我们需要考验人性或社会的哪些方面，就需要设计哪些方面的情境，并穷尽其可能性。唐僧为何遇到了那么多苦难？因为佛祖要考察他的方方面面，比如是否贪财、是否好色、是否有恋情、是否"溺名"（沉溺于名声）、是否怕死、是否有执念，等等。八十一难虚指很多，但如果我们需要塑造一个完人（佛祖就是完人），需要多少考验就制造多少事件，这个数字没有上限。当然，从人物塑造角度来说，极端故事情境是考验，也是人物接受锻炼、成长的依据。

故事中极端情境的设计不是一个令人生厌的套路，也不是一个非要打倒不可的坏蛋；相反，它是一个可生成的机制，一旦遵循并创造性使用它，它会让我们的故事设计简洁明快，直奔主题，而且还具备如下好处：

第一，它是天然的冲突结构，自动形成人物的对立面、"攻击方"（包括诱惑、制造令人沉溺的舒适区），迫使人物去行动、解决问题。行动的悬而未决性制造了故事悬念，并让故事核变得更粗壮。

第二，身处极端情境，人物尤其是主人公的目标容易变得明确，而人物目标一旦确立，故事目标也就能与人物目标开始真正的互动。

第三，在极端情境中，主人公的能力、性格与人性得到全面检验和展示，同时，也迫使作家进入主人公的内心，与他一起解决问题。

第四，极端情境下的人物行动总是处于不利状态，他们解决问题的难度自带悬念，为故事制造出困难、困境、绝境，等等。

可见，没有极端情境的故事设计，故事就不可能好看，甚至故事就不可能发生，因为人物行动没有力量；而且，没有极端情境，人物形象的塑造就不会成功，世界观、价值观就不能得以展现。

有没有反例呢？当然有，比如文艺片、诗化小说、新写实小说等，这些故事倾向于讲述一些温情脉脉的人际关系，零星琐碎的日常生活，似乎什么也没有改变的杯水风波，比如《边城》《受戒》《一地鸡毛》《热也好冷也好活着就好》，等等，好像它们打破了这个潜规则，看起来跟日常生活一样正常。实际情况如何呢？类似于《边城》《受戒》《一地鸡毛》这样的故事是否也遵循极端情境的规律呢？仔细分析一下，我们会发现：它们其实也遵循故事设计的极端情境规律，只不过这个极端，从"极端坏"转向了"极端好"或者"极端平庸"，走向了另一个极端。比如极端好的周边环境，极端好的人际关系，极端好的品行，当然包括刚才说的极端的平庸琐碎，这也是一个极端。我们还会发现，故事一旦开始，人物一旦行动起来，一切又变得不可控,滑向这个极端的另一端。只不过,这些故事在有意掩盖这种"糟糕",让激烈的冲突和不可逆转的坏命运变得柔和。另外,我们要注意到,凡是这类故事,一定发生在过去,发生在遥远的地方,也就是说,最好的要么已经失去,要么不会在我们身边出现。类似于《一地鸡毛》这样的故事,它也设置了极端情境,当然这个极端是相对于知识分子而言的。对于当代知识分子来说,最大的极端是什么呢?对,就是平庸,是理想消退、浪漫不再,一句话:毫无意义,"一地鸡毛"。

◆ **冲突的种类**

亚里士多德认为,冲突有六种基本类型[①],它们分别是:

(1) 人与人的冲突。比如官场故事。

(2) 人与社会的冲突。实质是人反抗不合理的制度、强暴、专制,比如《摔跤吧,爸爸》《我不是药神》等。

(3) 人与自然的冲突。比如《鲁滨逊漂流记》。

(4) 人与神的冲突。可以理解为"神"直接对人的操控,也可以理解为不可见的命运操纵人物的行动及结果,或者两者兼而有之。《边城》中没有"神"出现,但看不见的命运无时不在;《俄狄浦斯王》《无极》中,"神"与命运是结合在一起的,"神"就是命运的体现,反抗"神"就是反抗命运。人与神的关系其实也就是人与人的关系、人与社会的关系。

(5) 人与机器的冲突。人与"被异化的科技""外星文明"或

---

① 参见克里弗.小说写作教程:虚构文学速成全攻略[M].王著定,译.北京:中国人民大学出版社,2011:146.

其他有敌意的高等智慧之间的冲突，比如《终结者》《黑客帝国》等。

（6）人与自己的冲突。比如《少年派的奇幻漂流》，这个故事由于后视角的加入，真正的故事被隐藏起来，我们认为它应该是人与自然冲突之下的人与自我，即伦理与人性之间的冲突。

冲突不仅存在于主人公与对立人物（对手）之间，也存在于自己人（助手）与自己之间，或次要人物之间。故事冲突因此可分为主要冲突、次要冲突。与此同时，在一个故事里，可以包含多种冲突，或六种冲突可同时存在。在具体的故事当中，冲突极少是单独存在的，总是纠缠在一起。单纯的人与自然的冲突是少见的，冒险故事、探险故事等夹杂着各种冲突，近来越来越多的人与自然的故事主题转向了生态，从人与自然（植物、动物、环境等）的冲突转向了人与破坏自然的力量的冲突。另外，冲突可以发生反转，如人与魔斗争至最后才发现，魔就是内心的黑暗，就是自己（《光明皇帝》）。

◆ 如何设置故事冲突？

1. 找到自己的动力源（A点）

这个故事你非写不可吗？什么让你如鲠在喉？也许是一个愤怒、一段思念、一个画面、一场高潮戏、一个流泪片段，甚至可能是一次委屈……找到它，然后把它作为A点确定下来。

写故事就是写作者自己，解决作者自己的问题。

2. 将写作转化为谈话

（1）找到倾诉对象。

如果作者、叙述者、人物高度合一的话，这样的故事最能感动作者自己,但也最容易让读者厌烦。

（2）找到一个假想敌。

3. 设置人物关系势能

（1）让不能相见者相见/让想相见者不得相见,如《少年派的奇幻漂流》《人鬼情未了》。

人物之间的吸引力与横亘在他们之间的鸿沟自然形成冲突。

（2）让相反的事情在一起。目标对立、人物对立、自身有重大性格缺陷的英雄,如《鸿门宴》《哈姆雷特》。

（3）让群体冲突延续到个人,如《笑傲江湖》《罗密欧与朱丽叶》,牵一发而动全身,人物每一个行动都会产生始料不及的反应。

（4）设置共同目标,如职位、物件（秘笈）。

（5）去做力所不能及的事情,如《红与黑》《八十天环游世界》。

（6）去做犯忌的事情。几乎所有的经典爱情故事都是犯忌的。

4. 给主人公的意志加码

故事能否继续推进,取决于主人公的"欲望"有多强。浮士德只要不说"美啊,请为我停留",考验与经历永无休止。

5. 设置明确的故事目标

人物的目标与故事的目标不同。人物只会想、只会做他自己的事情,故事却要通过自身来阐释见解,抒发情怀。前者是人物目标,后者是故事目标。

电影《一九四二》中,老东家的人物目标是"不逃荒",但是故事目标恰好与他的目标相反,一定要将他送入逃荒大军之中,并且置于绝境。从日军进攻河南,省主席去重庆请求救济失败,到难民火烧粮仓,儿子被打死等各个方面,去除了老东家可以不逃荒的依靠,最终让"逃荒"成行。

6. 设置极端故事情境,逼迫主人公行动起来

如果主人公依旧不行动,我们就给他加压,将他逼上绝路,无可选择,让他的选择是唯一的选择,他的行动是最后的行动,这样他就不得不行动起来。这需要设置故事情境,其目的仍是给不坚定的主人公增加意志,让他行动。他一旦行动起来,故事就会自己往前推进。比如,让不达目标誓不罢休的高衙内继续追杀林冲(《火烧山神庙》),找到主人公身心最柔软处,然后戳中它,"攻其必所救",在这一点上,故事技巧就是孙子兵法。

总之,故事是一系列"事件",事件由人物行动来实现。如何让故事自动往前走,需要为人物行动设置对立面,设置障碍,构成冲突。没有形成冲突的故事不是一个好故事,这就是为什么"和谐"的故事一马平川,"幸福"的故事平淡无奇。

【案例分析】分析电影故事《寻梦环游记》的冲突设置

故事梗概

墨西哥男孩米格出生于鞋匠世家,家里人都会做鞋并以此为荣,但这个家族有一条禁令——所有的家族成员不许玩音乐,认为音乐诅咒了他们。这源于米格的曾曾祖父,他为了追求音乐梦想抛弃妻子伊梅尔达和女儿可可,离开家再也没有回来。伊梅尔达靠做鞋养育了可可,并使家族成为鞋匠世家。

不同于家里人,米格对音乐有疯狂的热爱。受到一位参赛者的鼓励,米格决定于亡灵节参加在广场上举办的音乐比赛,但是被以奶奶为首的家人们阻止。

当家人们忙于布置灵台,准备迎接逝去的亲人们回家时(在墨西哥,传说亡灵节这天,死去的人会走过万寿菊花桥,回到人间与亲人团聚),失望的米格跑到自己的秘密基地——一个废弃杂货屋

的阁楼，看着偶像歌神德拉库斯的电影，决定要像德拉库斯说的那样："抓住机会"，实现自己的音乐梦想。于是，米格偷偷拿了自制的吉他去参赛，却不小心打碎了供奉在灵台上的照片——那是曾曾祖母一家三口的照片，但是曾曾祖父的头像却被毁掉了。接下来，米格发现了一个秘密：照片被折叠隐藏的一侧是曾曾祖父手中的吉他，竟然和歌神德拉库斯的吉他一模一样。原来，自己的曾曾祖父就是歌神德拉库斯，米格兴奋地把这个发现分享给家人们，但家人们表示并不认识德拉库斯；即使德拉库斯是米格的曾曾祖父，他们也不允许米格走他的老路——抛弃家人以至于死后无人供奉，在亡灵节无法回家。执着于梦想的米格不听家人劝告，执意要参加音乐比赛。他的行为激怒了奶奶，奶奶一气之下摔碎了他的吉他。伤心的米格离家出走。

广场上，米格报名参加比赛，却因为没有乐器遭到拒绝。米格借不到吉他，就去墓地偷歌神留下的吉他。慌乱中，米格惊动了人们，奇怪的是没有人看得见米格。原来，米格无意间踩到了万寿菊花瓣，受到诅咒，和无毛狗丹丹一起进入了亡灵之地，在那里，他遇到了自己过世的亲人们。米格得知天亮之前得到亲人的祝福就可以回到现实世界，曾曾祖母伊梅尔达祝福了米格，但有一个附加条件，就是要他答应以后永不再碰音乐。米格无法接受，于是逃离家人，他决定去找曾曾祖父德拉库斯，认为一定能够得到他的祝福。在路上，米格遇见了亡灵埃克托。埃克托因为在人世没有人供奉他的照片而无法在亡灵节回家，于是两人达成协议，埃克托帮米格找到德拉库斯，米格答应回人世后供奉埃克托的照片。

经打探得知，米格需要拿到音乐比赛的冠军，以获得参加歌神派对的资格，才能见到德拉库斯。与此同时，伊梅尔达等人在寻找米格，并派出了游荡亡灵的指引者——一只叫小南瓜的爱波瑞吉。

为了借到吉他参加比赛，埃克托带米格找到猪皮哥。猪皮哥的亡灵马上就要消散，因为人世已没有人记得他。作为交换条件，他请求埃克托为他唱一支歌。埃克托唱起动人的歌，原来，埃克托竟是个非常优秀的音乐家。猪皮哥在歌声中安详地消失。

米格在比赛中大放异彩，却因为伊梅尔达率领家人追来，不得不逃走。此时，埃克托才发现米格在亡灵之地有很多家人，而不是像他之前说的只有德拉库斯一个。亟须有人供奉自己照片的埃克托对于米格的欺骗很不理解，两人为此大吵一架，分道扬镳。愤怒离去的米格独自去找德拉库斯。混进派对后，米格用唱歌的方式引起德拉库斯的注意，两人相认。在德拉库斯准备向米格送出祝福时，埃克托赶来。德拉库斯与埃克托见面，米格惊讶地发现两人居然在生前是搭档。而且，德拉库斯曾对埃克托的承诺跟他演过的电影情节相似，而电影最后德拉库斯饰演的人物毒杀了自己的朋友。至此，埃克托终于明白了自己死亡的真相，原来竟然是德拉库斯为了自己的利益，下毒谋杀了他。被揭穿的德拉库斯气急败坏，他囚禁了埃克托，并抢走他的照片。为了不让米格在人世毁掉他的名誉，德拉库斯也囚禁了米格。

米格与埃克托被关在一起，这时，米格才知道埃克托这样着急想有人供奉他的照片是为了见他女儿最后一面，并且埃克托的女儿居然就是米格年迈糊涂的曾祖母可可。原来，埃克托才是米格的曾曾祖父，歌神为了阻止他回家见妻女而谋杀了他，抢走了他的吉他和他的作品。曾祖母可可快要离开人世，并且丧失记忆，她快不记得爸爸埃克托了，这意味着亡灵之地的埃克托就要消失了。绝境中的米格终于明白家人才是最重要的。

丹丹带着小南瓜和伊梅尔达及时赶到,救出了米格和埃克托。米格与家人团聚,丹丹也成为一只爱波瑞吉。米格求伊梅尔达帮埃克托拿回照片,伊梅尔达无法原谅埃克托,但是决定帮他。一家人闯进德拉库斯的演唱会,与德拉库斯的护卫展开斗争。打斗中,伊梅尔达被推上舞台,在米格的鼓励下突破心防重新唱出了歌,埃克托在一旁为她弹吉他伴奏,两人解开心结。德拉库斯出来阻拦,最终他抓住米格,将米格和照片一同扔到楼下。紧急关头,丹丹与小南瓜救了米格,照片却掉到楼下,浸在水里。

德拉库斯的罪行被公之于众,受到应有的惩罚。米格得到家人无条件的祝福,终于可以回家,但是埃克托就要消失了。回到家的米格急匆匆找到曾祖母可可,希望唤醒她对爸爸的记忆,然而没有用。米格弹起吉他,唱起埃克托为可可写的歌,曾祖母可可居然跟着唱了起来。她清醒过来,跟米格讲她爸爸的故事,并拿出埃克托曾寄给她的信和一家人的照片,这是有着埃克托头像的完整的照片。

一年后,米格带着刚出生的妹妹在灵台前看被供奉的亲人,埃克托的照片也在其中。曾祖母可可已经去世,她的信被公布,信中埃克托写的歌证明了他才是真正的歌神。亡灵节这天,逝去的亲人踏上回家的路,与人世的亲人欢聚,米格与埃克托弹起了吉他,一家人唱起歌,幸福地欢聚在一起。

故事分析

故事的戏剧性: 一个生长在禁止玩音乐家庭的孩子,追寻音乐梦想最终成功的故事。

【冲突1】 戏剧性冲突:梦想(爱好)与禁令之间的冲突。

孩子追求梦想,祖母坚决反对。因为曾曾祖父为了追求梦想,再也没有回来。因此,在这个家族,一不准挂他的相片,二不准祭祀。后代不知原因,只知不准玩音乐成为家族的一道禁令。

【冲突2】 主题上的冲突:亲情(家庭)与事业之间的冲突。

曾曾祖父为了事业抛弃家庭,进入亡灵世界。如果现存家人不再爱他,不再祭祀,灵魂就会彻底消失。

【冲突3】 情感上的冲突:恨与爱。

【冲突4】 场景上的冲突:现实世界与亡灵世界。

【冲突5】 人物之间的冲突:米格与家人、德拉库斯与埃克托、埃克托与伊梅尔达、埃克托与可可、米格与埃克托……

【冲突6】 行动上的冲突:一系列的行动/反行动……

【工坊活动】为什么要把故事推到极端?

学生习作分析

盲(剧本)

文 雪

时间:A村秋季(青脆李收购末期)

地点:A村(位于中国西部山区,自然发展出青脆李集约化生产的经济模式)

故事:围绕汪家卖李子展开

人物

汪太太和汪先生:在A村经营一家乡镇农药公司,自家也种植了一亩地的青脆李。

陈老板:B村的水果收购老板,外省人。常年辗转于全国各地农产区,收购水果赚取差价。

大彬:汪家在B村的农药大客户,两家生意合作多年,关系牢靠。同时是陈老板在本地的收购代理人(作为当地有一定号召力人物,出面帮着外地老板联系生意、组织装载、搭棚招待等,并从中赚取一定利润)。

二妮子:汪家小女儿,大学生。

学成:汪先生侄子,不学无术的高中生。

故事背景

A村的青脆李收购已经进入尾声,汪家备受吹捧的李子在精明的汪太太冲刺最高价的计划中拗着价,汪家成为落单的一户,不赞同汪太太冲刺计划的汪先生心急如焚。各方老板闻风而来……

故事大纲

(1)汪太太与B村合作伙伴大彬私议,带消息给陈老板,引诱其找上门买李子。

(2)陈老板闻风而来,为利益撒谎,谎称自己一天之内能满足汪太太请求。

(3)汪太太在家中置办酒席。陈老板提早赶到地里,已经采摘好大批李子,欲瞅准时机向汪先生揭露"真相",实则编排了另一套谎言:自己搭伙的老板反悔,所以要"两分天下"。

(4)汪先生被陈老板的谎言迷惑,答应其要求。

(5)二妮子由于对父亲的不信任,发觉异常后通知汪太太。汪太太命令停止采摘,一切暂时陷入僵局。

(6)最终,陈老板因为与二妮子、学成争吵,惹怒汪先生而遭众人唾骂,后又受到大彬电话威胁而让步妥协。

【工坊复盘】

师:小说可以从任何节点开始,但故事必须从开头讲起。你能否用一句话概括这个故事?

文雪：汪太太为了卖高价李子而与老板展开的钩心斗角的故事。

师：这个故事有什么问题？

汪太太有什么问题？动机是卖高价，为何卖高价？源于强大的虚荣心？如果动机被说服，就不是问题。如果不能卖高价，可以卖普通价。当她发现卖不到高价时，会不会妥协？

文雪：会。

师：主人公的目标一旦妥协，行动就进行不下去。陈老板也可以妥协。

真正的冲突，不是高价，而是撒了一个谎。汪太太能容忍非高价，但不能容忍被欺骗，为何？

文雪：追求好名声、好招待。

师：真冒犯了怎么办？人总有不如意的时候。

文雪：……

师：那么，她真正的问题在哪里？价格，还是她丈夫？

文雪：……

师：动机一定要强烈，行动要符合逻辑。你说的这些随时可以把主人公的动机打消，不再行动。

生1：汪太太极度需要钱，没有退路。

师：难题不是价格，而是一天之内生意要完成，两天也行。我们感觉这个故事随时可以被取消。

很多先锋主义作家反对故事激烈，极力把故事生活化，但这样的故事没有成功的。你找不到这样的故事。我们讲故事，就是要表达一种信念。你要表达什么信念？

文雪：……

师：想不出来，所以你还不知自己要写什么。是要写爱情？亲情？诚信？如果你是要写诚信，那么你要表达什么？人与人之间没有诚信？我们要在故事中表达自己的信念。你要写诚信，就要把它写到极致。如果在没有必要违约的情况下，双方依旧没有诚信，那就说明人性如此。所以，要写极端情况。你不写到极端，我们就不知道它的上限与下限。比如检验发动机性能，我们就要开到它的极限，在恶劣天气，在低温、高温环境下依然运行良好，那才是真的性能良好。这个条件没有给足，温吞吞的，那么，你自己、读者都会产生怀疑，到底有没有诚信？因此，故事冲突要写到极端才行。

※ **阅读与写作训练**

（1）参照《寻梦环游记》的故事冲突设置方法，梳理并修改自己的故事大纲。

要求：

① 要有人物目标与故事悬念；

② 注意故事逻辑要合理；

③ 注意行动的衔接与故事节奏；

④ 在故事中设计有效的冲突，并注意极端故事情境的设置。

（2）课后观看 1—5 个有关人物的电影故事，注意人物设置的技巧。

第三堂课
如何设置具有代入感的人物?
——人物设置技巧

故事以事件为核心,但也离不开人物。一个故事需要多少人物?人物都有哪些功能?故事中的人物该如何设置?如何设置具有代入感的人物?以上问题是这一堂课我们要讨论的内容。

◆ 一个故事只能确定一个主人公

一个复杂的故事会牵涉多个人,但肯定会以某个人物为中心,讲述有关他的经历、心路历程、见解等,我们一般把这个人物叫作"主人公"。

在一个故事中,并不仅仅只有"主人公"一个人物或者其他单一的人物,很多时候有"主人公/正面人物""对手/反面人物""助手/帮凶""功能人物"等,他们往往成对出现。需要多少人物,根据事件大小、目标实现难度、反映生活事件的情况等来安排。

需要注意的是,从故事分析与设计的角度,我们在一个故事中只确定一个主人公。这样,我们才能以主人公为核心,确定其他人物的功能,确定结构性人物关系;我们才能沿着主人公行动的线索梳理故事的结构,找到冲突的二元对立结构,分清"行动"与"反行动",故事设计才能实现。

我们有时候习惯称呼"男主""女主",但在学习故事设计技巧中，我们还是要确立一个人物为主人公，其他的人物，则从功能上进行归类。如果主人公有一个目标，并且有人反对他，那么这个人就叫作"对手"或"敌人"，如果主人公和"对手"都有助手，那么这个人就叫作"帮手"或"帮凶"。为了推动事件的发生，"帮手"和"帮凶"不一定只有一个。两者的身份可以互换，有的时候"帮手"好心办了坏事，成了"帮凶"，而"帮凶"有时候想搞破坏却办成了好事，那就成了"帮手"。

究竟确立谁是主人公呢？如果说故事是一系列事件，那么，主人公就是事件的发动者、行动的执行者，同时主人公具有主动性，他还是行动目标的实现者，是故事主题的相关者，也是问题或阻力的解决者。

◆ 故事都是关于"人"的故事

一株植物没有故事，一块石头也没有故事，除非它被拟人化，赋予人类的思想与感受，让它跟我们一样，有内心冲突，有意识和潜意识，只有这样它才有行动的欲望、主动性和感受，才会有属于"自己"的事件的发生。故事都是关于"人"的故事。为什么必须是"人"？因为只有人才有行动欲望、目标，才能发起行动，行动产生事件，事件形成故事，更重要的是，只有人才有代入感。在戏剧或影视故事里，不仅主人公是"人"，而且对手也必须是"人"，这是文体的规定。

尼莫能吃吗？

多莉能吃吗？

喜羊羊能吃吗？

为什么灰太狼这么多年吃不了一只羊？

那是因为它们有名有姓,都已经被人格化了。

【案例分析】

为什么一定要人格化？举个例子,最近微信上有个视频很火。一个妈妈让她两岁多的儿子做一道连线题,狼、羊和草,妈妈说狼吃羊,让他把狼和羊连起来,这个小孩坚决不肯,哭哭啼啼地说狼不吃羊,吃草。

是在说人之初,性本善吗？是小孩比大人更有爱吗？可能不是,相信这个小孩不会没看过《喜羊羊与灰太狼》的故事。这个故事有个底线：灰太狼永远不能吃掉一只有名有姓的羊,尤其是喜羊羊。为什么不能吃掉喜羊羊？灰太狼这么多年没有吃掉一只羊,因为它被人格化了,有了人类的语言,是我们的同类。既然是同类,那么人就不能吃人。喜羊羊也是人了,我们就会怜悯它,就会移情于它。那个小孩之所以这么有爱,或许只是因为动画片看多了。他不是担心羊被吃掉,而是担心喜羊羊被吃掉。动植物一旦被人格化之后,它们就跟我们一样,都是人类的一员,我们愿意为之投入自己的感情。移情就这样发生了。

当然,有的时候我们可以让相同的故事变得更加具有戏剧性,如果我们只同情像斑羚这样的动物,把它视为我们的同类的话,那么故事就显得很单薄。如果把我们所移情的对立面也变成我们的同类,那么故事就变得复杂了。事实上,《自然传奇》中,当讲斑羚的时候是这么讲的：

一只小斑羚出生了,这个幼小的生命,幸福地依偎在妈妈身边,它完全没有意识到身边的危险和未来生活下去的艰辛：干渴的旱季、漫长的迁徙、潜伏在河底的鳄鱼、随时可以从草丛中扑出的非洲狮群……但是它要坚定地活下去。

这个时候,我们就会产生移情,就会关注这只小斑羚如何活下去,如何建立自己的家庭,从此快乐地过下去。但是我们讲狮子时会怎么讲?我们只需要替换一下就可以了:

一只小狮子出生了,这个幼小的新生命,幸福地依偎在妈妈身边,完全没有意识到身边的危险和未来活下去的艰辛:干渴的旱季、漫长的迁徙、潜伏在河底的鳄鱼、随时可以从草丛中扑出的猫科动物,还有随时要防备这些狡猾的斑羚……

那么,我们再补一句,狮子和这些猫科动物,它们活下去的概率不到百分之五,一只雄狮子要想活下去,就要靠自己的基因,包括雌狮子要想把自己的基因传下去,就要交配三千多次,多么困难!要是这样讲的话,《自然传奇》又是多么浪漫。

◆ 只有人才有代入感

席勒谈及悲剧时说:"悲剧是一个行动的模仿,这个行动把受苦中的人展现在我们面前。'人'这个词在这里并不是多余的,它是用来确切地标明,悲剧选择自己对象的界线。只有像我们自己这样的有感情有道德的生物,才能激起我们的同情。"[1]席勒实际上在说故事主人公应该同"我们"即读者/观众/听众一样,有感情、有道德,能提供正能量,包括他的事业、追求是值得同情的。与此同时,这样的人却是一个"行动中受苦的人"。他说的是悲剧主人公,却适合绝大多数故事主人公。读者会同情弱者,就像自己在生活当中时时处于弱小状态一样。随着弱小主人公的成长,他们也

---

[1] 席勒.论悲剧艺术:古典文艺理论译丛(六)[M].北京:人民文学出版社,1963:100-101.

会伴随成长的足迹,获取信心,学习经验,分享喜悦。当然,主人公的"低开高走",也是故事情节发展的需要。

主人公具有代入感,是因为主人公是另一个"自我",我们需要主人公的故事来维持自己的个性、身份,来表现我们到底是谁。"我们体验到的情感到底是谁的情感呢?这些情感其实在我们自己身上,因此,从这个意义上讲它们是我们自己的情感,然而,它们的源头却来自别的地方。"①这种读者化身为故事中的人物的现象被人们称为"身份认同",杰里·克里弗说,身份认同既是故事要实现的目标,又是故事要收到的效果,又是故事引发的内容。

◆ 人物类型

根据不同的标准,人物可以分为不同的类型:

(1) 根据人物提供信息的厚度,分为圆形人物和扁平人物。

所谓扁平人物,有时也称为类型人物,或漫画人物,他可以用一句话概括其特征。

如果这句话经过分析,跟人物的七情六欲扯上了干系,那么他就变成了一个圆形人物。圆形人物的生活宽广无限,变化多端。

检验一个人物是否为圆形人物的标准,是看他能否以令人信服的方式让我们感到意外。

如果他从不让我们感到意外,他就是扁平人物;假使他让我们感到意外却并不令人信服,他就是扁平人物而想冒充圆形人物。

(2) 根据人物与现实生活的联系和所能代表的程度,分为典型

---

① 克里弗.小说写作教程:虚构故事速成攻略[M].王著定,译.北京:中国人民大学出版社,2011:14-17.

人物和非典型人物。

(3) 根据人物在故事中的功能,分为功能人物和主角。

(4) 根据人物受关注的程度,分为主人公、次要人物、角色人物。

◆ **人物刻画的视点**

视点既包含观察事物的角度,也包含对待事物的态度,它是情感的焦点。华莱士·马丁说:"视点不是作为一种传递情节给读者的附属物加上去的,相反,在绝大多数现代叙事作品中,正是视点创造了兴趣、冲突、悬念,乃至情节本身",它因此"构成一个人对待世界之方式的一组态度、见解和个人关注"①。故事中人物刻画的视点可以分为以下几类:

(1) 全知或非全知的旁观者视点。(从外部描写人物)

(2) 全知全能视点。(从内部描写人物)

(3) 某一人物的视点,假装对其他人物的动机毫不知情。

(4) 介于上述视点之间的姿态。

作者是否该对读者推心置腹、妄充知己,将人物的一切向他和盘托出?最好不要。这实在很危险,通常会导致读者的热情降低,牺牲了作品能够带来的幻觉、神秘感和崇高感。

◆ **如何设置具有代入感的人物?**

如何实现对主人公的移情?陈秋平以编剧为例,为我们提供了设置具有代入感的人物所采用的技巧。

---

① 马丁.当代叙事学[M].伍晓明,译.北京:北京大学出版社,1990:130-131.

(1) 有缺点的英雄(十全十美不可爱);

(2) 有理由的善良(避免抽象概念);

(3) 令人同情的弱小;

(4) 犯可以原谅的错误;

(5) 有底线的出位;

(6) 美德的收与放(不要一次性表现);

(7) 找到关键点让观众彻底爱上他。①

所以,丰满的人物是这样塑造的:好人也有缺点,坏人也有值得同情的地方。编剧不能把主人公写满了,要留下一点空间感。一般来说,一个伟大的人物,往往都有一个伟大的缺点。

另外,故事是关于人物的故事,故事因人物而起,由人物推动,以人物为中心。在所有人物中,主人公受到特别重视,所有人物根据主人公而配置。因此,在写作的时候,要从主人公、刻画人物角度出发,而不要过分沉迷于自己的感受,要迅速切入:"从前,有个地方,有一个人,他……"

需要注意的是,不只是人物,故事的主题也应来自生活,具有强烈的代入感,比如《非诚勿扰》探讨的问题是"一个老男人怎么找自己的爱人?"《傲慢与偏见》主要探讨的是"三个女儿能否找到好男人?"这些问题都容易引发代入感。另外,主人公的每一次受阻与努力,都要考虑代入感。是为赋新词强说愁,还是真实地克服障碍?主人公经历的"困难—困境—绝境"必须是真实的,这样才能

---

① 陈秋平.分享编剧技巧[EB/OL]. http://blog.sina.com.cn/s/blog_543bd0750100rbs7.html.

具有代入感。

◆ **普罗普的七种人物**

普罗普在《故事形态学》一书中，根据阿法纳西耶夫故事集中100个俄罗斯故事进行形态比较分析，从中发现神奇故事的结构要素及其组合规律，他按照功能把人物分为七种。一般来说，一个故事的人物设置不超过以下七种：

（1）英雄（hero）：男性为主，任务是恢复均衡状态，通常是拯救公主，并且赢得美人芳心；有关英雄角色，又细分落难英雄和找寻者英雄，落难英雄是坏人破坏的焦点，找寻者英雄则协助受害人。

（2）坏人（villain）：创造叙事复杂化的角色。

（3）帮助者（helper）：协助英雄恢复均衡状态的角色。

（4）神助、捐助者（donor）：给予英雄某些东西（实体对象、信息或忠告），有助于解决叙事的角色。

（5）派遣者（dispatcher）：派遣英雄出任务的角色。

（6）公主（princess）：经常是受坏人胁迫，而在最高潮又亟待英雄拯救的角色。

（7）假英雄（false hero）：看起来是好人其实是坏人，通常在叙事结尾才能分辨的角色。[1]

【工坊活动】

回顾你看过的一部电影故事，想一想：故事设置了几个人物？人物之间是一种怎样的关系？

---

[1] 参见普罗普.故事形态学[M].贾放,译.北京：中华书局,2006：73-74.

【案例分析】分析电影《逃学威龙》的主要人物设置

故事梗概

飞虎队队长周星星带领队友进行解救人质的演习,由于周星星指挥不力,队友全部牺牲。周星星一人单打独斗,凭借自身的聪明才智解救了人质。上司批评他没有领导才能,演习成绩不合格,周星星请求再给一次机会。

警察局长找来周星星,说自己的"善良之枪"在学生来警署参观之后被偷,局长以提拔为诱惑,派周星星以学生身份潜入爱丁堡中学卧底找枪,并给他一部传呼机单线联系。

周星星是学渣,在学校被各科老师用黑板擦砸脸,他跟王小贵一起被没记性的化学老师整得灰头土脸之后,他忍无可忍要跳墙逃走。

校工达叔阻拦,原来达叔也是卧底,但他报错了密码,周星星不信任达叔。训导主任、老师们都来阻拦,周星星执意要走。直到美丽的何老师出场,周星星一见倾心,他说自己不舒服,要回家。负责辅导工作的何老师温柔地为他做各种检查,发现他是在装病。

周星星回到班里,看到两个恶学生向王小贵收保护费,并向周星星示威。王小贵把周星星当成自己的救星。达叔终于想起了密码,并按上头指示,带周星星到自己家去住。周星星看到有人来接何老师,达叔向周星星透露,何老师的男朋友是反黑组黄组长,而那名恶学生名叫庄尼,是毕架山四虎之一,他有个大哥名叫大飞,长官丢枪的事,他嫌疑最大。庄尼去见大飞,大飞骂自己的手下不看局势还要走私枪支。庄尼通过大飞私自卖掉老爸的车以得到挥霍的钱,并把偷来的警枪交给大飞。周星星来到达叔家,看到达叔供奉着从前搭档的牌位。9个死去的搭档,达叔却供奉了10个牌位,说是怕有人英年早逝,有备无患。周星星赶达叔出去吃饭,达叔遇见同是卧底的黄长官。他正在跟踪大飞倒卖军火那条线,买家是恐怖分子,上级想要一网打尽,现在不能打草惊蛇。

周星星拿出作业,汗流浃背做不出。他在学校的各种挂牌罚站,都被何老师看在眼里。警察局长对周星星很不满,让他想办法在学校立住脚,周星星苦不堪言。无奈之下,周星星花钱买作业,何老师在楼上看到,以为周星星很受同学欢迎。作业终于按时完成,正得意时,历史老师却要临时测验,不及格的学生操场罚站一周。周星星无奈,动用手机,向达叔和局长求助作弊,又翻书作弊,被老师发现捉到办公室,受到诸位老师的讨伐。何老师建议找来家长协助教育,达叔被当作周星星的爸爸,达叔把周星星暴打一顿。何老师不忍心,为了达叔,何老师提出帮周星星补习功课。

庄尼约周星星阳台上见,只有王小贵一人站在周星星一方。周星星痛打庄尼,赢得学生拥戴。周星星收拾打扫房间,迎接何老师来补习功课。在何老师的帮助下,周星星学业有了很大的进步,同时,黑板擦也打不中他了,他反倒练出了精准投掷黑板擦的绝技。

何老师带学生出去郊游,对周星星说黄组长其实不适合自己,她不喜欢警察。何老师发现王小贵成绩下滑,想给王小贵补习功课。周星星不同意,提出自己可以给王小贵补习,要求何老师继续给自己补习。周星星采取暴力方式给王小贵补习功课,教王小贵奶奶把王小贵收拾得服服帖帖,王小贵奶奶扬眉吐气。学校要举办校庆,周星星他们负责游戏部分,何老师建议玩白雪公主和七个小矮人的游戏,周星星征求庄尼意见,提议玩新鲜刺激的气枪游戏。王小贵成绩提高很快,他以周星星的名义向同学们收取保护费,自称星星派,被周星星训斥。

大飞来学校找新帮派大哥的麻烦,谴责周星星未经允许擅自结派,刚想收拾周星星,但看到黄组长,便匆匆离开,他警告周星星下次不会放过他。黄组长劝何老师停止给周星星补习,说他是害群之马,何老师拒绝。何老师去给周星星补习,周星星匆匆藏起给何老师准备的鲜花,说爸爸(达叔)在外面遛鸟,为不打扰,建议何老师到自己房间。达叔会意,取出两只套套,跟周星星一人一只,然后出门了。周星星无比纠结,刚捡起套套,就被何老师发现,周星星谎说是泡泡糖,一口塞进嘴里吹起了泡泡。何老师生气离去,周星星追了出去。两人发现达叔正被大飞的人绑架。周星星施展飞虎队第一号杀手的功夫救下达叔,被何老师识破真相,周星星对何老师坦承自己其实是警察卧底,请何老师为他保密。何老师感觉自己被耍,愤然离去。

局长继续施压,抱怨周星星两个月了还没任何进展,要求他一个月内把枪找出来。何老师忙着办校庆活动,不理周星星,周星星借达叔传呼机给何老师发信息表白,传呼机被何老师没收。大飞派人来灭周星星,危险之时,何老师男友赶来,打退大飞手下,把周星星抓走,吊起来打。何老师来救周星星,想对黄组长说出周星星的真实身份,被周星星情急之下吻住嘴巴制止。达叔赶来,带走周星星。局长怪罪周星星查手枪却弄得满城风雨,达叔让他再给一次机会,局长气急,用剪刀腿暴打周星星。达叔说他其实已经知道军火放哪里,只是怕死,甘愿当一辈子卧底。周星星跟随达叔到了藏枪的地方,运用调虎离山计,找到一卡车的机关枪,局长的警枪也在里面。周星星没等达叔上车,就把车开回了警局,向局长复命,局长拿到自己的枪,大喜。但周星星发现达叔原来没有上车,他不顾局长反对，取回"善良之枪"，开车回去营救达叔，途中买了几桶汽油，打开盖子放在车厢里。达叔已被大飞控制。

　　周星星用军火与大飞交换，大飞放回达叔，恐怖分子和手下去车厢里验货，刚一进去，周星星把打火机打开丢进车厢，汽油桶爆炸。达叔冒险取过那箱钞票，两人往学校跑去。大飞带人在后面追，周星星拔出"善良之枪"朝后开枪，结果无法发射。何老师正带学生准备校庆的气枪战游戏，周星星与达叔躲进迷宫。看守学生的大飞手下被庄尼等人制服，何老师让同事梁老师报警。王小贵等人去迷宫帮助周星星，何老师说他们有枪，王小贵举着气枪说他们也有。庄尼把大飞手下腰里别的枪拔出来拿在手中。周星星突破迷宫，把达叔送走，让他跟局长联络，自己返回救助学生。学生们被大飞控制，庄尼带王小贵悄悄逃出来，与周星星会合。大飞把学生当作人质，扬言若周星星五分钟之内不出来就要杀死所有学生。

　　王小贵和庄尼吓得要死，周星星说要带他们玩一场游戏，保证只会胜不会败。庄尼带出的手枪里只有五发子弹。三人核对时间，按照计划，灭灯开灯，围墙倒掉，周星星击毙大飞手下五人。但何老师却被大飞劫持，周星星手枪中已无子弹，只好放下枪，大飞放开何老师，问周星星要那箱钞票。这时，达叔赶到，把箱子盖打开，浇上汽油，威胁大飞若不放下枪就把钱烧掉，大家一块儿死。结果没有找到打火机。大飞开枪，大飞手下都来了，关键时刻，局长赶来，与大飞火拼。

　　大飞手下皆被射杀，大飞被迫放下手枪。局长停止射击，却被大飞扑倒在地，局长手中枪落。周星星扔出"善良之枪"击中大飞，然后用夺命剪刀脚将他制服。

　　局长任命周星星为周总督察。周星星跟学生们告别，把大哥大送给王小贵。转身要走时,他发现何老师正在背后等着自己。

故事分析

根据普罗普的七种人物设置,我们可以列出以下主要人物及其功能:

(1) 英雄:周星星,学渣,卧底神探;

(2) 派遣者:警察局长;

(3) 帮助者:达叔(曹达华)(有时帮倒忙);

(4) 神助、捐助者:何老师;

(5) 坏人:大飞;

(6) 公主:王小贵(猪队友)、庄尼(反派);

(7) 假英雄:黄组长。

可见,《逃学威龙》故事里面主要人物七人,恰好符合普罗普的七种人物设置的原则。

这个案例可以帮助我们理解人物设置的功能。但是,普罗普的七种人物毕竟是从俄罗斯 100 部民间故事中总结出来的,不太适应我们当下的故事人物设置情况。因此,我们在借鉴普罗普七种人物的基础上,推荐"故事的八种角色功能设置",具体如下。

◆ **故事的八种角色功能设置**

(1) 主人公:在一个故事里面,我们只界定一个主要人物为主人公。主人公必须是人,且具有主动性,是事件的发动者、行动的执行者、行动目标的实现者、故事主题的相关者、问题的解决者。

(2) 对手(对立面):主人公的对立面,可以是人、自然、社会、命运、自我等,为主人公设置阻碍,与主人公形成二元对立结构。

(3) 助手：对外，是主人公的队友；对内，可以与主人公形成反差或冲突。助手有时候会好心办坏事，成为帮凶。

(4) 帮凶：对立面的助手。帮凶有时候想搞破坏却办成好事，成了助手。

(5) 戏剧性角色/反转角色：充当"卧底"，通常是在叙事结尾才能分辨的角色。在故事情节中有助于小高潮的营造，即"揭露真相"。

(6) 介入角色：推动情节发展，或者有助于解决叙事的角色。

(7) 大 Boss("大人物")：派遣或协调主人公完成任务的角色。

(8) 目标角色：受对立面胁迫，在高潮处亟待主人公拯救的角色；这个角色有时不一定是人，作为故事中人物行动的目标，还可以是一个物件、职位、秘方或者武林秘笈，等等。

【工坊讨论】故事人物设置技巧分析

1. 一个人物的故事设计

一个人物的故事，如《阿甘正传》《荒岛余生》《少年派的奇幻漂流》《127小时》《小森林》等。

【例】

《阿甘正传》通过对一个智障者生活的描述，反映了美国生活的方方面面，并以独特的角度对美国几十年来社会政治生活中的重要事件做了展现。

主要人物

主人公：阿甘，一个虽然智障，但诚实、守信、认真、勇敢而重视感情的人物。

一个人物的故事设计技巧：这一个人物必定与自然、社会或自我存在对立关系，形成冲突的二元对立结构。

2. 两个人物的故事设计

两个人物的故事，如《南极之恋》《猫和老鼠》《霸王别姬》等。

【例】

《南极之恋》讲述了一对本该"绝缘"的男女在一次意外事故后被迫滞留南极，在酷寒、没有物资供应、随处都是绝境的环境中，相互扶持并最终走出困境的故事。（初遇→互相嫌弃→遇难→相守）

主要人物

（1）主人公：婚庆公司老板吴富春；

（2）主人公的对立面：高空物理学家荆如意。

两个人物的故事设计技巧：这两个人物必是对立的双方，形成冲突的二元对立结构。

3. 三个人物的故事设计

三个人物的故事，如《十面埋伏》《人再囧途之泰囧》《中国合伙人》《泰坦尼克号》等。

【例】

《十面埋伏》的故事事件：奉天县刘、金两个捕头设计，捉拿飞刀门前帮主女儿小妹入狱，金捕头又装扮随风大侠营救护送她回飞刀门，意图尾随、追踪、探寻飞刀门踪迹，将其一举歼灭。然而在执行计划中，金捕头与小妹假戏真做，产生了感情。刘捕头与小妹原是情侣，情急之下，杀死小妹，兄弟二人最后以命相搏。

主要人物

（1）主人公：金捕头；

（2）助手（兄弟）→对手（对立面）：刘捕头；

（3）对手（对立面）→助手（恋人）：小妹。

在这个故事中，除了主人公之外，另外两个人物的功能都发生了变化：一个由助手变为对手，另一个则由对手变为助手，这样，故事始终保持一种平衡与对抗。因此，另外两个人物从功能上来说，可以看作一个人物。

金捕头与刘捕头关系的变化：兄弟→旁观者→敌人→情敌→以死相拼

金捕头与小妹关系的变化：敌人→同伴→恩人→生死恋人

三个人物的故事设计技巧：其中，两个人物必定存在对立关系，形成冲突的二元对立结构；第三个人物则属于戏剧性角色/反转角色。或者，除了主人公之外，另外两个人物属于戏剧性角色/反转角色，但始终保持一种对抗的平衡。

4. 四个人物的故事设计

四个人物的故事，如《投名状》《狮子王》《忍者神龟》《四大名捕》等。

【例】

《狮子王》故事梗概

狮子王辛巴确立了在草原王国的统治地位，将他曾经的敌人刀疤的势力赶到荒原。辛巴一家在草原上过着无忧无虑的生活，而荒原人则过着异常艰辛的日子。

辛巴无比宠爱自己的女儿琪拉雅，从来不允许女儿离开族群。一次，琪拉雅偷偷跑到了边境，遇到了一个看上去很坏又身手不凡的高孚，两个小家伙经历了一场冒险，就确立了深厚的友谊。辛巴得知女儿偷跑，赶到女儿身边，他愤怒地看着高孚，高孚的母亲吉娜出现，与辛巴对峙。吉娜是刀疤的妻子，刀疤死后，就被赶到了荒原。双方对峙了一会就离开了。两个小家伙被各自的家长训斥，高孚说他们是朋友，吉娜想到了一个新点子，她要让高孚接近琪拉雅,从而接近辛巴并趁机干掉他。

几年后,琪拉雅要进行第一次狩猎,荒原人放起了大火,让琪拉雅陷入了险境,高孚上演了英雄救美的好戏。辛巴知道自己女儿遭遇危险,却得知高孚救了琪拉雅。高孚提出跟辛巴的家族一起生活,经过女儿和妻子的劝告,辛巴同意了,但还是不信任高孚,认为他像刀疤一样黑暗。高孚总想找机会干掉辛巴,却总被琪拉雅意外地打扰,辛巴经过长时间思想斗争,终于决定接纳高孚。高孚与琪拉雅经常在一起,也互相生了情愫,高孚心里犹豫了,他放弃了难得的机会。在远处的荒原人愤怒了,他们袭击了辛巴,质问高孚。辛巴和琪拉雅对高孚失望,高孚想劝吉娜放弃复仇,却被吉娜一爪划在脸上,留下了和刀疤一样的疤痕,然后逃走了。双方撤退,大战一触即发。

琪拉雅很伤心,她相信高孚是善良的。正在痛哭之时,高孚出现,他们依偎在一起。高孚想带琪拉雅离开这里,建立一个新的族群。吉娜决心进行战斗,夺回草原统治。黑压压的乌云下,同一种族的成员杀在一起,双方均杀红了眼。辛巴与吉娜互相扑过去,却被两个身影阻挡住。琪拉雅和高孚劝族群和解。吉娜拒绝和解,她命令族群进攻,否则就得死。她的族群纷纷走到辛巴的家族里。吉娜想要拼死一决,却被琪拉雅扑倒,她们滚到了河边的峭壁,吉娜将要掉到河里,琪拉雅拉住吉娜,吉娜被愤怒蒙住双眼,想抓伤琪拉雅,却掉到河里冲走了。

最终,两个族群又合到了一起,狮子们在荣耀石上发出吼声,对草原所有生灵宣告狮群合为了一个家族。

主要人物

(1) 主人公:辛巴;

(2) 对手(对立面)：吉娜；

(3) 助手：女儿琪拉雅；

(4) 介入角色：高孚。

四个人物的故事设计技巧：两个人物必定存在对立关系，形成冲突的二元对立结构；第三个人物属于助手或帮凶；第四个人物属于介入角色，或者戏剧性角色/反转角色，起一个维持、打破或者恢复平衡的功能。

5. 五个及五个以上人物的故事设计

五个及五个以上人物的故事，如《天下无贼》《逃学威龙》等。

【例】

《天下无贼》故事梗概

男贼王薄和女贼王丽是一对扒窃搭档，也是一对浪迹天涯的亡命恋人。他们在一列火车上遇到了一个名叫傻根的农民，他刚刚从城市里挣了一笔钱要回老家盖房子娶媳妇。傻根不相信天下有贼，王薄最初想对他下手，后来却被他的纯朴所打动，决定保护傻根，圆他一个天下无贼的梦想，并由此与另一个扒窃团伙展开了一系列明争暗斗。该团伙头目黎叔意欲收服王薄遭拒，该团伙其他成员与王薄比试皆败下阵来，交手之中却被潜伏的警察把钱调包，后警察现身，将双方逮捕，黎叔和王薄、王丽均欲从车厢上逃走，却相遇。王丽先走后，王薄为保护傻根的钱与黎叔交手不敌，临终时意欲惊动警察，并发短信给王丽，安慰她没事。最终黎叔被捕，王丽在西藏拜佛。

主要人物

(1) 主人公：王薄；

(2) 对手：黎叔；

（3）助手：王丽；

（4）戏剧性角色：傻根；

（5）大 Boss：警察。

五个及五个以上人物的故事设计技巧：两个人物必定存在对立关系，形成冲突的二元对立结构；第三个人物属于助手或帮凶；第四个人物属于戏剧性角色/反转角色；第五个人物可以根据故事平衡状况，灵活设置。

【小结】

通过以上对故事中 1—5 个人物功能设置的分析，我们在人物关系设置上可以得出以下结论：

（1）人物设置一定要建立起冲突的二元对立结构，形成结构性人物关系。

（2）故事是一个"平衡→打破平衡→建立新的平衡"的过程，因此，人物设置要把握这种对抗性的平衡状态。

（3）戏剧性角色/反转角色一般是必要的，他承担着戏剧性情节的营构、打破或恢复平衡，特别是造成故事反转，营构故事高潮，达到故事设计波澜起伏的效果。

（4）为了推进故事情节的发展，或者解决问题，我们可以设置介入角色、大 Boss 以及目标角色等。

（5）八种人物角色并不全都是必须的，但是，故事的人物设置，一般不会超出这八种功能人物。

※ 阅读与写作训练

（1）修改、补充完善自己的故事大纲，并选择合适的文体，创作一部作品。

要求：

① 写行动,写事件;② 突出戏剧性;③ 凸显冲突;④ 结构性人物关系的设置。

(2) 课后观看电影《疯狂原始人》,注意影片从开头到结尾都发生了哪些变化。

第四堂课
你的故事讲完了吗？
——变化

故事什么时候才算讲完？从功能上讲，核心问题得以解决，人物行动意愿消失，能量耗尽，故事的原始状态完全颠覆，人物尤其是主要人物完成转变，等等，这个时候，我们可以说，故事讲完了。

◆ 什么是变化？

故事是由事件组成的，事件同时是行动（actions）和事故（happenings）。行动导致"变化"，事故意味着"变化"。两者都含有状态的改变。

变化是故事事件的属性和基本特征，没有引起变化的事件，或者发生了一系列事件之后，故事依旧没有发生变化，这种事件就不是有效事件。即使是一个"最小的故事"，也包含着变化。

事件外在状况的变化与内在情感的变化保持着密切关联，好故事的事件都会引起内在情感与认识的变化。因此，变化是全面的。没有引起价值观变化的事件，说明发生的这些事情没有触及人物的灵魂。

【敲黑板】什么是有效事件？

故事由事件组成，而事件意味着变化。如果故事讲完了，而主人公或相关人物的身份、属性、状态，尤其是他们的思想、情感、价值观等没有发生任何变化,这个故事的发起者和承受者的行为与观念没有发生改变,那么这个故事就没有真正结束,或者说,我们讲述的事件不是一个有效的事件。

比如,2017年7月13日,许老师来到人大国学馆二楼讲了三个小时的故事课,结束后回到燕山宾馆,然后等着吃晚饭。这肯定是个事件,但不是一个有效事件。因为大家最后没有发生什么改变,许老师也没有发生什么改变,关于这个事件的认识也没有发生什么改变,这就是一个流水账。什么是有效事件?就是主人公经历了一系列行动之后,他自己的内在或者外在属性发生了改变,或者说,关于这个故事的控制因素有所交代,使我们对这个事件的认识有所改变,这才是有效事件。

只有有效事件才能形成故事事件,而变化是有效事件的基本要求。我们在写作的时候,选取事件一定要警惕哪些是无效事件,然后将之剔除,保留有效事件。

◆ **变化的类型**

1. 转变(长)

在较长的故事中,变化与人物的成长或堕落/失败相关,一般来说,情节线、情感性与思想线要求三线统一。比如,一个人视财富为人生的全部,为了获取更大的财富目标,他宁愿牺牲亲情与友情。后来,他竭尽全力也未实现这个目标,但此时他却发觉,虽然没有获得更多的财富,却拥有了更宝贵的亲情与友情,没有这笔财富,他反而更加富有(《人再囧途之泰囧》)。

转变在以人物塑造为主的作品中属于一种正常的变化,主人公转变前与转变后形成一个二元对立结构,在人物设置中,这也是一个双向启迪的思路。我们可以根据主人公转变之后的理想状态,来定位初始状态下主人公相应的因素;也可以根据初始状态下主人公的状态来设计主人公未来的元素。

2. 突转(短)

短变化我们称为"突转",在较短的故事中,这种变化往往是比较反常的,以"突变"或者说"反转"的方式出现,在微型小说故事、短篇小说故事中普遍使用。我们有时候把漂亮的"突变"或"反转"称为"欧·亨利式结尾"①,而新近网络上兴起的更短的"段子"故事,结尾差不多都有一个大突转,这个突转不是说人物发生了什么变化,而是我们对事物的认识发生了变化。结尾跟我们之前对故事的判断完全相反,一定要超出我们的意料,因其转折更加"陡峭",被称为"神转折",被隐瞒的秘密、动机、结果、方式等瞬间被打开。

◆ 故事中的变化有哪些表现?

1. 故事原始状态变化

我们说故事的原始状态和结束状态是对立的,它不仅仅在行动上是对立的,在意义上,有时候也是对立的。

2. 人物变化

故事发生的时候是三线推动(情节线、情感线、思想线)。人物行动的时候,他的思想在变化,情感在变化。当故事目标实现的时

---

① 所谓"欧·亨利式结尾",通常指短篇小说大师们常常在文章结尾时突然让人物的心理情境发生出人意料的变化,或使主人公命运陡然逆转,出现意想不到的结果,但既在意料之外,又在情理之中。这种结尾一般可以更好地刻画人物形象,丰富故事的内容。这种结尾艺术,在欧·亨利的作品中有充分的体现,故被称为"欧·亨利式结尾"。

候,他的情感已经稳定,他的思想也已经完成,他周围的人际关系也发生了变化。也就是说,在故事开头所强调的主人公的所有性格特征在后面都有一个相应的变化,如果没有发展变化,那么这个故事是不成功的。

如果你的主人公在开始的时候是一个幼稚、天真、软弱的人,那么发生了一系列刻骨铭心、对他造成极大的震撼的事情之后,他就会变成一个成熟、世故、坚强的人。像《射雕英雄传》中的郭靖,他一开始是个孤儿,很软弱,很单纯,后来经过一系列事件,有了许多师父和朋友,比如洪七公、江南七怪,岳父是黄老邪,前女友是西夏公主,结拜兄弟是周伯通,等等,其中发生了许多变化,到最后,郭靖变成了一个大侠,变得强大了。

如果说故事结束以后,人物还是原来的人物,那么这个故事就是不成功的。概而言之,人物变化分为三个方面:

(1)人物行动的变化;

(2)人物情感的变化;

(3)人物思想的变化。

3. 人物关系变化

主人公每采取一次行动,人物关系就会发生相应的变化,经历一个"平衡→打破平衡→建立新的平衡"的过程。

4. 人物目标变化

故事开始的时候,人物行动都有一个原初目标,在人物展开一系列活动时,经历一个"拐点",原初目标改变。比如《十面埋伏》,当卧底计划改变,州府官兵进行无差别追杀的时候,金捕头就改变了跟踪小妹到飞刀门的计划,独自离开了。当然,有时候人物目标会有多次变化。

5. 故事结构层面的变化

罗伯特·麦基在《故事》中谈到"冲突"的功能："故事事件创造出人物生活情境中有意味的变化,这种变化是用某种价值来表达和经历的,并通过冲突来完成。"[①]故事结构层面的变化,往往在冲突中表现出来,下面的每一个环节,都蕴含着变化：

(1) 诱导事件,打破平衡；

(2) 困难/克服困难→困境/摆脱困境→绝境/脱离绝境；

(3) 小高潮/逼出真相；

(4) 高潮/揭示人性。

6. 结局/逆转(主题变化)

我们看几部名著的故事结尾。

我今日所做的事远比我往日的所作所为更好,更好；我今日将享受的安息远比我所知的一切更好,更好。

——查尔斯·狄更斯《双城记》

从这天晚上起,聂赫留朵夫开始了一种全新的生活,不仅因为他进入了一个新的生活境界,还因为从这时期他所遭遇的一切,对他来说都具有一种跟以前截然不同的意义。至于他生活中的这个新阶段将怎样结束,将来自会明白。

——列夫·托尔斯泰《复活》

他的心欢腾地跳起来,多年的愿望终于实现了！铁环已经被砸碎,他拿起新的武器,重新回到战斗的行列,开始了新的生活。

——奥斯特洛夫斯基《钢铁是怎样炼成的》

---

① 麦基.故事：材质、结构、风格和银幕剧作的原理[M].周铁东,译.北京：中国电影出版社,2001：41.

主人公经历了一番曲折后,身、心各个方面都发生了巨大改变,开始了新的生活。为什么会有这样的故事结尾?

(1) 巴赫金说,成长与死亡是文学永恒的主题,而写作本身也是作家自我发现、成为自我的成长过程,主人公的成长也是作家自己精神的成长。对于纯粹的"成长故事"或与成长相关的兼类故事,成长更是故事的目标(或目标之一),这样的结尾几乎是必然的选择。

"成长"有顺向,也有逆向。如高老头之死,让拉斯蒂涅流下了最后一滴含有良知成分的眼泪,关闭了最后一扇通向道德的门,他已经完全从一个幼稚、懵懂、热情的青年变成老谋深算、心狠手辣、破釜沉舟的野心家,彻头彻尾的坏人。他完成了一次彻底的堕落,逆向的成长(《高老头》)。"幼稚""懵懂""热情"与"老谋深算""心狠手辣""破釜沉舟"是人物成长的前与后,也是故事前后的两种属性。

(2) "改变"是故事事件的属性、基本特征,或者说是有效事件的基本要求。

(3) 这是一个便利的结构框架,主人公成长之前和成长之后的状态和故事开始与结局的状态呈现对应关系。

可见,从开头到结尾,故事一直处于变化当中。如果故事很长,变化就以转变的方式发生,一个事件一个事件地慢慢跟进,人物的属性、身份、状态,在行动中慢慢地发生变化。这种变化比较正常,在我们生活、经验之内能得到解释,如主人公在故事中的变化。以塑造人物为主的小说,实际上整部小说都在写主人公从"心结"到"关键时刻"的准备、过程及其结果。"心结"和"关键时刻"是人物弧线中的两个重要的关节点,人物弧线其实就是人物在这两个点之间行进的过程(详见第五课)。

【工坊活动】故事什么时候才算讲完?

我们以《疯狂原始人》这部电影故事为例。

《疯狂原始人》是讲述一个原始人家庭冒险旅行的3D喜剧动画片。穴居人咕噜一家六口在老爸瓜哥的庇护下生活,每天抢夺鸵鸟蛋为食,时刻躲避野兽的追击,每晚听老爸讲述同一个故事,生活艰难、异常危险又一成不变。大女儿小伊是一个和老爸性格截然相反的充满好奇心的女孩,她不满足于一辈子留在这个小山洞里,一心想要追逐山洞外面的新奇世界。世界末日突然降临,山洞被毁,一家人被迫离开家园,寻找新的洞穴。离开居住了"一辈子"的山洞,展现在他们眼前的是一个崭新绚丽却又充满危险的新世界,到处都是食人的花草和叫不出名字的奇异鸟兽,一家人遇到了前所未有的危机。在旅途中,他们还遇到了游牧部落族人盖,他有着超凡的创造力和革新思想,帮助咕噜一家躲过了重重困难,最终带领他们来到安全地带,过上了新的生活。

变化分析

1. 故事原初状态改变

原初状态:① 穴居;② 被各种猛兽追击,凶险无比;③ 每天、每周重复同一件事,乏味无比;④ 害怕各种"新"的事物。

结束时状态:① 海边居住,路上已经学会树上栖居;② 驯服猛兽,人类成为灵长;③ 生活丰富多彩;④ 开始各种探索。

2. 人物转变

(1) 瓜哥。

① 害怕各种新奇事物,一心过着洞穴生活,被迫出发也是要寻找新的洞穴;② 相信身体力量,蔑视"点子",不动脑筋;③ 讨厌

盖,争夺女儿的爱;④ 遇到困难一直躲避,而不是面对;⑤ 讨厌外婆,希望老家伙死掉;⑥ 认为与生存无关的事情都是不务正业;⑦ 感情压在心里,或者以简单和极端的方式表达,比如恐吓家人。

改变:① 离开洞穴,开始并喜欢上了新的生活;② 开始动脑筋,关键时刻用自己的大脑拯救了家人和自己;③ 理解并喜欢上了盖,祝福他们;④ 遇到苦难不再惊慌失措而是冷静面对,并学会了取舍,牺牲自己,把希望留给大家;⑤ 接纳了外婆,从心里认为是一家人;⑥ 认为除了生存,也可以有精神生活,接纳盖的宠物,支持儿子坦克拥有自己的宠物,他自己也把肥猫当作坐骑;⑦ 关键时刻向女儿表达了爱意。

(2) 盖。

① 独自一人逃生,寻找新生活;② 看不起瓜哥一家,认为他们野蛮、吵闹;③ 害怕瓜哥;④ 喜欢小伊。

改变:① 带领瓜哥一家寻找新生活;② 喜欢上了这一家人;③ 理解并尊重瓜哥;④ 与小伊在一起。

(3) 小伊。

① 叛逆期,焦躁;② 抵触父亲,从不表白;③ 喜欢新生事物,但无知;④ 喜欢盖。

改变:① 成长后变得平静;② 表达对父亲的爱;③ 成为盖的得力助手;④ 收获爱情。

(4) 外婆。

① 脏,闹腾;② 看不起瓜哥,认为他愚蠢,不动脑子;③ 无知,吃火,分不清"宠物"与"事物"。

改变:① 热爱新生活;② 赞美女婿;③ 支持大家养宠物。

(5) 妈妈、坦克、小妹。

改变：① 爱美；② 接受新鲜事物快，比如学会打伞、游泳、高处栖居、利用工具、接受盖等；③ 过上有诗意的生活：听新故事，养宠物。

3. 人物目标改变

新洞穴→新生活。

4. 行动方式改变

逃亡→寻找。

5. 人物关系改变

陌生人、敌意→同路人、朋友、帮手、家人、救命者。

6. 行动线

困难(穴居生活凶险，瓜哥愚昧僵化，小伊叛逆)→困境(末日来临，洞穴被毁，举家逃亡，猛兽追赶)→转机(得到盖的帮助，一路同行)→小高潮(瓜哥与盖关系恶化，陷入僵局中。逼出真相：① 瓜哥嫉妒盖，② 盖的身世)→绝境(大地震，通往对面山峰之路被毁，全家阻隔在这边，万分危急)→高潮(瓜哥自我牺牲，利用自己的力量，救起全家，并向盖祝福，向小伊表达爱)→结局(利用智慧，想出点子，自救成功。道出主题：爱无敌)

7. 结尾

问题解决，目标实现，能量耗尽，转变完成，故事结束。

◆ **故事如何设置变化？**

杰克·哈特认为，任何一篇完整的故事中，叙事弧线都会经历五个阶段：

(1) 阐述，作者会告诉读者主人公是谁，读者需要足够的信息来理解主人公即将面临的困境。

（2）上升动作，此时一系列戏剧性事件相继发生。每个事件形成一个情节点。情节点可以改变故事发展的方向或者以诱发性事件改变主人公的现状，并开始了通往新现实的旅程，一直达到叙事弧线的另一端。

（3）危机，即情节发生突转，故事强度得到增加。

（4）高潮，经过一系列事件，危机得到解决。

（5）下降动作。此时，故事已经释放了所有的戏剧张力，故事动力的引擎已经关闭，留下的动力不足以带动观众前进了，故事结束①。

因此，我们设置变化的时候，就可以沿着以下故事发展的路径来设计变化：

（1）短暂的平衡（故事原初状态）。

（2）诱导事件，打破平衡。

（3）人物变化（三线联动）。

① 行动线（情节线）：主干/主线/显在；

② 情感线：驱动/受动/隐在；

③ 思想线：原初状态/行动目标变化。

（4）改变关系（重建新的平衡）。

（5）目标改变（主题在改变中得以凸显）。

（6）结局改变（揭示人性）。

【敲黑板】何谓"三线联动"？

故事有"三线"：行动线（情节线）、情感线、思想线，这是做影视

---

① 哈特.故事技巧：叙事性非虚构文学写作指南[M].叶青，曾铁峰，译.北京：中国人民大学出版社，2012：20-25.

做编剧经常讲的"三线"。什么是情节？情节是事件的发生、发展、高潮、结尾一系列过程及其逻辑组合。当然故事事件往往没有那么顺利，按部就班地前进。故事往往从突发事件开始，突发事件产生突发行动，进而产生困境。故事有了困境，人物就会产生摆脱困境的欲望，产生了欲望必然产生对立面，形成面对面的冲突。事件不断，冲突不断，周而复始。冲突的形成以及对冲突的解决推动故事向前发展，形成情节线。当故事情节往前走的时候，还有两根线要同时跟着走，一根是情感线，一根是思想线。

情感线有两种，一种是由情感引发人物的行动，然后由人物的行动带动事件；二是人物的行动，无论是盲目的还是有意的，行动之后他的外在属性、身份、状态随着行动也要引起相应的变化，进而产生情感的变化，产生新的行动。如果说发生这么多事件之后这个人还是无动于衷，还是这个人，那么我们一定要想一想，行动是否有效，是否触及人物的内心情感与价值观。有没有这样顽固的人物，无论发生什么他绝不改变呢？有的，他就是阿Q。我们看，从前到后发生了这么多事，包括最后要杀头了，要死了，他都不改变。他临死之前跟他出场的时候想的一模一样。我们不能认为这是鲁迅先生写作的失败，而是鲁迅先生在告诉我们，中国人内心的东西极其顽固，到死都不会变。像这样的故事很少，鲁迅的小说我们不好模仿，因为鲁迅写过之后我们再也没法写了。正常情况下，阿Q打架打输了，向吴妈表白失败了，一路上都是输的，经历过这么多事件之后，他一定会有所触动，要反思一下为什么会这么失败，下一步该怎么做。人物经历过一系列事件之后，对世界的认识、对亲情的认识、对友谊的认识、对金钱的认识应该发生相应的变化，形成思想线。思想线的走向与原理和情感线是一致的。一般来说,情感线是跟着思想线一起走,两者同时跟着情节线走。但是,我们也要认识到,三者又是相互影响、互为因果的,情节线带着情感线、思想线走,反过来,情感线、思想线的变化也带动情节线的发展,有时候起决定作用。如果这三线同时在走,互相解释,而且相互支持的话,那么我们说这个故事大体上成立了。

比如下面这个故事:一个人视财富为人生的全部,为了获取更多财富的目标,他宁愿牺牲亲情与友情。后来,他竭尽全力也未实现这个目标,但此时他却发觉,虽然没有获得更多的财富,却拥有了更宝贵的亲情与友情。没有这笔财富,他反而更加富有。这就是《人再囧途之泰囧》讲的故事,体现了三线统一。其实不仅仅是《泰囧》,很多这类故事都是如此讲述的,三线也是如此发展的,我们把故事一抽取出来,发现讲的都是同一个抽象的道理。

【工坊活动】

(1) 学生汇报(PPT)或板书(故事大纲);

(2) 汇报人简要说明自己的写作意图,谈自己的写作困惑(问题);

(3) 工坊伙伴(教师主导)根据下面的"故事考核向度检测表"一起梳理故事大纲,提出问题,汇报人回答(只回答,不抗辩)、做补充。

【例】

《六梦之人》故事梗概

刘柯汗

二十岁的尚棣做了一个梦,梦到六十岁的尚棣看了一部电影,讲的是四十岁的尚棣写了一本书,内容是五十岁的尚棣穿越时空帮助三十岁的尚棣写小说。

三十岁的尚棣进入自己的小说《最后的废物猎人》中,试图帮助自己的主角废物亚当克服一切困难从而顺利实现梦想。亚当的梦想是拯救自己的女友夏娃,夏娃为保护亚当失去了灵魂陷入沉睡,救她的唯一办法是进入科学帝国的秘密实验室。为了去这个位于大陆西部的实验室,身处东部的亚当必须渡过将大陆一分为二的星河,而通过星河的唯一办法是遵循帝国颁布的《渡河法令》,即杀死一万头怪兽。亚当为了完成这个目标,成了怪物猎人。经过十年的努力,等到他成为东部第一个杀死一万头怪物的最强猎人时才发现,所谓法令只是帝国防止东部难民造反的缓兵之计。发现这个秘密的他被帝国怪物猎人组织猎者联盟东部分会追杀,这时,作者尚棣及时出现,帮助他逃脱一劫,并指导他带领东部人民造反。成功造反占领星河码头后,亚当终于渡过星河,来到了帝国秘密实验室,结果因为作者尚棣的失误,帝国的防卫力量太过强大,亚当面临生死危机。五十岁的尚棣穿越时空帮助作者尚棣一起解决了困难,给亚当一个美好的结局,拯救了夏娃的灵魂,完成了小说。

故事考核向度检测表

序号	考核向度	检测内容
1	你的故事成立吗?	故事核是否强壮(有无戏剧性)?故事要素(时间、地点、主人公/人物、事件/核心行动)是否齐全?故事有无代入感(能否移情)?
2	故事结构是否合理?	是否以行动为主线?是否依循"困难—困境—绝境"来设置情节?如何设置反转?人物是否有转变?人物的行动线/情感线/思想线是如何变化的?最后的行动是否一并解决所有问题?

续　表

序号	考核向度	检测内容
3	故事写不下去怎么办？	故事有无冲突？二元对立结构是否形成？人物有无欲望/障碍？是否将故事情境推向极端？
4	故事没有吸引力怎么办？	故事有无悬念？核心悬念、重要悬念与随机悬念是否形成层次呼应？故事的核心悬念是否与主人公的行动线一致？主人公与其对立面的博弈是否为主线？悬念的设置与维持是否到位？
5	谁来讲故事更合适？	故事叙述者的选择是否合适？视点是否与主题、价值观一致？故事视角是否统一？
6	你的故事可信吗？	故事逻辑是否成立？作者是否建立了自己的世界观？人物的行动是否根植于自己的原因？核心行动是否建立在主人公的核心细节上？
7	你的故事有创新吗？	是否找准了自己的作品类型？故事的主导品格是什么？故事创新是否建立在成规的基础之上？
8	你的故事适合怎么讲？	作品的文体选择是否合适？

（4）在汇报人作品基础、特色与能力的基础上，工坊伙伴集体创意，提供新的故事方案。

通过以上八个考核标准的问题引导式的检测和集体创意，故事基本成立了。这是学生对作品进行的第一次大规模修改与提升，有的甚至是推倒重来。学生通过这八个考核向度的实践，知道了一个好故事所应具备的要素，从写作的角度具备了一定的鉴别眼光；同时，写作原理与技巧在实践中全部被激活，根植内心，成为学生自觉使用的"秘笈"。

【工坊讨论】

对照故事考核向度检测表("处方"),分析学生作品,寻找新的替代方案。

优点

(1) 故事核粗壮有力;

(2) 世界观成立;

(3) 二元对立结构成立;

(4) 人物关系紧张,有张力。

存在问题

(1) 主题杂糅;

(2) 形式的意义不明;

(3) "核心目标"过多,核心行动不确定;

(4) 故事归属不明:关于谁的故事;

(5) 阻碍力量没有人格化;

(6) 行动逻辑没有落实在具体的细节;

(7) 各方面人物之间的关系没有打通。

修改建议

(1) 调整主题(纸头生命——废柴拯救世界);

(2) 简化人物和人物目标(去掉"上帝");

(3) 简化人物行动,落实人物行动(夏娃感染——亚当寻求血清——遭遇人类阴谋——联合魔法帝国/"丧尸"/人类——克服外在和自身的局限与弱点——一举解决所有问题);

(4) 所有问题/困难在行动中逐一解决;

(5) "转化"落实到人物前传和思想、性格、情感的设计上,为转变留下余地;

(6) 对手、帮手、帮凶人格化/明确化；

(7) 落实到考验人性；

(8) 发掘现有人物关系中的可能性；

(9) 重新建立世界观。

经由工坊讨论，学生针对故事存在的问题和建议，修改自己的故事大纲。

最后的废物猎人
（修改稿）

刘柯汗

星之大陆，人类为了长生不老而研制出的病毒失控爆发的五十年来，人类受到感染，有的成了丧尸，有的却变成了异能者，也有部分普通人幸运地活了下来。很多动物也受到感染变成了怪物。在一个位于大陆东部的人类聚集地被丧尸攻陷时，生活在里面的夏娃为了帮助青梅竹马的亚当逃跑，不幸被丧尸咬伤，亚当用自己的异能封印住夏娃体内的病毒，为她延缓了变异的时间。治好她的唯一希望，是取得收藏在大陆西部科学帝国实验室的关于病毒研发的实验数据。为了去这个实验室，他们必须渡过将大陆一分为二的星河，星河却被西部两个国家，科学帝国和魔法王国联合戒严，禁止一切通行。因为西部的怪物和丧尸已经被全部剿灭，两国的人们为了防止怪物再次入侵而选择抛弃了散落在东部的幸存者。通过星河的唯一机会是遵循帝国颁布的《渡河法令》，即杀死一万头怪兽，获得"怪物大师"称号。与此同时，由于跟在亚当身边的夏娃，时常会暴露出一些丧尸的特征，他不得不带着她一直流亡，居无定所。亚当为了完成《渡河法令》，寻找到治愈丧尸病毒的方法,加入了"怪物猎人协会东部分会",成了怪物猎人。经过几年的努力,等到他成为东部第一个杀死一万头怪物的最强猎人时,才发现,所谓法令只是帝国防止东部难民联合起来造反的缓兵之计。发现这个秘密的亚当被帝国的怪物猎人和机器人追杀,更雪上加霜的是,夏娃是准丧尸的真相,也被泄露了出去。但亚当没有放弃,他先是揭发了科学帝国的阴谋,使得魔法王国的国王发现自己被利用,明白了科学帝国的高层全部被高级人工智能"天网"控制,目的是毁灭人类,于是两国开战。亚当趁机成功偷渡,跨过星河,潜入科学帝国实验室,拿到了数据,靠着异能成功研制出治疗丧尸病毒的血清,治愈了夏娃。就在他准备大量制造血清时,他遭遇了"天网"的发明者马克博士的阻拦。原来马克博士小的时候,跟随父母逃亡到了一个人类聚集地,他父母身上由于保护他导致的擦伤被误认为是丧尸的抓伤,于是被聚集地的幸存者活活打死。童年阴影导致马克憎恨人类,希望丧尸能将所有人类赶尽杀绝,于是以灭杀丧尸为由,与同样是电脑天才的发明家们一同研发了超级人工智能"天网",并偷偷篡改了核心数据,导致大陆东西部以及西部两国的纷争。了解到这一切的亚当万念俱灰,对人性的阴暗面感到绝望,就在这时,一直陪伴在他身边的夏娃鼓励他,让他知道了世界依然值得留恋,于是他爆发了前所未有的能量,消灭了马克博士和"天网",并大量制造血清,最终成功拯救了世界。

※ **阅读与写作训练**

你的故事写完了吗?对照故事"处方",打通自己的故事,修改、补充完善故事大纲,并选择合适的文体,创作一部作品。

第二单元
小说写作

单元导入

◆ 小说是文字时代的完整故事

作为"文字讲故事"时代最重要的讲故事方式,小说的实质是文字形式的完整故事,小说写作就是用文字讲述一个完整的故事。因此,从学习小说写作的角度,我们可以给小说下一个定义:小说是一种用文字讲故事,主要用于书面阅读的虚构类叙事文体。它以塑造人物为中心,通过描述完整的故事情节和人物具体的生活环境,形象地、深刻地、多方位地反映社会生活。故事是小说的主体,情节是小说家对故事的编排。现代小说出现向人物内心发掘、有意强化故事意义、淡化故事情节的趋势,出现了许多探索人物内心世界的心理小说、意识流小说甚至精神分析小说,比如《尤利西斯》《墙上的斑点》,等等。但这些并不能说明小说已经放弃了讲故事传统,而是发展出了新的讲故事方法,开辟了新的故事领域。在刻画人物形象尤其是刻画人物内心世界方面,小说具有戏剧、影视所不具备的优势。

◆ "小说死了"与"小说的死法"

马原说:"作为小说家的韩寒、郭敬明玩电影均大肆斩获高票房,反证了我的一句人尽皆知的箴言:小说死了!"他认为,一种完全不同于小说的"小说"大行其道,而他那个时代的小说反而无人提及,等于死了。也就是说,是韩寒、郭敬明自己的电影"杀死"了自己的小说。其实,这说明了当代艺术消费的中心已经从包括小说在内的纸媒艺术转向了以影视为中心的图像艺术。然而,在这个印刷技术空前发达、数字技术一日千里的时代,算上网络小说,当代小说的总体产量、单篇长度和类型多样性远超过以往的任何一个时代,而且,"小说"是一个动态的概念,不存在"如果郭敬明、韩寒、金庸的小说是小说,我的就不是"这样固执的理解。

那么,小说创作的趋影视化会不会导致小说之死呢?我们认为,小说创作的趋影视化与小说借鉴影视的表现手法是两回事。将影视表现方式融入小说文体,并非始自当代。苏联电影大师米哈伊尔·罗姆称托尔斯泰为"最具电影性的作家之一",他认为,托尔斯泰写的任何一个场景从本质上说都是出色的电影剧本的一部分。实际上,小说向影视学习,并不一定带来灾难性后果,在很多时候,小说受益颇多。同样是讲故事,影视(或者说编剧)对作品结构的紧凑性、矛盾冲突的集中性、人物语言的贴身性、事件发展的逻辑性等诸方面要求高得多,难度也大得多,比如在小说里,作者的"强叙述"是允许的,但是在影视故事中,一旦"强叙述"出现,往往就意味着编剧或者导演的失败。因此,从故事的构思角度说,自觉使用影视故事的标准和技巧,不仅有助于提高小说故事的质量,而且也可以带来"视觉化""跳跃性""戏剧化"等多种美学效果,丰富小说的表现手段。同时,影视故事的通俗性、大众化也对某些心理体、探索体小说的过度私语化、独语化形成反拨。从这个意义上说,小说向影视学习并不意味着"小说之死"。

但小说大面积向影视学习,甚至堂而皇之地出现了"趋影视体"小说,这就让人担忧了。众所周知,做编剧比写小说"赚钱",能让自己的作品得到更大限度的推广,更容易"出名""有面子"。罗伯特·麦基曾抱怨过"好莱坞缺少好剧本、好故事",以此类推,中国更不在话下,现在放弃小说转而去做编剧反而具有了"我不下地狱谁下地狱"的意味。然而,声称"人人都可以做编剧""编剧满地走",虽然有可能滋生影视故事的泡沫,如果有所伤害的话,也只是伤害影视本身,但是如果以影视故事的独特要求、编剧工作的重要性甚至巨大回报为前提,就认定影视故事一定比小说故事更精彩、更"高级",转而以编剧的要求、程序与手法去写小说,将小说当作剧本来写,那么一定会带来小说的死亡,小说如果会死,一定会死于此。

小说创作的趋影视化,或者将小说当作剧本来写,不管是为了更"好看"或者坐等被影视改编,伤害的都是小说。前者伤害的是小说的"身体",以"影视"的方式与影视竞争,争夺阅读市场,本身就是以卵击石;后者伤害的是小说的"灵魂",无论怎么讲,影视都是工业化、大众化的产物,"消费"几乎是它唯一的目标,而决定这个目标实现与否的,则是市场。市场掌握在谁手里,谁买票,谁手握遥控器,谁决定故事的生死,荒诞性不言而喻。当然,"消费""娱乐"也是小说的属性,小说出身并不高贵,但是现在,它必须"高贵""精英",因为在当代艺术的分工中,它已经被分配了如此的历史使命,就像当初的唐诗、宋词、元曲一样,小说的精英化是小说的必经之路、安身之所。相反,如果小说不接受这个历史分工,继续在低端"消费"层面与影视竞争,结果仍旧是以卵击石。

用文字讲故事的方式,在未来可能会消亡,就像用口头讲故事的方式在今天已经逐渐消亡一样,不以个人意志为转移,比如"讲话""说书"以及赵树理的"板书体"(小说)。但所有新兴的事物都会消亡,这又有什么可怕的呢?卡洛斯·富恩特斯在《小说死了吗》中为小说作了精彩的辩护,证明小说没有死。是的,小说没有死,但是,如果因为害怕将来的消亡而在今天盲目地改变,反而会失去自己,就像小说创作的趋影视化那样,那一定会加速消亡的到来。

第五堂课
八分之七的冰块哪里去了？
——人物弧线与情节设计

古代小说基本遵循故事结构，个别除外，比如《荷马史诗》。现代小说已经与口头故事、传统小说有很大不同，更强调"故事"的"讲"，作者的介入。作者、叙述者、隐含作者、人物之间有更复杂的区分，作者主体性大大加强，行动之外的元素大大增加，侧重对人物内心的挖掘，体现出书面语言的艺术。

◆ 创意写作从讲"故事"开始

口头讲故事：指的是说书，以及说书人的底本（话本）。故事是叙事（讲故事）的对象，以连续发生的事件及事件组合的关系为内容，便于听众听。

文字讲故事：主要指小说。由口头讲故事的文字底本发展为文人的案头创作，小说走向精致，在丰富有趣的大众化之处，内容更侧重向内探寻人性和未知领域，成为高端化的故事。

影像讲故事：指小品、影视剧本。影视故事情节性强，侧重行动，要求通俗、可视、大众化，更多的是大情节故事。

讲故事大致经历了"口头讲故事""文字讲故事"和"影像讲故事"三个阶段。今天，"口头讲故事"时代已经基本过去，"影像讲故事"时代正在到来，然而用"文字讲故事"却方兴未艾。在"文字讲故事"时代乃至"影像讲故事"时代,小说都是重要的形式之一。小说的重要性,一是在于"文字讲故事"时代,它是最重要、最常见的讲述故事的方式,几乎所有的经典叙事作品都来自小说;二是在"影像讲故事"时代,它又成为影视重要的题材库,为影像艺术源源不断地提供素材。

◆ 故事马甲

故事到底有多少种"讲"法?你最擅长的讲故事方式是什么?你的故事到底适合怎样讲?某些小说,以纸质出版的时候大行其道,广为流行,一旦改编为电影,故事更柔和,却遭到意识形态的抵制,比如《活着》。我们以前总是喜欢从政治学、社会学等角度去解读故事,却忽视了另一些早已存在却被忽视的因素:故事的载体与文体同样决定故事的"讲"与"听"。

用口头语言讲故事、用书面语言讲故事、用形象(演员)表演故事作为讲述故事的三个主要阶段,分别孵化出了多种讲故事文体或者与故事相关联的文体,比如话本、小说、叙事诗、记叙散文等。口头故事流传下来的,大致是"史诗""话本"和"拟话本";纸媒故事中,小说是最主要的文体,但散文和诗歌也讲述故事,它们构成了"写故事"的主体;剧本(包括戏剧剧本和影视剧本)是"演故事"的脚本,虽然也可以作为书面故事得以传播与接受,但主要不是为了阅读,而是为了通过表演而观看。

小说就是讲故事,但是"小说是用一种特殊的方式讲故事"[①]。

[①] 埃文斯.英国文学简史[M].蔡文显,宗琦,译.北京:人民文学出版社,1984:285.

艾弗·埃文斯所说的"特殊性"有许多是其他文体可以分享的,只有放在"口头讲故事""纸媒写故事"与"演员演故事"这个更大的视野下,方可真正捕捉到属于自己的"特殊性"。

◆ **小说的权利**

小说的主体是故事,但故事讲出多少、怎样讲是作者的权利。小说从故事演化而来,以讲故事为己任,但这并不意味着,小说就一定要把故事事件按照它自然的顺序、本来的样子讲述出来。我们现在所说的"诗化故事""心理故事"或"哲理小说"似乎是不需要故事,甚至是反故事的,但是我们要明白,它们是有完整故事基础的,对立面、冲突、情节、逻辑等隐藏其中,但是作者要么掩饰它,要么省略它,反过来去强调另外一部分,比如氛围、情境、内心生活等。可以参照的是山水画的"留白",我们知道露出画面一角的山水,必有来路,必有去路,虽云遮雾盖,但不等于它们不存在。"诗意""意识流""哲理"等效果或风格的获得,是向绘画、诗歌、散文等文体主动学习,将故事碎片化、情绪化、对象化处理的结果。

小说记录、处理事件,相对于口头故事和剧本故事,有着自己独有的经验和便利性,这是小说的权利。比如口头故事与小说可以分享连贯叙事,插入叙事技巧,但交替叙事是口头故事、影视/戏剧故事难以达到的。当然影视故事以"蒙太奇""闪回"的方式可以部分地弥补戏剧的缺憾,但它们实在难以连续表现大幅度跨时空的事件、情节与细节。

小说有"口头故事"与"影视故事"难以做到的地方,这就是小说的权利:

(1)语言的欢乐,阅读的快感。它们或优美,或明快,或幽默,或雄辩,是说话与影视镜头不可替代的,尤其是那些"悠然心会,妙处难与君说"之处,小说大师的语言给我们带来了多少美感。

(2)叙事的便利性,小说可以深入人物内心、潜意识、黑暗世界,发掘与表现内心的冲突,这是说话与影视难以做到的。

(3)作者的声音可以出现在作品中,影响读者对故事或人物的判断,提高表现力,引导读者的移情,而在影视中,画外音是拙劣的手段。

(4)虚拟的简洁性。小说是虚拟的艺术,既有虚拟的权利,又有虚拟的便利性,相对于影视、戏剧写实展现出的"笨拙",小说几乎可以天马行空。

(5)小说永远是地方性的,在某种意义上,小说就是包括地方知识、地方思想和地方智慧在内的全部地方生活的叙事。类似于《藏地密码》《马桥词典》乃至《静静的顿河》等这样的小说,在表现上述内容的深度、广度、跨度与细密度、精微度方面,是说话和影视难以企及的,至少目前难以企及。

因此,小说可以继续走故事化的道路,也可以模仿影视故事,借鉴叙事空间化的技巧,将内心语言的"阅读"转化为"看",或"零度写作",作者退出故事世界,让人物自己行动,但他必须坚持自己特殊的权利,方可确立不可取代的地位。作者对叙事的控制、"强叙述",是文体特性,而不是文体缺陷,这就是《尤利西斯》《追忆逝水年华》《芬尼根的守灵夜》,甚至《信使》《我是少年酒坛子》这样的作品的价值所在——它们不是用于"听",而是用于"阅读"的。用于阅读的小说,本来就不用操心它可不可以被改编、被表演;许多不能被改编、被表演的小说恰恰就是伟大的作品,比如《百年孤独》《我的名字叫红》《失乐园》《我弥留之际》《到灯塔去》《无尽的玩笑》

《字母表非洲》等。与此同时,有更多的小说在改编过程中,出现了读者不满意、作者不满意、观众不满意的现象,比如《红楼梦》;甚至出现小说作者控诉编剧"胡编乱造""基本不满意"的现象,比如金庸。这更说明,小说是小说,影视是影视。

【敲黑板】"冰山"现象

"冰山"现象是在具体的文体写作(包括小说、散文、剧本等)特别是现代小说写作过程中,故事设计的体量与实际展现出来的文本内容的不一致现象。很多时候,没有直接描述的要比文本直接描述的多得多,如同冰山,八分之七的部分隐藏在我们看不到的水下,如海明威的短篇小说。

故事没有在小说中全部展示不等于它不存在,也不能说是作者的设计失误或者偷懒。冰山是完整的,只露出八分之一,我们也可以通过露出水面的八分之一推测出完整的冰山。故事是完整的,小说(包括其他文体)可以只展现出来一部分,其余部分作为留白,让读者去猜谜。这既是作者的权利,也是故事讲述的艺术,但前提是故事本身必须是完整的,我们可以通过解读复原故事,否则就是噱头。同时,如何留白、讲出多少也是高难度艺术:讲多了,文本灵动不足;讲少了,完整的故事就残了。

那么,八分之七部分的冰块哪里去了?

(1)被概述。在影视作品中,它要被表现出来;在长篇小说中,每一个概述点,都可以发展出一条线。

(2)不重要,即在"问题"之外。如沈从文《边城》中"对歌""求婚"部分简略,是因为这个动作不重要,重要的是故事发生的时间、地点。

(3)"请读者猜谜"——以空白提示省略部分的重要性。

故事着重于事件,小说着重于描写人物。口头故事时代,不能对人物做更多描绘,今天小说不仅可以写人物内心世界,而且可以写人的潜意识、无意识、跳动不拘的意识流等。

◆ **小说的类型**

1. 按照篇幅分类

长篇小说:字数在 6 万字或 10 万字以上,讲一个人的一生,人物命运、成长、成长的原因:一面是环境和帮助他成长的人,另一面是阻碍他的外在力量,有人物发展。长篇小说往往在 2/3 处开始转变。

中篇小说:3 万—6 万字,截取主人公一个时期或某一段生活的典型事件塑造形象,反映社会生活的某个方面,表达作者的见解。

短篇小说:几千字到 2 万多字,讲一件事,或写一个人。有反转,出现出乎意料的结果。

微型小说:1 000—2 000 字,一个人物,一个场景,一条线索,片刻行动,往往有头无尾,有尾无头,或无头无尾。高潮在结尾,出人意料。

2. 按照类型分类

小说可以分为:武侠、言情、玄幻、官场、侦探、法制、都市、成长、历史、家族、民间故事、动物叙事、恐怖小说等。

当前,中国小说创作的类型化趋势正逐步发展,新的小说类型不断产生,比如打工族小说、架空小说、仙侠小说、奇幻小说、幽默小说等。

不同类型的小说,其主题、价值、题材、语体语貌、叙事语法、创作原则等各方面都有不同的处理方式,体现在叙事模式上,则是以

"母题""原型""模式"等方式对叙事语法、故事结构、人物设置、价值取向、意义生成等形成影响。

【敲黑板】何谓类型小说?

从表现生活的内容与时间向度来说,我们可以把现有小说在逻辑上分为表现过去的历史小说类型,表现现在的现实小说类型,表现未来与未知的幻想小说类型。这三个小说类型,在实际的发展中又派生出各种更具体、更具地方性和时代感的亚小说类型。很多时候,小说类型以类型小说的面貌呈现,就像我们吃梨、吃苹果、吃葡萄,却从未"吃过"水果一样。我们把小说类型中那些具备相当的历史时段,具有稳定的形式或内涵样貌,具有一系列典范性,同时又在读者心目中能引起比较固定的阅读期待的小说样式,称为"类型小说"。

类型小说具有以下特点:

(1) 作品形成一定规模,具有一定的时间跨越度。

(2) 具有较一致的态度、情调、目的,或具有连续的主题、题材。

(3) 具有较特定的审美风貌、特有的语符选择和编码方式。

(4) 从读者的接受而言,能产生某种定型的心理反应和审美感受。[1]

◆ 点评小说的角度

(1) 故事要完整,不一定从头讲起,可以从高潮处、结尾处、转折处讲起,运用叙事技巧结构小说。

(2) 故事要合理,符合人物心理逻辑。

(3) 运用多种手法塑造人物,人物性格、形象要给读者留下

---

[1] 葛红兵.小说类型学的基本理论问题[M].上海:上海大学出版社,2012:32.

印象。

（4）通过小说，对社会、经济、文化以及人性等进行一些探讨。

（5）小说语言尽可能精彩、有创意。使用小说权利，充分发挥书面语言的优势。

◆ **小说人物塑造**

从"口头讲故事"到"文字讲故事"，小说逐渐从故事中独立出来，开始从写事转向写人，"凡是好的作家身后总是站着一排人物"[①]。小说所讲述的故事情节围绕人而产生，由人来演绎。故事是人物的故事，主人公的"欲望"是推动故事发展的内在动力，主人公采取行动、克服重重阻碍的过程就是故事的情节。人物所处的社会环境、自然环境或者虚拟社会，个人的生活经历、身体特征、心理状态、教育程度、文化归属、生活习惯、人际关系等，都是故事发生的原因、动力、阻力或者助力，分别形成必要的或关键的细节、情节。对于小说而言，人物和故事两者不可分割，小说既离不开故事，更离不开人。

有人把小说分为两类：人物至上型小说和情节至上型小说。人物至上型小说以人物塑造为主。一部优秀的小说，其过人之处常常在于塑造出令人过目难忘的人物形象，如《儒林外史》中的严监生、范进，《故乡》中的祥林嫂、杨二嫂，《孔乙己》中的孔乙己，《阿Q正传》中的阿Q等。这些鲜活的人物，既有鲜明的个性，又有普遍的社会代表性，因而成为艺术典型。

---

① 徐春萍，东西.写我们内心的秘密：关于长篇小说《后悔录》的访谈[N].文学报，2005－08－04(6).

小说的完美人物就像洋葱,他们是有层次的。对任何一个全面展开的人物而言,最重要的是其核心性格。擅长塑造人物的小说家首先要找到人物的核心性格,接着要为他的核心性格做些点缀装饰,即添加层次,比如生理与自然属性、人生大事的影响、人物的心路历程、人物可爱之处、人物的言行举止等。

小说以人物为中心,构思从人物关系入手。人物形象并不是一个抽象的概念,人物形象的丰满与否跟人物解决问题时所需的要素相关。人物的信息充足,则人物形象丰满。因此,要通过人物设计与行动的互动关系使人物形象丰满,事件中的人物行动可以揭示人物的真相。另外,人物可以以自己的方式制造事件,比如:

(1)人物丰富的经历→能力/经验;

(2)漂亮→爱情的便利;

(3)心智/习惯→素质;

(4)家庭/种族→行动方式。

那么,小说如何塑造栩栩如生的人物呢?人物有两种叙事方式:一是讲述,二是表现。前者是"直接说明法",也就是作者直接交代故事背景,概括说明人物性格;后者是通过外貌、对话、行为、细节、环境、场面、思想活动、人物关系等来揭示人物性格。在小说写作中,往往追求两者的平衡。

以人物塑造为主的小说,整个小说往往讲述的就是人物的一个"变化",即在人物解决问题时,遵循"行动+阻碍=冲突"的故事公式,看人物在遇到障碍时如何选择,这就涉及人物弧线。

◆ **人物弧线**

与小说最相关的,是人物的心路历程。人物心路历程在小说创作中称为"人物弧线",是小说中人物的改变或转变。整部小说,就在追寻人物性格的发展弧线。最优秀的小说往往是讲述某个人物在某一方面的深刻变化:一个自私冷酷的人学会了先考虑他人;一个拜金物质女最终为了爱情结婚;一个心里只有事业的工作狂决定花时间多陪伴家人;一个自闭的老太婆终于敞开了心扉……

杰夫·格尔克提出"心结—关键时刻"写作模型,"心结"和"关键时刻"是人物弧线中的两个重要的关节点,人物弧线其实就是人物在这两个点之间行进的过程。人物弧线经历下面的五个阶段[①]:

(1)初始状态(包括心结):小说主人公出场。心结就是导致人物有问题的东西,是他心里过不去的坎儿,是他的错误、根深蒂固的恶习、不健康的生活方式导致他出现了问题。心结就是令人物陷入困境的东西(给人物找麻烦),小说就是写人物遇到了麻烦。

(2)诱导事件:把人物推上心路历程的诱因,引向关键时刻。好的诱导事件具有如下特点——往往是读者始料未及的;跟主人公的心结有关系;给人物带来巨大的改变;要求主人公有所行动;跟整部小说完美配合。(分为人物内部诱导事件和外部情节入侵)

(3)激化阶段:新旧两种选择的冲突不断升级,对抗不断激化。

(4)关键时刻:人物做决定的时刻。在两种冲突(心结与其对立面)之间的选择。这是小说的高潮部分。

(5)最终状态:抉择之后,人物在小说结尾处的样子。

---

① 参见格尔克.情节与人物[M].增轶峰,韩学敏,译.北京:中国人民大学出版社,2014:80.

【案例分析】

张爱玲小说《色戒》中人物弧线的五个阶段。

(1) 初始状态(心结):为锄奸,女学生王佳芝扮演少奶奶,牺牲自己身体,与渣男多次试演,但易先生却返沪,计划落空,王佳芝懊悔不已。

(2) 诱导事件:回到上海,一个吴姓的地下工作者极力鼓励王佳芝他们继续实施美人计锄奸。

(3) 激化阶段:王佳芝实施锄奸计划,用身体引诱易先生,易先生提出要送王佳芝钻戒做纪念。

(4) 关键时刻(变化):易先生为王佳芝买钻戒,王佳芝瞬间感觉易先生是真爱她的,于是选择放走了易先生。

(5) 最终状态:王佳芝被易先生派人抓捕、枪毙。

如果这部小说有 10 万字,那么小说关于主人公的关键时刻,就是他/她用来表达内心的 200 个字,剩下的 99800 个字都是为这一时刻做准备的。故事主人公心路历程的构建完成标志着全书 3/4 的部分已经敲定,心路历程之外的 1/4 部分(情节、题材、背景、次要情节等)都是为其提供支撑的。整部小说实际上是从心结到关键时刻的准备、过程及其结果。也就是说,在人物至上型的小说家那里,小说内容的 75% 将由主人公的心路历程构成,即小说讲述的就是人物在关键时刻做出何种选择的故事。

当然,这只是一种小说创作模型,要从小说的内部构造去探寻小说的生产过程,揭开小说写作的秘密,这就是我们下一本书的具体内容了。

※ 课堂写作练习

写出自己或其他人物(可虚构)的一段心路历程,这个过程中你(他)有了怎样的改变？重点写出心结与关键时刻。

◆ **小说的情节设计**

情节至上的小说侧重情节设计。

什么是情节？它与故事有何区别？

情节是秘密的制造(悬念)，以及秘密逐步被揭开的过程。也就是，作者以自己的方式/类型给人物，同时给读者出难题(请读者猜谜)，然后慢慢解题，呈现出一种因果关系。

故事是一连串有开头、中间和结尾的相关事件；情节也是一连串有开头、中间和结尾的相关事件，但不一定按照这个顺序呈现。

故事和情节的基本区别：如果是故事，我们会问"后来呢？"而如果是情节，我们的问题就是"为什么呢？"

区分故事和情节的三个关键元素：时间顺序(什么)，因果关系(为何)，各部分的安排(如何)。

1. 情节不等于故事

情节是故事的实现形式，是结构化了的故事，人物、时间与空间诸因素的叙述安排都体现了作者的主观意志。我们在很多时候讨论的故事，其实是故事情节。

（1）情节可以不按照事件顺序出现；

（2）情节因为作者的参与，事件之间有或隐或显的紧密联系，但故事可以松散、零碎；

（3）一个故事可以包括多个情节；

（4）情节安排是为故事目的服务，比如纪录片《大宋》。

小说完美的开头应该是怎样的？

（1）为全书定好基调；

（2）制造悬念或者暗示危险；

（3）定时炸弹开始倒计时；

（4）主人公首次亮相要有不俗之处；

（5）引入反面角色。

切忌：讲解故事背景/叙述内容跑调/随意的动作场景。

2. 情节是人物心路历程的外化

小说的本质是探寻人物的心理，情节是人物心路历程的外化，用来表现令人难以置信的心理冲突和决心。

如果我们把小说情节理解为人物心路历程完成的过程，那么，情节可以分为以下三个阶段：

（1）开头阶段：引入（交代情境和人物，铺垫，人物完全介入挑战）；

（2）中间阶段：故事核心（主人公心路历程的激化阶段，设计不断激化的外在情节——"矛盾"）；

（3）结尾阶段：高潮和结局（"变化"完成，冲突和问题最终解决，展示主人公的最终状态）。

3. 故事主人公的心路历程如何与外部情节产生关联？

情节是秘密的制造（悬念），以及秘密逐步被揭开的过程。也就是，作者以自己的方式/类型给人物，同时给读者出难题（请读者猜谜），然后慢慢解题。那么，情节可以划分为以下三个阶段：

开头阶段：制造悬念，隐瞒秘密。即设置必须要解决的问题，同时制造出许多难题/阻碍，对人物需求/意图做出界定。

中间阶段：人物意图遭遇阻碍，形成冲突，造成逆转（逆转也是事件，大多数时候，逆转不止一次）。它造成人物产生情感上不可逆的变化。

结尾阶段：揭开秘密，包括许多未知的结果、故意隐瞒的秘密，乃至人物/人性的真相等（真相大白，水落石出）。此时，人物完成了从"心结"到"关键时刻"的转变过程，人物心路历程完成。

◆ **小说情节设计检测**

（1）情节设计遵循以下原则：

困难—困境—绝境（以主人公的"行动"为主线）；

目标1—目标2—目标3（原初行动目标随之发生变化）；

行动1—行动2—行动3（加反转，脱离"困难—困境—绝境"）；

场景1—场景2—场景3（每一个场景解决一个问题）；

主人公1—主人公2—主人公3（主人公发生"变化"）；

主题1—主题2—主题3（呈现出作者的见识与世界观）。

（2）矛盾冲突的双方都有为自己辩护的理由：

冲突的实质，即：

动作/反动作（对立的双方都有自己的理由）；

主人公目标（合理性）/对立面目标（合理性）。

（3）符合故事逻辑：指故事发生的原因、人物行动的根据，都要符合故事逻辑。

故事逻辑包括事理逻辑、情感逻辑、心理逻辑、文化逻辑等。

（4）行动的衔接与节奏。

人物成长的衔接：提出问题→分析问题→解决问题（阻碍与克服）。

逐步积累力量的过程→逻辑上衔接。

（5）如何设置反转？

（6）人物是否有转变？

(7) 故事结构是否完整？

◆ **小说语言**

口头的故事好懂，小说作为书面的故事，则要有艺术性，强调语言艺术，突出文字本身，就像诗歌的语言一样。也就是说，作为小说的纸媒阅读越来越走向精致，故事重要，故事的"讲"重要，讲故事的语言同样重要。伍尔夫认为，未来小说有可能向综合化、诗化、非个人化和戏剧化的方向发展。她说："它将用散文写成，但那是一种具有许多诗歌特征的散文。它将具有诗歌的某种凝练，但更多地接近于散文的平凡。它将带有戏剧性，然而它又不是戏剧。它将被人阅读，而不是被人演出。""作家的目光不是局限于人物个人的悲欢离合，而是注视整个宇宙、命运和人类所渴望的梦想和诗意。"①小说是虚构的艺术，是用语言构建"心灵世界"。

1. 语言的奇观化

运用感官描写、修辞手法或具体性描述来替换固定成语。比如奥康纳的《善良的乡下人》对弗里曼太太这个人物形象的描写。

除了独自一人时脸上的那副呆板的神情外，弗里曼太太还有两副嘴脸：热忱的与冷落的，这是她待人接物时惯常用上的。她的热忱的嘴脸既扎实又有力，像一辆重型卡车向前驶行。她的眼睛从不左顾右盼，只是随着人家的叙说转动，仿佛正盯着一行笔人听闻的报道一路看下去似的。她很少用另一副嘴脸，因为她并不时常需要收回一篇讲话，可是遇到需要那么办的时候，她的脸上就纹

---

① 伍尔夫.论小说与小说家[M].瞿世镜，译.上海：上海译文出版社，2000：363-364.

丝不动,乌黑的眼睛里几乎也看不出有什么动静。在这种时刻,她的两眼就好像在收敛进去。接下来,注视着的人就会看到,尽管弗里曼太太可能站在那儿,跟堆叠起的几口袋谷物一样真实,但是精神却已经不在那儿了。①

这里用"既扎实又有力,像一辆重型卡车向前驶行",就把弗里曼太太热忱的嘴脸刻画得相当有质感、有力度;冷落的嘴脸,则是"站在那儿,跟堆叠起的几口袋谷物一样真实,但是精神却已经不在那儿了",具体描述把这个人物特点刻画得活灵活现、入木三分。

文字是一种智力的较量,让人沉潜的,是那些充满智慧、耐人寻味的文字,而不是平庸、没有内涵的文字,把读者当作傻瓜。比如威廉·福克纳的《我弥留之际》中主人公艾迪的自白。

后来当我知道我怀上了卡什的时候,我才知道生活是艰难的,这就是结婚的报应。也就是在这个时候我明白了话语是最没有价值的;人正说话间那意思就已经走样了。卡什出生时我就知道"母性"这个词儿是需要有这么一个词儿的人发明出来的,因为生孩子的人并不在乎有没有这么一个词儿。我知道"恐惧"是压根儿不知恐惧为何物的人发明的;"骄傲"这个词儿也是这样。我知道生活是可怕的,并非因为他们拖鼻涕,而是因为我们必须通过言辞来互相利用,就像蜘蛛们依靠嘴巴吐丝从一根梁桁上悬垂下来,摆荡,旋转,彼此却从不接触,只有通过鞭子的抽挥才能使我的血与他们的血流在一根脉管里。我知道生活是可怕的,不是因为我的孤独每天一次又一次地被侵扰,而是因为卡什生下来之前它从来没有

---

① 奥康纳.善良的乡下人:好人难寻[M].周嘉宁,译.北京:人民文学出版社,2016:210.

受到侵扰,甚至夜里的安斯也未能侵扰我的孤独。

他也拥有一个词儿。爱,他这么称呼。可是我长期以来太熟悉言辞了。我知道这个词儿也跟别的一样:仅仅是填补空白的一个影子;时候一到,你就不需要言辞来作代用品了,正如不需要骄傲或恐惧一样。卡什就不需要对我说这个词儿我也无须对他说,我总是说,安斯想用那就让他用吧。因此其结果是安斯或爱;爱或安斯:怎么叫都行。

我总是这么想,甚至我在黑暗中和他躺在一起时也是这样——卡什就睡在我伸手可及的摇篮里。我老是想,如果他醒来哭了,我也要喂他奶的。安斯或是爱:怎么叫都行。我的孤独被侵扰了而且因为这种侵扰而变得完整了:时间、安斯、爱,你爱怎么叫就怎么叫吧,都在圆圈之外。①

这段描述让我们恍然意识到:话语本身是没有意义的,完全脱离了其表达的内涵,比如"母性""恐惧""骄傲""爱",只不过是需要它的人制造出来的,仅仅是填补空白的一个个影子而已,它们都在事实的圆圈之外。这是多么深刻的领悟!

2. 动词是语言的骨头

故事是行动,行动的结果是事件。怎样的小说语言更有力量?那就要有动词、形容词。比如阿城《棋王》中的语言。

我实在没心思下棋,而且心里有些酸,就硬硬地说:"我不下了。这是什么时候!"他很惊愕地看着我,忽然像明白了,身子软下去,不再说话。

我拿出烟来请他抽。他很老练地敲出一支,舔了一头儿,倒过

---

① 福克纳.我弥留之际[M].蓝仁哲,译.上海:上海译文出版社,2004:185.

来叼着。我先给他点了,自己也点上。他支起肩深吸进去,慢慢地吐出来,浑身荡一下,笑了,说:"真不错。"

一个"软"字,形容词用作动词,形象地表现了棋王由紧张兴奋到无精打采的变化,不仅指身体,而且指精神。一个"荡"字,表现了棋王身心舒爽惬意,非常传神。

【小技巧】如何处理心理经验/生命体验与虚构的关系?

感情(心理经验)是完成小说的动力。许多人走上写小说的道路,就是心中有一种感情需要表达,因为忠实于内在的感情,从内心抵抗虚构。然而,小说是一种虚构的艺术,直接表达感情还算不上是真正的小说。

文学创作是感性与理性的结合。情感到达小说是漫长的过程,需要理性的帮助。理性的任务是检验感情质量,承受感情压力,同时,将感情转化为想象力。

※ 阅读与写作训练

(1)我们学习了从心结到关键时刻的人物弧线,还有情节发展的三个阶段,以及情节设计检测表。运用这些原理,重新想一想你塑造的人物(或者你最亲近的人,比如父亲/母亲),他是怎样的一个人?有什么性格特点?身上发生过什么故事?然后,修改你的小说,完成后发到微信群。

(2)阅读余华小说《活着》,然后观看小说改编的电影《活着》,思考:小说如何改编为剧本?需要注意哪些问题?把你想到的,写在预习笔记本上。

第六堂课
小说如何改编为剧本？

◆ 何谓改编？

改编是对原作品进行的重新编写，作品的体裁往往不同，属于演绎作品的一种。

改编是渗透了改编者独特理念和情思的再创作。

◆ 改编的方式

（1）"忠实型改编"：强调形神兼备，再现原著精髓。

（2）"创造型改编"：在表达原著的哲理和主题内容的基础上进行大胆创造，注重自我表现。

（3）"自由型改编"：把原著仅仅当作未经加工的素材。

【案例分析】

课后阅读余华《活着》原著，并观看电影《活着》。

对照分析：小说改编成电影，两者有多大区别？剧本改编，是否要忘掉小说？

（1）冲突对象：由抽象的命运改为具体的人。

小说的对立面是模糊的，冲突是柔弱的（对立面是抽象的社会、偶然的命运，以时代背景的方式呈现）。电影故事的对立面架构清晰，冲突强烈（对立面具体化，先后是龙二、春生、造反学生）。

(2) 主人公：由被动变为主动。

小说中，福贵全家先后死光，但人物仍旧处于懵懂状态，没有产生改变现状的欲望，反而乐天知命。电影中，福贵时时处于高度"冲突"状态，经历了困境、绝境，有了刻骨的"活下去"的欲望，主动带领一家人活着。

(3) 故事叙述：人物从被叙述到自己行动。

小说主人公遭遇一直处于"被讲述"和"滞后讲述"状态，作者见解在小说中不断显现。在电影中，没有直接表露作者见解，而是通过人物行动来体现，故事由主人公的行动来演绎。

(4) 故事逻辑：由"强叙述"到生活化。

小说故事中，福贵的遭遇具有偶然性，而且，经历这么多悲惨事件，竟然还能乐天知命，一般人很难如此。电影中，主人公的遭遇与行动都符合生活逻辑，可信，因此更能移情。

【工坊讨论】

小说比电影惨十倍，主人公更"苦"，亲人全部失去；电影反而有一个光明的尾巴：家珍、二喜、馒头都还活着。然而，小说虽然能够让读者意识到这是个悲剧，却体会不到那种感同身受的极度悲惨与疼痛，为什么？

(1) 福贵的故事由一个到乡间收集民间歌谣的年轻人叙述，这样就和故事本身隔了一层，减弱悲剧感，加深了戏剧性。

(2) 不是把福贵当作一个人，而是当作"花鸟"一样，以旁观者角度叙述，人物悲惨命运的疼痛感被忽略、被遮盖。

电影中，虽然由头号笑星葛优来演主人公，中和了悲剧性，但人物在这里有了真实的命运、主动的性格，能思考，有喜怒哀乐，因此能够让观众被迫移情。

（3）小说叙述方式幽默、滑稽。

（4）小说主人公有一种阿Q性格，以一个旁观者的身份在讲自己的故事，把自己当作笑料；同时，他把悲惨遭遇归结为命运、偶然性，把对立面设为社会背景，往往是自己把自己给说服了。

（5）小说中，福贵把幸福的标准降到最低——只要能够"活着"就好。电影中，主人公经历了困难—困境—绝境，主动决定："要好好活着"。

（6）作者见解在小说中不断显现；但在电影中，并没有直接表露见解，而是通过人物环环相扣的行动来体现人物在一连串遭遇后的奋力抗争。

（7）两种文体具有各自的特点与优势，分别主动使用文体权利。（影视的娱乐性特点，更直观，靠演员的演技来使观众移情）

（8）电影增加了一些细节，比如有庆，一是拖出皮影箱子为"大跃进"贡献铁螺丝来炼钢铁；二是把掺了辣子的面浇到欺负姐姐的男孩头上。目的是揭示主题，丰满人物，增强趣味性。同时删减了一些情节，比如有庆的死，电影中删去了。

（9）福贵代表了一类人物，他们面对无法抗拒的遭遇，只能隐忍，但这是一种无法被打败的隐忍，具有一种活着的力量。作者余华在小说中故意采取这种处理方式，体现了他的慈悲与不忍。

【工坊讨论】

什么样的小说不适合被改编为影视剧本？

"几乎无法改写的20本书"[①]

（1）《百年孤独》（加布里尔·加西亚·马尔克斯著）

（2）《书页之屋》（马克·Z.丹尼利斯基著）

（3）《葛瑞夫与莎宾娜：寄给我相同的灵魂》（尼克·班托克著）

---

① PEITZMAN L. 20 books［EB/OL］. http://select.yeeyan.org/view/445374/384837.

(4)《尤利西斯》(詹姆斯·乔伊斯著)

(5)《失乐园》(约翰·弥尔顿著)

(6)《黑暗之塔》(斯蒂芬·金著)

(7)《伐木》(托马斯·伯恩哈德著)

(8)《我弥留之际》(威廉·福克纳著)

(9)《到灯塔去》(弗吉尼亚·伍尔夫著)

(10)《夹层楼》(尼科尔森·贝克著)

(11)《八人帮》(丹尼尔·汉德勒著)

(12)《疯狂之山》(H.P.洛夫克拉夫特著)

(13)《睡魔》系列(尼尔·盖曼著)

(14)《阿特拉斯耸耸肩》(安·兰德著)

(15)《无尽的玩笑》(大卫·福斯特·华莱士著)

(16)《字母表非洲》(沃尔特·阿比希著)

(17)《微暗的火》(弗拉基米尔·纳博科夫著)

(18)《时光之轮》系列(罗伯特·乔丹著)

(19)《鼠族》(阿特·斯皮格曼著)

(20)《路》(科马克·麦卡锡著)

为何这些书(主要是小说)难以改编为影视?究其原因:

(1)人物。人物众多(《百年孤独》布恩迪亚家族有七代人,名字重复);或叙述者过多(《我弥留之际》多达15个人);或人物难以塑造(《失乐园》中的上帝、撒旦、亚当与夏娃);或小说寓言化(《鼠族》用动物作为人物的替身);另外,《路》中的角色没有名字。

(2)情节。过于复杂,有多条故事线(《百年孤独》七代人的故事,《疯狂之山》仅情节介绍就让读者迷惑,《时光之轮》系列有14本,《睡魔》漫画系列共75期);过于简单,动作性不强,故事主要发生在内心(《夹层楼》《到灯塔去》等,《伐木》整部小说都是一个人对另一些人的评价);或干脆是意识流小说,没有外在情节动作,什么也没有发生的小说不适宜搬上银幕(《尤利西斯》)。

问一下自己,你可以为小说创作一个情节概要吗?如果不能,则不宜改编。

(3)概念。人物行动、背景知识需要特别说明(《书页之屋》脚注之下还有脚注,《黑暗之塔》奇幻故事世界完全陌生化,《八人帮》主要讽刺高中英语教材内容,《无尽的玩笑》尾注达388条)。

(4)文体。书信体(《葛瑞夫与莎宾娜:寄给我相同的灵魂》);诗体(《弥尔顿》的魅力在于诗歌,而不在于故事);演讲体(《阿特拉斯耸耸肩》有长达70页的演讲);"字母体"(《字母表非洲》每一章都代表着一个新字母,而所有单词的开头字母必须在前面章节中出现过。这意味着第一章只能用以A开头的词,而第二章只能用以A和B开头的词)。另外,偏散文的小说,其魅力不在于故事,而在于语言、情感等。文字优美可以用来卖出一本书,但是不能用来卖电影。

※ **课堂写作练习**

选择一部适合改编为剧本的经典小说,写出剧本大纲。

【小组分享】

小组集体逐个审阅成员选择的小说,看它适不适合被改编成影视故事。然后,每个小组推荐一个改编成功的剧本大纲,在班内分享。

要求:

(1)先用一句话说清楚剧本故事的"看点"("一句话梗概")。

(2)边讲述剧本故事,边板书,明确人物及其对立面(主人公、对立面、帮手、帮凶等)。

(3) 沿着主人公的行动线进行讲述,突出"困难—困境—绝境"。

【小技巧】"一句话梗概"的绝技——它说的是什么事?

(1) 从标题说起;

(2) 点明电影类型;

(3) 介绍主角,写出人物发展弧线;

(4) 描述核心冲突;

(5) 概述主人公发展弧线。

问一下:你的主人公学到了什么教训?或者你的主人公发生了什么变化?[①]

◆ 改编需要注意的问题

通过小组分享,归纳一下:影视剧改编需要注意哪些问题?

1. 合理选取可以改编的小说作品;

2. 确定谁是主角。

作为小说的改编者,你可能感觉某个角色是主角,而小说作者可能把另一个角色当作主角。你可能认为小说的某条故事线是真正需要讲述的故事,但小说作者相信主要的故事线是你根本不感兴趣的那条。

【例】

小说《芳华》主要人物:刘峰、萧穗子(故事叙述者)、林丁丁、何

---

① 艾利斯,拉姆森.开始写吧!影视剧本创作[M].王著定,译.北京:中国人民大学出版社,2012:316-318.

小曼、郝淑雯。

电影《芳华》主要人物：刘峰、何小萍。

3. 提炼戏剧性

戏剧性是故事核的主干，也是戏剧冲突的骨架。改编影视剧要提炼出能够用一句话说清楚的"看点"，即"一句话梗概（pitch）"。

【例】

《甄嬛传》：一个心地善良、柔弱的美丽女子最终成为这个国家最强大的女人，并亲手杀死了这个国家最强大并最爱她、她也深爱着的两个男人。

《活着》：一个命运多舛的苦人在大时代变局中顽强地活下去。

4. 设置明确的故事冲突

"矛盾冲突的双方都有为自己辩护的理由。"（黑格尔）改编影视剧要明确：谁是这个故事的主要角色？谁是他的对手？他们为什么对抗？如何一步步对抗的？等等，以此建立起影视故事强壮的冲突主线。剧本冲突相对于小说更为尖锐，主人公与对手的欲望一定要处于针锋相对、不可调和的状态。

5. 故事主题简单化

（1）选择故事。一部小说比一部剧本篇幅大得多，往往包括不止一个主角或反面角色，在很多地方有多条故事线，甚至多个时段，所以，有必要在各种各样的元素中进行选择。哪个事件推动着你想要讲述的故事向前发展，则选用哪个事件，这样你或许会得到一个完全不一样的故事。在某种程度上，你在讲述一个与小说不一样的故事，或者你在讲述小说叙述的其中一个故事。你可能认为小说的某条故事线是真正需要讲述的，而小说主要的故事线是你根本不感兴趣的那条。

（2）故事主题简单化。小说故事可以丰富而复杂，主题可以多义多层次，建构深度模式。但是作为影视故事，这恰恰是要避免的。主题关乎类型定位，类型定位关乎观众，主题复杂，会导致情节复杂，事件芜杂。

6. 让人物自己表现自己

影视故事中，人物必须通过自己的行动和语言来表现自己，故事要性格化、动作化和可视化。

一个最简单的公式：人物性格＝角色在每一个情境下的反应累加，即"动作即性格"。

◆ **改编故事检测表**

（1）故事在哪里发生？为什么会发生？交代清楚背景，但无关的细节可以删去。（时间、地点）

（2）主人公是一个什么样的人？他内心真正想的是什么？他真正想过的生活是怎样的？他了解他自己吗？（人物设置）

（3）是什么事件让主人公改变自己，不得不行动？（激励事件）

（4）他要怎么做才能改变处境？（人物确立目标）

（5）他为达到目标，开始做什么准备？哪些是他自己具备但是不愿意使用的？（开始行动）

（6）他的对手为什么这么做？为什么在对手看来，这么做也是合理的？（设置人物对立面，形成冲突）

（7）发生的这些，对他意味着什么？他的思想、情感发生了触动吗？（"三线"联动）

（8）他愿不愿意去做？他觉得还有其他方法吗？（把人物逼入极端故事情境，唯一的选择）

(9) 他是在什么情况下做出决定的？（阻碍—克服阻碍）

(10) 目标达成之后，他的生活、情感、价值观发生了什么样的变化？还能回到从前吗？（变化，故事完成）

【工坊活动】

（1）根据以上所讲内容，进一步修改自己改编的影视故事梗概，发到小组群里。

（2）小组分享。

※ 阅读与写作训练

观看电影《十面埋伏》，并写出 2000 字左右的故事梗概，发到小组群里，下节课请学生讲述故事梗概。

要求：

① 故事要素齐全。把故事的背景、起因、发展、高潮、结局讲清楚，把三线（行动线、情感线、思想线）讲清楚；既要完整，又要跌宕起伏，突出核心东西。

② 从主人公的视角来写。

③ 按照时间顺序来写。

④ 沿着主人公行动的线索来写，梳理逻辑关系。

第三单元
剧本故事写作

单元导入

◆ 剧本是用画面讲故事

我们说故事是事件,但事件有多种呈现方式。比如,说书是口头讲故事;小说是用文字(包括网络文字等)写故事;而小品、影视,则是演员或影像表演故事。它们的故事讲述方式各不相同,影视剧本也是用文字讲故事,但是为演员或影像表演服务,最终呈现为画面。

小说是讲述故事的一种文体,影视剧本也有着自己特有的故事讲述方式,呈现出故事情境化、故事行动化、故事场景化、故事对白化等特征。

麦基说,有好故事就可能有一部好影片,如果故事不能成立,那么影片必将是灾难。事实上,一个手法精巧而对白粗劣或描写枯燥的故事,的确非常罕见。更多的情形是,故事手法越精巧,形象则越生动,对白也越敏锐。然而,故事进展过程的缺乏、虚假的动机、累赘的人物、空洞的潜台词、处处有漏洞的情节以及其他类似的故事问题,是造成平淡乏味的文本的根本原因。因此,要写好电影剧本,首要的要求就是要讲好故事[①]。

本单元重点讲述剧本故事的写作技巧,从创意阅读切入,通过

---

① 麦基.故事:材质、结构、风格和银幕剧作的原理[M].周铁东,译.北京:中国电影出版社,2001:23.

解读电影文本,来分析电影故事的要素、结构与节奏,进而归纳出类型电影故事的结构特点——"九步结构法"。然后,遵循"从文本入,从文本出"的原则,运用"九步结构法"来仿写一个类型电影故事,从而建立写作的经验。

第七堂课
小品是用来演的故事

对于剧本创作的学习而言,小品既具备了戏剧的基本要素,同时又相对简单。小品因其"小",是最容易掌握的,是剧本写作入门的最佳进阶方式。而且,小品作为一种艺术样式,有着广泛的接受空间与便利的实践机会。故我们先来谈戏剧小品的写作。

◆ 何谓戏剧小品?

戏剧小品简称小品,是戏剧文艺特有的一种简短的样式,主要用画面来讲小篇幅的故事,或者演员现场演故事,一般时长为10—20分钟。

小品必须有一个核心问题,核心问题是小品创作的关键,也是观众关注的焦点。冲突都是围绕核心问题而引发并展开的,主题则通过核心问题的解决而呈现。小品的结构一般分为起、承、转、合四个部分,分别对应着核心问题的提出、加强、激化、解决四个阶段。

【工坊复盘】

师:今天我们再学习一种讲故事的方式——演故事。是不是想怎么演就怎么演呢?

生:不是,需要有用于表演的文字、剧本,告诉演员怎么使用语言、动作、肢体去演故事。

师:今天我们就来学习戏剧小品的写作。用于阅读的和用于表演的文字有何不同？

比如《百年孤独》《追忆似水年华》属于意识流，不好表演；而《一九四二》中，"逃荒的队伍漫山遍野"不好表演，哪怕成千上万，也不好表演；思绪到了天堂，到了地狱，都不好表演。大家发现没有，鲁迅的小说就很难改编成电影，比如他的《伤逝》，就很难改编，通篇都是回忆、忏悔、抒情，人物坐在那里一动不动，没有行动，演员怎么表演呢？

回顾一下你看过的小品，比如《不差钱》《超生游击队》《警察和小偷》《想跳就跳》《卖拐》《小崔说事》《网购奇遇》《吃面》等（或者课堂上播放小品《不差钱》），小组讨论：小品最突出的特点是什么？

生：逗笑，是小品最突出的特点。

师：也就是喜剧性，或者说戏剧性，这种喜剧性/戏剧性是如何体现的呢？有哪些技巧？

老师在学生充分讨论的基础上归纳：

（1）通过对立人物的巧妙设置；

（2）通过人物夸张的动作；

（3）通过有特色的台词；

（4）故意制造误会、巧合与冲突；

（5）故意隐藏秘密；

（6）通过道具的使用；

……

◆ 小品的文体特征

1. 形式特点

（1）主要人物：2—3人；

(2) 时长：10—20分钟；

(3) 戏剧性/喜剧性强；

(4) 题材：平民化、时代感强；

(5) 结构：6—10个场面。

【敲黑板】何谓戏剧场面？

戏剧场面是人物在特定的戏剧情景中进行活动所构成的相对独立的段落，它是戏剧构造中最基本的时空单位，也是戏剧情节的基本组成单位。戏剧小品大多由6个场面组成，鲜有超过10个场面的。这些场面数量虽少，但互为因果，自成起讫，具有独立整一性。孙祖平认为，戏剧场面可以分为以下四种：

(1) 必须场面（对抗）：一种正反对立的命题，情节拥有实质性的对抗，冲突处于紧张、危机和转折时刻，展现主要剧情。

(2) 过渡场面（铺垫）：一种单向说明的命题，场面不具有实质性的对抗，主要起介绍、交代作用，酝酿矛盾，为对抗作铺垫。

(3) 高潮场面（转折）：具有转折意义的必须场面，起到爆发的作用。

(4) 升华场面（和谐）：一种诗意的命题。它的表象类似过渡场面，但不起介绍、交代作用，主要表现冲突后的和谐，使情感与意念得到升华。[①]

必须场面是小品构造中不可或缺的，体现冲突与对抗，每个必须场面都推进了剧情；过渡场面是对矛盾的铺垫，也是常见的，但在小品构造中要尽量减省，力争扩展剧情容量，加快小品节奏，从而避免冗余、拖沓；因小品形制小，展开不够，故小品构造中的高潮

---

① 参见孙祖平.戏剧小品剧作教程[M].上海：上海人民出版社，2019：38-40.

场面往往是发育不饱满、表现不明显的,通常被当作必须场面来对待;升华场面在需要的时候才会出现,体现主题。四种场面中,最主要的场面是必须场面,甚至有的小品全是由必须场面构成的,例如《姐夫与小舅子》《主角与配角》等。总之,小品编创须精心设计必须场面,精化控制过渡场面,想方设法将过渡场面改造或转化为必须场面,从而使得小品剧作结构精炼不松散、节奏畅快不疲沓。

2. 内容特点

小品要讲一件事,提出核心问题,激化冲突,最终解决问题,因此要求具备以下特点:

(1)动作性强。比如《吃面》《胡椒粉》,都侧重表现人物的动作。运用及物动词,人物知道自己干什么(行动目标),并付诸行动。潘长江、蔡明主演的小品《网购奇遇》,讲了一个"消差评"的故事;还有《想跳就跳》,讲的是两位退休老人"跳舞"的故事;黄宏、宋丹丹演的《超生游击队》,讲的是"超生"的故事。这些故事都有一个核心行动。

(2)戏剧性强。小品都须建立起对立关系,也就是矛盾对立的双方。这种对立要么是身份的对立,比如《姐夫与小舅子》,两人既是亲戚,又是警察与小偷的对立关系;要么是思想的对立,比如《想跳就跳》;要么是行动的对立,比如《卖拐》。矛盾冲突的双方互不相让,一步步激化冲突。《网购奇遇》中,潘长江扮演的小豆包开了一家网店,刚开业的第一笔单子就被蔡明扮演的大漂亮给打了个差评。一方强烈要求消差评,一方坚决不消,故事由此往前发展。

戏剧性还表现在"制造误会——解除误会"的结构模式上,比如赵本山、范伟、高秀敏表演的《送水工》,一位靠替人洗衣服供儿子(范伟扮演)出国留学读书的母亲(高秀敏扮演),雇一位送水工(赵本山扮演)"扮爹",欺骗回国探亲的儿子,想让儿子对母亲放心,安心读书。赵本山到最后不得不说明真相后,误会解除,故事结束。

(3)创设戏剧情境。所谓戏剧情境是指一种"有定性的环境和情况",正如黑格尔所言,戏剧情境能"分裂"并"见出冲突",因此,这种"有定性"是促使人物进行行动选择的推动力,是戏剧冲突爆发和发展的契机,也是戏剧情节的基础。

戏剧情境的三要素是特定的人物关系、人物活动的具体时空环境和激励事件。

需要指出的是,三要素的地位并不是均衡的,正如狄德罗所言,人物关系是戏剧情境的基础,它在三要素中最重要,时空环境与激励事件围绕着它而设置。为了使戏剧情境的张力更强,人物关系通常都不是单一的,而是多重关系纠结在一起的。比如小品《姐夫与小舅子》中陈、朱二人的角色既是警察和小偷(执法者与犯罪嫌疑人)的关系,又是未来姐夫与未来小舅子(亲缘即将缔结,执法有所顾忌)的关系,围绕法与情这一对矛盾关系展开,自然有好戏。

当然,情境中的时空环境与激励事件也是不可忽视的,否则情境张力会受损。比如小品《当务之急》中,干部内急之际(时间)、别处已无可上之厕所(空间)、厕所管理员大妈要闭厕(激励事件),这些要素共同作用于人物关系,戏剧情境最终才得以构建生成。

(4)人物对话推动行动,即语言动作化。

《不差钱》中,赵本山与小沈阳有这样一段对话:

赵本山:一会客人到了,你一定要给足我面子;我点菜的时候,你要给我兜着点。

小沈阳:咋兜啊?

赵本山：既把面子给了，但是又不能花得太狠。就是我要点贵菜——

小沈阳：我就说没有呗？

赵本山：哎呀妈呀，你太明白了。再给你三十。

小沈阳：我给你兜明白的，放心吧。

两人这段对话就富有动作性，由于老汉（赵本山饰演）请客没带钱，就跟饭店服务员计划在点菜时演一场双簧戏。透过这段对话，可以感受到老汉的要面子和狡黠的世故。同时，它对此后剧情的发展也产生影响：当毕福剑点菜的时候，他俩忽而配合、忽而露馅的表演，增强了故事的戏剧性。

3. 语言特点

小品语言除了动作化，还有口语化、个性化、幽默风趣等特点。回顾历年春晚，可以发现这样一个有趣的现象：几乎每年都有小品中的台词成为流行语，例如 2009 年《不差钱》中的"这个可以有"和"这个真没有"，2002 年《卖车》中的"忽悠，接着忽悠"，1989 年《英雄母亲的一天》中的"司马缸砸光"等。

小品语言也需要创造"奇观"，因此，对立双方的语言最明显的特点就是——不好好说话。小品语言不同于日常语言，人物没有好好说话的，都是以吵架的方式来对话，故意引起误会，刺激对方，在对话中展示人物性格。

比如潘长江、蔡明的小品《网购奇遇》：

潘长江：我还唱歌呢。

蔡明：你那歌唱的，跟吃了塑料袋似的。

潘长江：我跳霹雳舞也挣钱哪！

蔡明：你那霹雳舞跳的，离远了一看，还以为衣服架子疯了呢！

另外,小品语言通常借用类似相声制造包袱的手段,把语段分成一个或几个"大—小"否定结构,"大构成"在前,通常由较多的语句构成,句式较长,摆开架势作铺垫;"小构成"在后,通常只一句话,用以对前面的内容进行否定,简单明了却出乎意料,仿佛不经意间釜底抽薪。大小构成之间差距拉得越大,张力越大,戏剧性效果越好!比如赵丽蓉、巩汉林的小品《打工奇遇》:

巩汉林:宫廷玉液酒。

赵丽蓉:一百八一杯。

巩汉林:这酒怎么样?

赵丽蓉:听我给你吹——一杯你开胃,二杯你肾不亏……

巩汉林:这酒真是美呀!

赵丽蓉:其实就是二锅头,兑的那个白开水!

需要指出的是,这一结构虽然能带来笑声,但如果单是为了逗笑而设的话,那又会流于肤浅,因此这一结构在笑的背后,通常还有更深的揭示意义。《打工奇遇》并不只是为了引人发笑,还揭示了商家用假冒伪劣产品欺骗顾客,挣昧良心的"黑心钱"的不法行为。

小品语言还有一个特点,就是隐含潜台词。比如《不差钱》中的"这个可以有""这个真没有",只有两个人明白话语中的真正含义。

另外,小品语言通常使用上口段子。上口段子即俗谓之顺口溜,在相声中则称为贯口,它类似于诗,但又更为通俗。它在文字使用上较为简洁凝练,可大大缩减戏剧的"叙事"过程,有直奔主题之便;在韵律表现上押韵上口,富于韵律美;在效果上通常能带来逗笑之趣,具有较好的剧场效果。在大型戏剧和影视剧作中,并不注重使用上口段子,但在戏剧小品中尤为注重并善于运用。例如,小品《装修》开篇的上口段子——"鸡年大吉我买了新房,买了新房我装修忙。装修的程序都一样,家家户户先砸墙",无须步步铺陈即可取得"开题"之效果。又如小品《相亲》中的上口段子——"兴他们年轻人亲亲热热,又搂又抱,老年人就得干靠",寥寥数语即塑造出一个渴望温暖情感的老鳏夫的形象,表达老鳏夫备受压抑的情绪。还有《网购奇遇》中,小豆包让大漂亮念一段话澄清差评:"我是买家王铁塔,近日错把差评打,分不清楚紫和黄,只因我是大色盲。"蔡明念完这几句话,本来打算消掉的差评,又坚决不消了,这段顺口溜同时推动了情节发展。

◆ 戏剧小品的故事要素
【工坊复盘】

师:小品是故事,故事是事件。请一名同学梳理一下小品《不差钱》的主要故事事件。

生:

(1)赵本山在铁岭最贵的饭店为了孙女丫蛋上《星光大道》而请主持人毕福剑吃饭,却忘记带钱。

(2)赵本山用小费收买饭店服务员小沈阳,点菜时为他兜着点。小沈阳勉为其难,但看赵本山请自己的偶像吃饭还这么抠门,忍不住奉劝他不要太在乎钱。

(3)赵本山用自带的鸡和蛋招待毕福剑,并为孙女上《星光大道》跟毕福剑拉关系,说丫蛋的姥爷也姓毕。丫蛋唱歌,得到毕福剑夸奖。

(4)小沈阳一看机会难得,也要展示才艺,他也想上《星光大道》。赵本山不让,他就要把赵本山没钱请客的事说出来。

(5) 于是,小沈阳自报身世,说自己的命运其实和丫蛋是一样的,也有一个姓毕的姥爷。

(6) 小沈阳表演模仿秀极为精彩,毕福剑方得知,他原来就是文化站站长赵铁柱给推荐的小沈阳。他这次来莲花县,就是专为找他的,明天就要带他去北京上《星光大道》。

(7) 赵本山一看小沈阳要上《星光大道》,急了,他告诉毕福剑,网上那个点击率很高的"丫蛋",就是自己的孙女。

(8) 毕福剑一听非常高兴,他早就听说过丫蛋的名字,于是,这顿饭他请客,让丫蛋和小沈阳明天一起上《星光大道》,搞一个组合就叫作"不差钱"。

(9) 赵本山一看小沈阳和丫蛋都能上《星光大道》了,就让毕福剑把自己也一起收了算了。他告诉毕福剑一个秘密:"其实,我姥爷也姓毕。"

师:故事的主人公是谁?

生:赵本山。

师:根据以上对小品《不差钱》事件的梳理,我们进一步沿着主人公"行动"的线索,来分析一下小品故事的结构。

(1) 故事目标:赵本山帮孙女丫蛋上《星光大道》。(困难)

(2) 开始行动:赵本山趁儿子(莲花县文化站长赵铁柱)邀请《星光大道》主持人毕福剑来莲花乡的机会,半道在铁岭截住毕福剑,想在高档饭店请毕福剑吃饭,搞定此事。(克服困难)

(3) 第一次行动/反行动:赵本山请客,却忘记带钱。赵本山用小费收买饭店服务员小沈阳,让他配合自己在毕福剑面前演一场戏,既把客请了,又不用花钱。小沈阳勉为其难答应了。(困

境—克服困境)

(4) 第二次行动/反行动：赵本山与毕福剑拉关系，让孙女唱歌，得到毕福剑夸奖。小沈阳一看这么轻松就能上《星光大道》，他也要求唱歌。(节外生枝，转折)

(5) 第三次行动/反行动：毕福剑发现小沈阳就是自己此行要找的人，让小沈阳明天跟自己去北京上《星光大道》。赵本山急了，说网上点击率很高的"丫蛋"，就是自己的孙女。毕福剑大喜，让丫蛋与小沈阳一起上《星光大道》。(困境—脱离困境)

(6) 故事结局：主人公的行动目标实现。

【工坊讨论】

戏剧小品中，故事矛盾怎么解决？

我们发现，小品自始至终充满必须场面，双方不是在对抗中，就是在为对抗作铺垫，处处充满矛盾冲突。那么，小品故事中的矛盾冲突最终如何解决呢？我们发现，小品一般是通过第三方的出场来解决矛盾冲突的。

比如《想跳就跳》中，潘长江想要跳舞，蔡明想要清静，双方相持不下，潘长江跳舞时，蔡明各种捣乱。结果，潘长江接了舞蹈队长(第三方)的一个电话，被告知"如果找不到舞伴，坚决不吸收潘长江加入舞蹈队"。这时，蔡明的态度来了180度转变，跟潘长江站在了一条战线上，自愿当潘长江的舞伴，并且把舞蹈队长给炒了，两人的矛盾得以解决。

又比如《不差钱》中，赵本山想在高档饭店请老毕吃饭，但是没有带钱；小沈阳扮演的饭店服务员不允许打白条，两人形成矛盾。后来，老毕(第三方)出现，老毕一方面作为小沈阳的偶像，另一方面作为赵本山请的客人，如此，"无钱而能请客"事件达成，之前的矛盾自动解决；而后进入新一轮矛盾：丫蛋和小沈阳都想上《星光大道》，形成竞争关系，后来，又是老毕（第三方）解决：同意两人同时上节目。

《网购奇遇》也是如此，开网店的小豆包强烈要求消差评，大漂亮坚决不消，后来，高燚燚（第三方）出现，说模特队网购的八套衣服刚送到，明明订的L号，结果全部都是XXXL号的，还有半个小时就比赛了……真是火上浇油，加深了网店与顾客之间的矛盾。最后，又是高燚燚（第三方）出现，说服装问题都解决了，有一个阿姨送来了八套特别漂亮的L号礼服，矛盾得以解决。

需要注意的一点是，如果没有出现第三方，就像陈佩斯和朱时茂的小品，只有两个人物，没有第三方出场，如《胡椒面》《羊肉串》《姐夫与小舅子》等，则矛盾一直没有得到解决。有时候，是主人公思想变化了，放弃了行动目标，如《吃面条》，陈佩斯由"想出名"，最后变成"不想出名"了，矛盾自然消失。

※ **课堂写作练习**

故事背景：小女儿带男朋友回家，男朋友准备求婚，但是，爸爸、妈妈、姐姐态度不一，求婚能否成功？[①]

据此故事背景，三个工坊小组分别从三个角度（女儿与男朋友的角度、爸爸妈妈的角度、姐姐的角度）现场编写小品，写出三个小品剧本，分别达成以下三种结局：

第一小组：男朋友求婚成功。

第二小组：爸爸妈妈反对成功。

第三小组：姐姐成功抢戏。

---

① 参见葛红兵,许道军.创意写作教程[M].北京：高等教育出版社,2017：128.

要求：

① 是喜剧，不要写成悲剧。

② 结尾要出乎意料。

③ 人物都有前传，只需要小小事件就能引爆，故事就可以往前走。

④ 每个人物发言的时候，一定要注意，语言要能引起其他人更激烈的反应，要把这个戏推进下去，要把别人往极端里逼。

三个工坊小组合作，编写剧本，在教师指导下，修改、完善剧本，并分角色排练剧本，准备表演。

【工坊活动】小品表演

三个小组分别表演自创戏剧小品。

第一小组：穷女婿上位。

第二小组：渣女婿现形。

第三小组：假女婿成真。

【学生作品展示】

求　　婚

（第一小组）

佳佳带着男朋友宋刚来到自己的家见父母，宋刚在当地的警察局工作，收入不低，工作待遇也很好。宋刚和佳佳认识了很长时间，宋刚已经带着佳佳见过了自己的父母，自己的父母对佳佳非常满意，所以现在佳佳带着宋刚来到自己的家，一方面是让家里人见见宋刚，另一方面是因为此次见家长，具有重大意义。

佳佳：小刚啊，一会到了我家见我爸妈，你可得会来事啊，就我爸那个臭脾气，你一句话说得不好，我爸可就毛了，就让你滚蛋。

宋刚：（小声嘀咕）叔叔阿姨你好,我是宋刚,我月薪五千五,我有车有房,我……

佳佳：宋刚你搁那嘀咕啥呢,我跟你说的你听着没！（扭耳朵）

宋刚：哎呀,你把手拿下来,我知道啦,你爸是退休老干部是吧,每天没人支使脾气大,哎呀知道知道。

佳佳：你可得好好表现,咱们这么多年就差这临门一脚啦,你说你这可咋整啊！

宋刚：哎呀,好啦好啦,我知道,放心,放心哈！

门开,佳佳父母出来迎接。

宋刚：您就是佳佳的爸爸吧,叔叔好！（向佳佳的父亲鞠躬）那您一定是佳佳的姐姐了,姐姐好！（向佳佳的妈妈鞠躬）那个,阿姨呢？

佳佳拉宋刚,佳佳的妈偷笑。

佳佳：（焦急）那是我妈！

佳佳爸：行啦,别贫啦！你就是宋刚吧,来来,进来坐坐吧。

四人进屋。

佳佳爸：你们俩先坐。（拉着佳佳妈进里屋）

佳佳妈：你拉我干什么玩意儿,人孩子还搁那等着呢！

佳佳爸：孩子他妈,佳佳领来的这个小孩来路不明啊！

佳佳妈：你说嘛呢？人家哪是佳佳领来的小孩,人家是来领佳佳走滴,这都没整明白,你可真行！

佳佳爸：我先不跟你掰扯这个,我说的是这个宋刚不知道什么来路,上次我还见这个小子进局子里了,穿着个号服。

佳佳妈：真的？

佳佳爸：那还有假？

佳佳妈：这可咋整啊？老头子！你可不能让这样的人娶到咱闺女！

佳佳爸：放心，一会看我的！

佳佳爸、妈出。

佳佳妈：你们爷仨先聊着，我去给你们弄吃的去。

佳佳：妈，我来帮你。（给宋刚使眼色）

佳佳爸：小伙子，你是干啥的？

宋刚：我在劳改所干。（尴尬地笑）

佳佳爸抬头看看宋刚，对宋刚笑笑，宋刚也笑回去。

佳佳爸：你们那待遇怎么样啊？

宋刚：还行，比以前在监狱的时候好多了，现在就除了每天干活累一点，其他都还不错。

佳佳爸：你还待过监狱？

宋刚：是啊，那不是上次犯了点事，让他们给我弄进去了，其实在那边还好。上回我还让弄法院去了，不就因为我……我不是控制不了自己嘛！

佳佳爸：你上法院干啥呢？

宋刚：那当然是人家起诉我嘛！

佳佳爸：好嘛！

宋刚：这还不止，以前还去过交警队，哎，那里也不好过啊。

佳佳爸：那你还是个多面手啊，啥事都犯啊。

宋刚：哎，叔，这哪是啥事都犯啊，这顶多是啥活都干。（面向观众）你们说是不是啊？

佳佳爸：你和佳佳认识多久了？有没有那个？

宋刚：认识两年多了，那个……（娇羞）那个了。

佳佳爸：真那个了？

宋刚：真那个了。

佳佳爸：啊？这可咋整？

宋刚：咋啦叔？

佳佳爸：孩子他妈，你别忙活了，快出来吧。

佳佳妈和佳佳从厨房出来。

佳佳爸：宋刚，我觉得我闺女和你不合适，你俩分手吧。

佳佳妈：老头子，你？（看向佳佳爸）

佳佳爸：嗯，我都问清楚了。

宋刚：怎么回事啊？叔，我还有很多没交代呢！

佳佳爸：你还有没交代的？天哪！

佳佳：为啥啊爸？宋刚人很好的。

佳佳爸：你可别说了，你一点都不自爱，这都什么人啊？你跟他在一起！

佳佳：爸，我怎么，我跟宋刚在一起怎么了？你一点都不关心我，你就知道发号施令。

佳佳爸：（对佳佳）你别说了。（对宋刚）宋刚，你走吧，我不想看见你！佳佳，你给我过来。（上前拉佳佳）

门开，佳佳的姐姐丽丽和姐夫小吴回家。

小吴：爸、妈，这是怎么回事啊？宋哥，佳佳终于带你来了。

丽丽：（上前去拉住宋刚的手）你终于来我们家了，我还以为你不敢来呢。

佳佳爸：丽丽，你给我撒开。

丽丽：咋啦，宋刚人很好啊。

佳佳爸：好啥好，犯那么多事，小吴你也认识他？他归你管？

小吴：宋哥是我的队长啊，哪轮得到我管他？（笑）

佳佳爸：他不是一直犯事吗？

小吴：犯啥事啊爸，宋哥就是平时太正直了，经常被领导排挤，到处调单位，也不能说是犯事啊，再说了，我觉得那些事不怨宋哥。

佳佳爸：等等，都给我整蒙了。

丽丽：宋刚是我警校的师哥，现在和小吴一个单位，还是小吴的上司。你爷俩在这干啥呢？尅尅呛呛的。

佳佳爸：别慌，让我捋一捋。（低头思考，然后抬头）这么说宋刚还是个警察？

宋刚：可不就是嘛。（哭笑不得）

佳佳爸：那你刚刚咋跟我说你一会进劳改所，一会进法院的。

宋刚：哎，还不是因为我看不惯某些领导的工作作风，顶撞他们，所以我的工作单位才来回调动，这不是被人家整了嘛！（哭笑不得）

佳佳：是啊爸，宋刚这个人就是直了点，其实人挺好的。

佳佳爸：嗨，这都是误会。可是宋刚，你俩还没结婚，你怎么就那个佳佳了，你这是对佳佳不负责，要是出了人命，哎，你俩可咋办？这是原则问题！

宋刚：叔，我就牵牵佳佳的手，出不了什么人命吧？（尴尬，看佳佳）

佳佳低头，羞涩。

佳佳爸：你说的那个就是牵牵手？

宋刚：昂，不然呢？

佳佳爸：错啦，错啦！你说你这孩子，你也忒憨了吧！

佳佳：爸，宋刚就是这样。你看，我们俩房买好了，车也买好了,就等爸你同意了!

佳佳爸:好好,我同意。正好小吴也来了,今天我就下厨,给你们做几个好菜。

五人应。

宋刚:哎,叔,我也来帮你。

丽丽:傻师哥,快叫爸。

宋刚:对对,爸!(跑向台下)

四人谢幕。

【点评】

这个小品模仿了陈佩斯和朱时茂表演的《警察与小偷》创作方法——制造误会。人物对话有潜台词,从而营造了"误会",整个小品就是"产生误会—误会被解除"的过程,而且是接连设置误会。这是第一个亮点。这个小品创作的第二个亮点,在于用"巧合"解决佳佳爸与宋刚之间的矛盾:佳佳的姐姐是宋刚的师妹,而姐夫小吴则是宋刚的手下,从而误会自动解除。这样的逆转充满了戏剧性,体现了小品"逗笑"的特点。

【工坊活动】

小品是用来演的,剧本好不好,一演就知道。三个小组通过表演,发现问题。通过教师和其他小组的点评,小组讨论,提出进一步修改意见。

小品故事检测要点:

1. 是否设置了戏剧化场景与冲突

冲突要激烈:把人物逼入极端故事情境,集中反映矛盾冲突。戏剧舞台受时间、空间的限制,要求剧本集中反映生活中的矛盾冲突,并使之达到剧烈程度。矛盾冲突不集中、不剧烈,剧情的发展必然会缓慢。矛盾冲突的集中展开也为人物展示性格提供了充分条件。戏剧的表演性也要求以剧烈的冲突吸引观众的审美注意力。现实生活的种种矛盾在戏剧中被集中强化反映，包括人物与环境之间、人物之间的矛盾，以及人物性格内在的矛盾，或者，自身动机与行为之间的冲突，以及外在冲突与内在冲突等。

2. 人物是否自己表现自己

小品故事动作性要强，明确"我"要做什么。小品故事和戏剧影视故事不允许编剧、导演出面，一般不能有叙述人的言语，只能靠人物自身的言语塑造形象。因此，人物必须通过自己的行动和语言来表现自己，故事要个性化、动作化和可视化。内心语言也要通过动作和画面来展示。比如，如何表现人物性格？在小说里或其他纸媒文学故事中，作家可以直接列举这些形容词："内敛""孤僻""害羞""强势""偏执"，等等，但在影视故事里，这种描述于事无补。"十个形容词，都抵不上一个准确的人物反应"，小品必须通过人物的行动来表现，即"他此时会怎么做"来表现人物，推进情节。用一个最简单的公式表示：人物性格＝角色在每一个情境下的反应累加①，即"动作即性格"。

3. 是否提炼出戏剧性

任何故事都有戏剧性，但是戏剧、影视故事不仅要拥有戏剧性，更要突出戏剧性，故事情节围绕"戏剧性"展开。相对于诗歌、小说，影视更接近"大众文化工业"产品。产业属性和载体属性要求它更通俗、更有趣、更有"看点"。

---

① 功夫查理.一个新人的编剧笔记：《星际穿越》的野心和代价[EB/OL].http://mp.weixin.qq.com/s?_biz=MjM5NjE5Mzg0Mg==&mid=201945759&idx=2&sn=732648e2215c3afdeec54201e589a379&scene=2&from=timeline&isappinstalled=0#rd.

小品故事情节要能够持久打动观众，多用必须场面。从情节到语言要有趣，与喜剧性相连，问题激烈，但解决问题的方式要善于用巧合，以突出戏剧性。比如《求婚》这个小品，第二小组的设计是，男友是爸妈当年定下的娃娃亲。对于娃娃亲，爸爸本来就不安，想找个台阶下，两人正好提供了一个台阶，由此突出了戏剧性。

4. 矛盾是否集中

小品要强化矛盾，甚至用制造误会的手段来加强人物行动的矛盾冲突。小品不像小说，有的小说采用舒缓的语言弱化了矛盾，致使矛盾很和缓。但是仔细一想，故事本身其实很揪心，比如沈从文的《边城》。

5. 台词的特点是否突出

台词要有行动性、个性化、口语化，幽默风趣，故意引起误会、激发矛盾，隐含潜台词，充满智慧，让观众回味。

※ 阅读与写作训练

根据课堂表演凸显出来的问题和工坊讨论，课后进一步修改、提升小品剧本，然后发到小组微信群。

第八堂课
电影如何讲故事？

电影剧本最核心的部分就是故事，每一部成功的电影，都有一个精彩的故事。因此，我们这堂课通过阅读分析《十面埋伏》这部电影，看它是如何讲故事的，进而学习电影剧本怎么写。

有人说，《十面埋伏》豆瓣得分才 6 分，为什么要选择这部电影呢？就是因为它简单，容易上手。人物少，且有对立面，主人公行动线清晰，故事有变化，适合学生通过它学习讲故事的技巧。

◆ **《十面埋伏》如何讲故事？**

下面我们从五个方面来探讨电影《十面埋伏》。

第一个方面是故事梗概。我们要把电影重新捋一捋，按照时间顺序调整一下，把人物关系理清楚，让故事毫无悬念地往前走。在做故事梗概的时候，故事要素在最前面，时间、地点、人物、世界观、价值观、行动、过程、结果都要说清楚。任何一个故事都可以用无数的角度去叙述，故事梗概一般要从主人公的角度去讲。同时，要按照时间的顺序，不要倒装，不要悬念，它强调的是逻辑关系。在电影《十面埋伏》中，一直到计划完全失败的时候，我们才知道金捕头是陷入了十面埋伏，但是在做故事梗概的时候，你要先讲清楚小妹、金捕头、刘捕头、大姐他们之间的关系，故事设置了一个什么样的行动，等等。

【检查预习】

课前已经布置同学们观看电影《十面埋伏》,并写出 2 000 字左右的故事梗概。下面我想请一名同学把故事情节完整地复述一下。

要求:

① 故事要素齐全。把故事的背景、起因、发展、高潮、结果讲清楚,把三线(行动线、情感线、思想线)讲清楚;既要完整,又要跌宕起伏,突出核心的东西。

② 从主人公的视角来讲述。

③ 按照时间顺序来讲述。

④ 沿着人物"行动"的线索,符合逻辑关系。

故事梗概

唐大中十三年,皇帝昏庸,朝廷腐败,民间涌现不少反官府的组织,其中以飞刀门的势力最大。飞刀门总部设在靠近都城长安的奉天县境内,朝廷深以为患,遂严令奉天县加以剿灭。飞刀门帮主柳云飞虽在与奉天县官兵的战斗中牺牲,但在新任帮主领导之下,飞刀门的势头不减反增。奉天县两大捕头刘捕头、金捕头奉命于十日之内,将飞刀门新任帮主缉拿归案。刘捕头怀疑新店牡丹坊的歌妓小妹是飞刀门前帮主柳云飞的女儿,于是用计将她拿下,押入天牢。两人并再度设下圈套:由金捕头化名随风大侠,乘夜劫狱,救出小妹;借此骗取小妹的信任,查出飞刀门的巢穴,以便一举剿灭。金捕头依计救走小妹。按照计划,奉天县派出追兵追杀,遭金捕头杀退。逃亡路上,随风对小妹呵护备至,小妹不禁对他渐生情愫;而随风与小妹朝夕相对,亦被她的出尘气质深深吸引。星月之夜,两人终究按捺不住,狂烈恋火,眼看一发不可收拾。但在关键时候,小妹把持住自己,金捕头怅然若失。金、刘二捕头按照约定碰头。刘捕头告诉金捕头,以后没有追兵了,但是他已经看出金捕头开始动情,警告他不要假戏真做,否则后果不堪设想,金捕头对刘捕头的警告不以为然。金捕头与小妹在花海停留,享受美好时光,这时官府追兵突然杀出。金捕头泄露身份,告知自己正在执行任务,但是追兵毫不留情,万分危急时有人(刘捕头)暗中相救。一场生死劫后,小妹对金捕头的信任加深,情不自已,主动迎合,然而此时,金捕头惊魂未定,拒绝了小妹。晚上,与刘捕头见面时,金捕头质问追兵为何真杀,刘捕头告知真相:由于事关重大,他已经将卧底计划上报了州府,州府总捕头高度重视,另派出精锐盾牌军驰援,准备一举清剿飞刀门。为逼出飞刀门,追兵要对小妹、金捕头实行无差别追杀,在这个计划中,所有人都是棋子。金捕头万分沮丧,感觉被组织抛弃。刘捕头将自己的箭袋给了金捕头,希望金捕头好自为之,但金捕头不愿对自己兄弟拔刀相向,拒绝了好意。金捕头回到小妹身边,小妹追问他刚才去哪里了,金捕头支吾过去。小妹追问金捕头对她是否出自真心。金捕头否认,说自己本来就是"随处风流"之人,不会对任何人产生真心,也不会为任何人停留。小妹失望之极,独自离开,两人分手。小妹北上来到竹林,遭遇追杀,危急时刻金捕头到来,但旋即被困。两人患难见真情,十指相扣。此时飞刀门现身,杀尽追兵,救出金捕头与小妹。飞刀门新任掌门"大姐"原来就是牡丹坊的阿母,大姐做主,要将小妹许配给金捕头,金捕头已然陷入(随处风流之大侠与动真心)感情与(捕快与加入飞刀门)身份的纠葛中,恍惚之间,大姐翻脸。一同遭擒的还有刘捕头,计划完全失败。更令他吃惊的是,小妹竟然不是盲人。小妹告诉金捕头,她是飞刀门众多小妹中的一员,只不过冒充柳云飞帮主盲女,卧底牡丹坊。大姐宣布要亲自杀掉刘捕头,然而在竹林深处，她割断刘捕头身上的绳索，原来，刘捕头是飞刀门的卧底，屡建奇功，这次正是他与小妹合作，诱歼州府追兵，大振帮威。刘捕头与小妹是情侣，分别三年，他心有戚戚，问大姐为何不考虑他的感受，派小妹卧底。大姐说，小妹执行色诱任务，不是第一次。为安抚刘捕头，她留出机会让两人单独相处。刘捕头与小妹相见，再次玩起了在牡丹坊玩过的"仙人指路"游戏，两情相悦，然而情浓之处，小妹本能排斥。这证实了刘捕头的担忧，他问小妹是不是爱上了金捕头，小妹不语，刘捕头感叹：三年的思念，不抵三天的陪伴。他恼怒之极，警告两人如此没有好结果。他决心用强，然而大姐及时出现，飞刀刺伤刘捕头后背，让他带刀再回县衙卧底。留下飞刀插在背上，一是警告，二是掩护身份。大姐命令小妹杀死金捕头，以绝情缘。小妹带金捕头至花海深处，告知金捕头，上次她独立离开之时，其实已经留了他一条生路，没有想到他会追来。生死之际，两人再难自已，灵肉合一。金捕头邀请小妹一起离开，闯荡天涯，随风自由。大战在即，州府追兵已至，小妹犹豫。金捕头失望离开，但心存希望，一路留恋不舍。小妹最后决心追随金捕头，但刘捕头出现，此时他知晓一切，妒火中烧，飞刀击杀小妹。金捕头回转，发现小妹已重伤垂危。刘捕头发誓，小妹是她所爱，谁要夺去她，他必杀谁；金捕头发誓，小妹也是他所爱，谁杀了小妹，他必杀谁。兄弟两人，以命相搏。决战尾声，刘捕头拔出背上的飞刀，准备击杀金捕头。小妹此时醒来，她也拔出胸口的飞刀，鲜血如注。然而，刘捕头的飞刀并未击向金捕头，小妹的飞刀则带着鲜血击中了远处的一株白桦树……

故事要素

时间、地点是前提，还包括主人公、核心事件、核心行动、核心冲突、核心悬念、激励事件、戏剧性、故事核、缝隙、A点,等等,其实不止这些。但我们在分析影视作品时,这些要首先搞清楚。

第一个问题,这个故事的主人公是谁?一种观点认为是小妹,另一种观点认为是金捕头,还有一种观点认为是金捕头和小妹两个人。我们在学习"故事写作"时讲过,主人公只能是人,而且一般是一个人。主人公是一个人,有助于我们沿着主人公的"行动"路线去梳理故事。其他的人物,按照功能划分,要么是对手,要么是帮手,要么是帮凶。那么,究竟谁是主人公呢?如果说故事是一系列事件,那么主人公就是事件的发动者、行动的执行者、行动目标的实现者、故事主题的相关者、问题或阻力的解决者。金捕头和刘捕头他们的目标是什么?是剿灭飞刀门。定下的这个目标需要主人公通过行动去实现,那么,谁来执行"剿灭飞刀门"的行动呢?肯定不是小妹。主人公就是那个明确目标、找到方法、找到帮手、解决帮凶、实现转化的人。我们看,金捕头首先行动,遭遇十面埋伏:他的组织对他无差别追杀,是敌人;兄弟出卖他,也是敌人;小妹、飞刀门都是敌人。因此,这个"十面埋伏",就是针对金捕头而言的。金捕头的卧底就是一个笑话,刘捕头、飞刀门都知道他在干什么,只有他以为自己是卧底,其实早陷入了十面埋伏,他不可能完成任务。这就是我们此前说的:一个不合适的人干了一件不合适的事,因此,这个故事的主人公是金捕头。

核心事件:奉天县刘、金二捕头设计捉拿飞刀门前任帮主女儿小妹入狱,金捕头又装扮随风大侠营救小妹护送其回飞刀门,意图尾随追踪,探寻飞刀门踪迹,将其一举歼灭。然而在执行计划中,金捕头与小妹假戏真做,产生了感情。刘捕头与小妹原是情侣,情急之下,杀死小妹,兄弟两人最后以命相搏。

核心行动：兄弟两人合作执行追踪小妹并歼灭飞刀门的任务。

核心冲突：非常重要，表面是卧底与反卧底，但实质是阴谋与反阴谋，更进一步是阴谋与真情（卧底计划与各种变数）。

核心悬念：表面上是卧底计划能否完成，实际上是阴谋与真情哪方最终战胜对方。

缝隙：行动和执行者之间是有缝隙的。理想很丰满，现实很骨感。金捕头和刘捕头设计了一个完美计划，没想到自己的战友刘捕头却是飞刀门的卧底，计划一开始就是阴谋，行动注定要失败。比如《西游记》这个取经团队也是有缝隙的，如果四个人都像孙悟空那样，都像沙僧那样，沿途就不会发生这么多故事。又比如《投名状》兄弟三人立下生死誓约，但是他们三个人注定可以共患难不能共富贵，因为他们三个人对投名状、对"兄弟"的理解不同，迟早要分开。

脆弱的平衡：牡丹坊与奉天县相安无事，但此时的相安无事是脆弱的。

打破平衡：刘、金二捕头奉命清剿，实施卧底计划。

拐点：州府盾牌军的介入，无差别追杀导致小妹和金捕头都得死。

反转：刘、金二捕头被擒，发现刘捕头是飞刀门卧底，与小妹是情侣。

A点：真心换真情，"三年的思念，不抵三天的陪伴"，强调人性的真相。就像《色戒》一样，在革命和身体之间，不要忽略了身体的重要性。这是人性的真相，不是主题的真相，主题在结局的时候才揭示，这个故事的主题是爱情。

故事的结构

如何把故事要素的纵向、横向都串起来？让趣味、情感、意义形成一个整体？将行动线、情感线、思想线三线合一？如何用场景的方式推进故事发展？要让观众在看电影时，任何时候都舒服，即使紧张、有悬念，也不会不舒服。看好电影的时候，我们虽然紧张，但舒服；看差电影的时候，我们就想快进，这就是动态的平衡没有处理好。

《十面埋伏》故事结构，第一，从纵向考察，即从开头到结尾我们考察的是行动，以及行动如何成为一个事件。第二，从更深的垂直层次的讨论，从题材到意义，也就是说，故事是如何从卧底与反卧底、阴谋与反阴谋抵达人性与真情层次，使主题升华。第三，我们讨论的是从形象到情感，这两拨人无论是官兵还是小妹，都在卧底，都在玩阴谋，那么，怎样让我们喜欢上这些玩阴谋的人呢？这些都要具体落实到行动线、情感线、思想线的三线联动。

先看行动线，从开头到结尾，人物一行动，剧情就会沿着"越来越糟"的趋势向前滑落，主人公越努力，事件越糟糕。行动从困难开始，十天之内要剿灭飞刀门，于是设计卧底跟踪，主人公金捕头慢慢接近目标，慢慢赢得小妹的好感，一切都很顺利。突然出现困境，州府盾牌军介入，实施无差别追杀，这个时候能不能完成目标已经不重要了，重要的是能不能活下来。随后，金捕头逃过自己人和飞刀门的追杀，摆脱困境，本来以为会有转机，但没想到又陷入了绝境，计划完全失败。更让金捕头沮丧的是兄弟与恋人都是卧底，但是否极泰来，发生反转，小妹放走金捕头。故事的主题变了，行动的目标也变了，反转之后问题依然没解决，行动以其他方式展开，反而引发了更大的问题，将矛盾彻底引爆——小妹、金捕头、刘捕头这三个人之间必须有一个了断。就是说，大家都不能再装下去了,而且这个事情不能两全,是一个二选一的题目,怎么办?这个时候人性接管了理性,刘捕头杀小妹,金捕头杀刘捕头。绝境揭示事件真相,高潮揭示人性真相。小妹要杀死刘捕头,可是她的飞刀飞得很诡异,没有射向刘捕头。飞刀既没有飞向金捕头,也没有飞向刘捕头,这里就有很多想象的空间,主题出现了:爱是保护与自我牺牲。

再看情感线,情感线和行动线是一起的。两者相互影响。小妹和金捕头情感的起点是逢场作戏。第一次"相救"之后,金捕头偷看小妹洗澡,情感戏开始,他们相互作戏,金捕头装坏人,小妹装好人。小妹知道金捕头好这一口,她就迎合金捕头,金捕头知道自己的优势,他就充分利用自己的优势。两个人相互配合,相互作戏。金捕头偷看小妹洗澡,猥琐地性侵小妹失败。为什么失败?小妹此时心中有刘捕头,金捕头不像他扮演的随风大侠那么风流,两人都没有动情,标志是不接吻。第一次时间很宽裕,条件很宽松,但是情感融合没有成功。

产生感情。第二次相救,劫后重生,小妹发现无论出自金捕头的人设——随风大侠,还是出自他的外在条件——长得帅,强壮又正直,而且还保护她,都值得去爱。小妹心动了,决定以身相许。第二次以身相许是可能的,第一,在感情上,小妹"心悦之";第二,小妹的身份本身是一个艺妓;第三,小妹长期执行这种任务,不会有很大的心理阻碍。但金捕头没想到自己的组织会出卖他,他心有余悸,感觉戏快演不下去了,会死人的,想退出感情游戏,此时小妹却动了真情。

感情加深。第三次在竹林相救,两人身陷绝境,双方都动了真情,标志是两人十指相扣。前边有一个波折,小妹自己走了,金捕头去追她。小妹的离去传递出她爱金捕头的信息;金捕头去追小妹传递出他爱小妹的信息。走与追是同一种情感的表达。小妹发觉金捕头追上来了,知道他已经爱上她了,两人相爱,但此刻条件不具备了。

感情得到考验。感情的事要用感情来考验。大姐安排小妹与刘捕头单独相见,大姐有自己的考量,她知道刘捕头在感情上很受伤,就给他一次受安抚的机会。小妹还爱刘捕头,心未变,身体却不接纳,哪怕是拥抱,这个时候,感情和爱情得到考验。

身心合一,得出认识。主人公金捕头在被处死之际,小妹救出了金捕头,两人来到花海,身心合一,感情圆满,得出人性的认识——"三年的思念,不抵三天的陪伴"。小妹选择了金捕头而不是刘捕头,但到了这个时候,情感考验没有停止,小妹发现她爱的人和爱她的人以死相拼,她怎么办?没有办法选择,所以她只好选择自我牺牲。从逢场作戏到自我牺牲,爱情升华。

这个故事的主题是爱情,思想线跟爱情线一起变化,认识也在逐步推进。起点:爱是游戏,爱是风流。小妹是风流的,随风大侠金捕头也是风流的,而且努力地展示自己的风流。中间:爱是身心愉悦。他们两人相互取悦对方,小妹以为随风大侠爱风流,所以她洗澡给他看;金捕头以为小妹是一团火,所以他更加积极配合小妹。后来:发现爱不仅如此,爱是共患难、陪伴。最后:爱是灵肉合一,但是还不够,爱是保护与自我牺牲,两个人都不负,不负恩人与恋人。情感线、行动线、思想线是一起的,是联动的。

再看场景线。电影讲故事要讲成本,不能随着小说的线索走,漫山遍野地跑,场景太大。这里有一个经典的例子,拍《一九四二》

的时候,刘震云小说里说逃荒的人群漫山遍野,冯小刚说漫山遍野怎么拍,我要准备多少盒饭,刘震云说要改,逃荒的人群成千上万,还是不行,影视要考虑成本。电影故事是一个场景一个场景地往前走,一个场景解决一个问题,一个场景引发一个问题。

《十面埋伏》第一个场景是在牡丹坊与县衙大牢,两个地方放在一起,是行动开始的准备,设计跟踪,故事开始。第二个场景是在逃亡路上,计划失控,金捕头与小妹产生真情,故事转向。第三个场景在竹林飞刀门驻地,主人公和对手一起陷入绝境,得知真相,故事出现小高潮,开始反转。最后一个场景是在花海,阴谋与爱情的较量,故事结束。

故事节奏

电影讲故事的节奏跟小说讲故事的节奏一样吗?如何开始?如何进展?在什么地方出现拐点?什么地方反转?在什么地方结束?比如电影《让子弹飞》,拐点在什么地方?这一帮土匪,本来聚合是为了发财,但很快目标就变成了报仇。有些故事,本来是为了救人、进攻,结果很快变成了逃亡、逃命。

故事节奏:开始—树立目标—拐点—改变目标—改变关系—小高潮—反转—高潮—结局—伏笔。

《十面埋伏》故事开始,主人公接受任务,剿灭飞刀门;开始之后主人公树立目标,主人公接受任务与其树立目标不一样,目标是具体的。故事什么时候真正开始呢?主人公明白自己要干什么,有很多故事从开始到树立目标进展得很快。主人公的目标一开始是剿灭飞刀门,包括卧底、跟小妹走、杀小妹,目标很具体。但目标很快转向,改变了,刚开始主人公救小妹,是大侠行为,是本性;主人公很快转向爱上小妹,跟小妹走,专救小妹,怕小妹死,主人公的计划从本是要杀死小妹变成救小妹。主人公爱上小妹之后有两种选择,放小妹走,但他没这么做,他选择带小妹走,两人共同逃离阴谋。放小妹走和带小妹走是不一样的:放小妹走,金捕头还处在阴谋之中;带小妹走,两人同时退出阴谋,是真正的爱情战胜阴谋。目标改变,人物关系随之改变:金捕头与小妹在最轻松的时候是敌人,相互试探,都在演戏。然后面对州府追兵时一起逃命,竹林相救,金捕头成为小妹的恩人,小妹放走金捕头报恩;到了花海,他们成为生死恋人,小妹甚至为了自己的敌人殉情;金捕头与刘捕头最初是兄弟,中间刘捕头一直看着金捕头与小妹演戏,最后因为感情关系忍不住跳出来,成为敌人、情敌,发展到最后,他们以死相拼。

小高潮的任务是逼出真相,金、刘二捕头同时被擒,计划完全失败。在失败的时候真相出现,刘捕头是卧底,刘与小妹是情侣。此时出现反转,小妹救了金捕头,产生戏剧性。高潮逼出人性,兄弟、情侣以死相拼。刘捕头杀小妹,从人性上讲是合理的。刘捕头看着自己的女朋友和别的男人在一起十分难受,感情上受不了,两人单独在一起时,小妹的拒绝印证了他的担忧。感情失控,这是人性的表现。

主题实现

一个好故事是要告诉我们世界的真相、人性的真相。

《十面埋伏》的结局交代了主题。我们可以做一个假设,如果这个小说由金庸来写,小妹手中的飞刀飞向哪里?小妹最后一刀非常重要,如果刘捕头的飞刀真的飞向金捕头怎么办?文里有博弈,这个博弈来自编剧的信念,相信人性是好的,相信刘捕头不会杀金捕头,小妹冒了很大的风险。如果我们来写结尾,那飞刀肯定射向刘捕头。但是作者不这么认为,他认为小妹的自我牺牲既保护刘捕头又保护金捕头,肯定会感化刘捕头,相信人性会有向好的一面。所以他冒了这个险,这就是作者的世界观,信念的力量。伏笔:"仙人指路"是刘捕头和小妹经常玩的游戏,他们还要玩一次说明他们是有真感情的,心心相印。

◆《十面埋伏》的戏剧任务

【工坊讨论】

戏剧任务一:如何让随风大侠与小妹产生真感情?(建立感情)

我们的故事做了什么?作者要把自己的想法植入人物自主意识当中去。

(1)小妹的自重。小妹是艺妓头牌,可以自重也可以不自重。随风大侠喜欢哪种?他会喜欢一个艺妓吗?不会,只有尊重才能产生感情。小妹摸随风的相貌,想看救自己的人的模样,小妹摸得很规矩,表明小妹不是随便的人。

(2)小妹的飞刀掉了,随风大侠回去找,小妹单独面临追兵,给随风大侠留下救小妹的真实机会。小妹有没有可能把飞刀弄丢?不会,她是故意丢的,为了给随风大侠机会。

(3)偷看小妹洗澡。爱情不是纯理性的,身体很重要,所以选演员要选漂亮的。全方位看洗澡,果然"北方有佳人,绝世而独立。一顾倾人城,再顾倾人国"。这么漂亮的一位女子,爱上她是值得的,是可能的,并暗示观众:金捕头可以爱上这个女子。

(4)州府盾牌军的介入,实施无差别追杀,金捕头与小妹共同迎战,建立生死关系,让两人感情更深。

(5)美好的人与美好的境界。为什么选花海?采取浪漫主义手法,让超越现实的爱情得到激发。

可见,编剧、导演为他们建立感情用心良苦。感情对行动的影响很大,因此,产生感情,维持感情,推进感情,工作要做到位。感情的变化引起行动的变化,推进主题的变化,因此它是基础。

戏剧任务二:如何让刘捕头与金捕头以死相拼?(建立冲突)

如果刘捕头突然看破红尘,爱她就放她走,故事就没法讲了。因此,故事需要建立冲突,增强刘捕头与金捕头之间的感情对抗。两人的感情对抗基于以下三个方面的设定:

(1)刘捕头是卧底;

(2)金捕头"动了"刘捕头的女人;

(3)两人的性格不同。

我们具体来看,编剧是如何一步一步完成这一戏剧任务的:

(1)计划中金捕头扮演的是痛恨官府腐败、敬佩柳老帮主的角色,但是因为要进入牡丹坊,又扮演了"风流嫖客""随风大侠"的角色,增加了金捕头与小妹之间感情发生的可能性。

(2)随风自主给自己加戏,想用美色引诱小妹动心。

(3)金捕头与小妹在生死逃亡中果然产生情愫。

(4)发生的一切都被刘捕头看到,包括小妹自己加戏:洗澡,丢飞刀。

(5)刘捕头与小妹是情侣。

(6)小妹早已察觉随风的计谋,但另有任务,假戏真做。

总结:电影如何讲故事?创意写作要在经典阅读中发现常识,发现"处方",而不是"偏方"。"从文本入,再从文本出。"在经典文本阅读中寻找"处方",总结规律,然后通过仿写,主动运用电影讲故事的技巧进行故事创作。

※ 阅读与写作训练

课后观看电影《投名状》，把电影改写成剧本。

要求：

① 把剧本的时间线拉出来。剧本有几个场景？这个场景是从几分几秒开始的？其中出现了几个人物？

② 同时拉出剧本的结构线，标出什么是故事的开始、发展、高潮、结束阶段。在这每一个阶段（开始、发展、高潮、结束）中，也有开始、发展、高潮、结束、转折等，分别标出来，看这一个一个小循环，分别套在几分几秒处。

第九堂课
电影故事"九步结构法"

◆ "三幕剧结构"

对于剧本情节结构,一种非常流行的说法就是"三幕剧结构"。首先,亚里士多德借悲剧谈故事的结构,提出一个完整的故事应该包括开头(也叫"发生")、中部(也叫"发展")和结尾(也叫"结局")。按照亚里士多德的理论,19世纪德国戏剧理论家古斯塔夫·弗雷塔格认为,戏剧包括开场、展示(情节上升)、高潮、逆转(情节下降)、结局五个基本环节,并在模型结构上呈现金字塔型。

美国著名编剧、制片人悉德·菲尔德在他的著作《电影剧本写作基础》和续篇《电影剧作者疑难问题解决指南》中,揭示了编剧的奥秘和技巧。悉德·菲尔德在编剧领域最重要的贡献,是他的"三幕剧结构"理想剧本创作模式。

如果一个标准电影剧本的篇幅是120页,或时长两个小时(电影剧本中的一页等于银幕时间一分钟),那么可以将整个剧本划分为三幕。

第一幕是开端,可看成建置(setup)部分。在这一部分,你要用30页左右的稿纸去建置(确定)你的故事,其中,用大约10页纸的篇幅来让读者明白谁是你的主要人物,故事前提是什么,故事的情境是什么。

在第一幕结尾处要有一个情节点(所谓情节点就是一个事件,它紧紧融入故事中,并把故事转向另一个方向),这一事件一般出现在第 25—27 页之间。

第二幕,或称对抗。这一部分是故事的主体部分,一般是在剧本的第 30—90 页。它之所以称为电影剧本的对抗部分,是因为一切戏剧的基础都是冲突(conflict)。一旦你给自己的人物设定了需求(need),亦即在剧本中他想要达到什么目的,他的目标是什么,你就可以为这一需求设置障碍(obstacle),这样就产生了冲突。

第二幕结尾处的情节点一般发生在第 85—90 页之间。

第三幕,或称结局。第三幕通常发生在第 90—120 页之间,是故事的结局。故事是如何结束的?主人公怎么样了?他是活着还是死了?他是成功还是失败了?等等。你的故事需要一个有力的结尾,以便使人理解并求得完整。

杰夫·格尔克在《情节与人物》中把"三幕"分别定义为:

第一幕:引入;

第二幕:故事核心;

第三幕:高潮和结局①。

"三幕剧结构"因其简单,可以说放之四海而皆准,所有的电影剧本几乎都贯彻着这一基本的线性结构,即第一幕,提供人物和整个故事的情境;第二幕,冲突不断推高,以及重要问题发展到最高点的过程;第三幕,冲突和问题最终得以解决。

◆ 普罗普"十二阶段结构法"

上海大学葛红兵教授根据普罗普《故事形态学》中对民间故事

---

① 格尔克.情节与人物[M].曾轶峰,韩学敏,译.北京:中国人民大学出版社,2014:155.

的结构分析,归纳出了"十二阶段结构法"。

(1) 日常世界(The Ordinary World);

(2) 冒险的召唤(Call to Adventure);

(3) 拒绝冒险(Refusal of the Call);

(4) 导师出现(Meeting With the Mentor);

(5) 跨越第一道门槛(Crossing the First Threshold);

(6) 考验、盟友、敌人(Tests, Allies, Enemies);

(7) 深入虎穴(Approach the Inmost Cave);

(8) 严峻的考验(The Ordeal);

(9) 获得奖赏(Reward);

(10) 踏上归途(The Road Back);

(11) 逆转(The Resurrection);

(12) 凯旋(Return With the Elixir)。

运用这"十二阶段结构法",我们可以试着分析电影《逃学威龙》的故事结构。

【案例分析】《逃学威龙》的故事结构

故事梗概见第三堂课"如何设置具有代入感的人物?"

(1) 平日的世界:飞虎队队长周星星带领队友进行解救人质的演习。

(2) 危险在召唤,英雄建立目标:警察局长的"善良之枪"被偷,他派周星星以学生身份潜入爱丁堡中学卧底找枪。

(3) 遇到困难,拒绝冒险:周星星乃一学渣,在学校被老师整得灰头土脸,想要跳墙逃走。

(4) 导师出现:达叔带周星星到自己家去住。一方面,偷枪嫌犯锁定为庄尼,发现大飞团伙正倒卖军火。另一方面,周星星在学校各种挂牌罚站,达叔冒充家长把周星星暴打一顿。何老师为了达叔,帮助周星星补习功课。

(5) 跨越第一道门槛:周星星痛打庄尼,赢得学生拥戴。在何老师的帮助下,周星星学业有了很大的进步。

(6) 结成盟友,迎接挑战:王小贵以周星星的名义收取保护费,自称"星星派",周星星反对。他们与庄尼结成盟友。校庆活动,周星星跟庄尼商议玩新鲜刺激的气枪游戏。

(7) 接近最深的洞穴:何老师发现周星星是警察卧底,愤然离去。周星星找到了军火隐藏的地方,局长的警枪也在里面。大获全胜之际,他却发现达叔被大飞控制。周星星带上"善良之枪",开车回去营救达叔。

(8) 严峻的考验/磨难:恐怖分子与大飞团伙进行军火交易,周星星引爆车厢,达叔抢走钞票箱子,躲进气枪游戏的迷宫。周星星突破迷宫,让达叔跟局长联络,自己返回救助学生。庄尼、王小贵与周星星会合,一起突围。

(9) 高人支援:大飞劫持何老师,跟周星星和达叔索要钞票箱。关键时刻,局长赶来,与大飞火拼。

(10) 返回的路(意外):大飞手下皆被射杀,大飞被迫放下手枪。局长停止射击,却被大飞扑倒在地,局长手中枪落。

(11) 高潮/逆转:周星星扔出"善良之枪"击中大飞,解救何老师,然后用夺命剪刀脚将大飞制服。

(12) 凯旋(周星星升职,得到爱人):局长任命周星星为周总督察。周星星跟学生们告别,转身之间,发现何老师正在身后等着自己。

通过分析我们发现,《逃学威龙》的故事结构,恰恰符合"十二阶段结构法"。然而,"三幕剧结构"针对影视剧本创作,"十二阶段结构法"则来源于普罗普,更多的是针对民间故事,两者都为电影故事结构提供了参照,但是缺乏普适性。有没有一种既能概括整个电影故事行动脉络,又不那么"小众"的电影故事结构呢?如果我们从主人公"行动"的角度来分析一部电影故事结构,比如《十面埋伏》,通过分析电影故事要素、结构与节奏,可以归纳出电影故事的"九步结构法"。

◆ **电影故事"九步结构法"**

故事起点,脆弱的平衡:牡丹坊与奉天县相安无事(交代故事背景)。

第一步,诱导事件打破平衡,主人公开始行动:刘、金二捕头奉命清剿,实施卧底计划。(设置困难/提出问题)

第二步,主人公第一次行动/反行动:击退第一次"追杀"。奉天县派出追兵追杀,遭金捕头杀退。但金捕头与小妹擅自"加戏",假戏真做,引发祸端(刘捕头向总捕头汇报)。

第三步,拐点(主人公行动目标改变):州府盾牌军介入,实施无差别追杀。卧底计划被打断。

第四步,主人公第二次行动/反行动:应对第二次追杀,刘捕头暗中相救。(落入困境—脱离困境)

第五步,主人公第三次行动/反行动:迎击第三次追杀,飞刀门相救,两捕头遭擒。主人公卧底计划完全失败。(陷入绝境)

(注意:神奇的"3"!主人公至少有三次行动/对立面反行动,情况越来越糟,主人公经历"困难—困境—绝境",人物行动线带动情感线、思想线,"三线"联动,体现"变化"。

第六步,小高潮(逼出真相):兄弟与恋人都是卧底,且是情侣,大姐命令小妹杀死金捕头。

第七步,反转(体现戏剧性,故事主题改变):小妹与金捕头身心合一,小妹放走主人公。

第八步,高潮(揭露人性):刘捕头击杀小妹,兄弟两人以命相搏,主人公生命危在旦夕。

第九步,结局(揭示主题):小妹为救金捕头而死,爱是保护与自我牺牲。(问题解决)

"九步结构法"是沿着主人公"行动"的线索进行电影故事的梳理,呈现为一种连续的波浪式推进,从故事起点最初的平衡,到结局重建新的平衡,它能够让我们更清楚地把握一部电影故事的内部构造。把电影故事分为九步,基本上可以概括电影故事的基本结构。据此方法,我们再来分析电影《投名状》的故事结构。

【工坊活动】

小组分享:把电影《投名状》影片改写成剧本故事,拉出剧本的结构线,标明时间。(学生改写剧本略)

为了更好地进行分析,我们把《投名状》的故事复盘如下:

十九世纪中叶,清廷腐败,民不聊生,太平军奋起反清。清军将领庞青云在鹤川伏击太平军,左翼护守魁字营将领何魁临阵畏敌,退兵三十里,致使庞青云手下一营的兄弟全军覆没,他自己装死逃生。庞青云被一个女人救到一间废弃的小屋,一碗热粥和女人的身体让庞青云死而复生。第二天,女人不辞而别。

困厄之时,自小随赵二虎为盗的姜午阳前来发粮招人"干活",与庞青云交手,发现他功夫了得,便带他去见大哥赵二虎。赵二虎盗亦有道,打劫总要"劫七留三",劫掠所得与山村良民共享,所以深得众心。而今方圆百里已无粮,赵二虎铤而走险,带弟兄们去劫太平军的军粮。庞青云冷眼旁观,并不动手,但见姜午阳命悬一线之时,果断介入,空手夺刃救下姜午阳,并将对方首领刺死。从此,姜午阳对庞青云的崇拜超过了对赵二虎的崇拜。回到村里,庞青云突然看见那个女人,发现她竟是赵二虎的压寨夫人莲生。莲生本是扬州瘦马,自小学习琴棋书画,十五岁时刚要被送到大户人家做小妾,却被小时一起玩的赵二虎给抢了回来,赵二虎为之杀了人,从此带她落草为匪。莲生并不属于这里,多次跑掉,但最终又被迫回来。赵二虎每次战后都要祭奠他死去的兄弟,祷祝其安心上路。莲生借给姜午阳送饭打探庞青云的去留。姜午阳顺手把从死人身上捡来的保平安十字架挂件送给嫂子。莲生返回,路遇庞青云,两人木屋相见,坦露心迹,庞青云埋怨莲生既然跑了何必又回来,自己的命,该自己做主。

何魁的手下带人劫村,抢走粮食,抽了赵二虎两皮鞭,警告他们,做匪没有好下场,报效朝廷才是出路。

庞青云为了莲生和村民,提议投军以保村民活命。为得信任,三人纳投名状义结兄弟,从此,兄弟的命才是命,其他皆可杀。赵二虎为实现自己保护村民、安心过日子的理想,不惜把大哥的位置让给庞青云。于是,大哥庞青云带兄弟们去投奔军机处的陈公,却受到三位大人的耻笑。

庞青云立军令状,只要给兵,十日之内拿下舒城。陈公便拨一千五百名精兵给庞青云,但无军饷。赵二虎帮庞青云以土匪的方式集结起一支敢死队,在战场上,三兄弟生死与共、以命相搏,凭借八百兄弟搅乱太平军五千人,逼迫陆大山最终率兵出手相助,舒城一役反败为胜。

军机处姜大人派部下何魁接防，实为监视，不许庞青云的山字营继续攻打苏州、南京。在随后攻打江南小城的几次战役中，何魁进城接防便放纵手下抢钱抢粮抢女人。庞青云杀狗子、小顺子两人树立军中规矩，警告自己兄弟从此不能欺负天下百姓，引起二哥不满。

为安抚兄弟两人，大哥答应三个月内打下苏州，尽快结束战争回家享福。但守将黄文金率太平军在城内顽抗不降，苏州城僵持一年成死局。庞青云找狄公要粮要炮，狄公以不知苏州在打仗为由拒绝供给，其实军机处已决定"弃子"。无奈，庞青云与何魁做交易：何魁提供十天军粮，庞青云与之约定携手进南京城。

赵二虎想做英雄，决定冒险进城劝说黄文金投降，他告诉莲生，卯时看不到城里的红烟，有人会护送她走。黄文金宁死不降，为救自己兄弟和城里百姓，慨然死在赵二虎剑下。赵二虎送黄文金安心上路，答应会让他的四千兄弟活下来。庞青云得知赵二虎进城，忧心忡忡。遇见莲生，两人终于忍不住干柴烈火。卯时，赵二虎未归。庞青云派人送莲生走，告诉莲生自己若能活下来，便娶她。庞青云准备攻城，这时，城门突然打开，赵二虎带百姓走出城门，苏州不战而胜，赵二虎大得军心。庞青云下令杀掉四千俘虏，想要抢在何魁之前攻下南京。赵二虎坚守承诺，拼死保四千人活命而不得，兄弟矛盾加深。

赵二虎要带兄弟们回家，庞青云跪求赵二虎同去南京解救上百万老百姓，保证打完南京就放下刀，但已心生罅隙。兄弟三人抢在何魁之前攻陷南京。赵二虎再次祭奠死去的兄弟，并犯险私分朝廷军饷，大哥力劝无效。姜大人与何魁密谋拉拢赵二虎，提议与之共享南京。赵二虎与莲生在祠堂看戏，心有所感，怒打了当初给自己两皮鞭的何魁手下。莲生离开,到船上与庞青云私会,却被三弟看到,姜午阳以为大哥二哥心生嫌隙是因为莲生。

庞青云被陈公带进宫,太后封庞青云为两江总督,赐黄马褂。庞青云借机请免两江辖区三年赋税。军机处陈公、狄公赞庞青云为辅国良臣,意欲拉拢,庞青云不为所动。狄公逼迫庞青云裁军,斥责赵二虎私分军饷,并不怀好意地蛊惑庞青云四月初八午时举办就职庆典。庞青云感觉自己如履薄冰,为了实现天下没有战争的太平盛世理想,他准备借助朝廷的力量除掉赵二虎。此时,赵二虎感觉到自己并不属于这里,准备带莲生回家过日子。

三弟发现庞青云住宅里全是生面孔,说是大哥要宴请二哥,两人和好了。姜午阳意识到大哥是要杀二哥,为救二哥,他奉行投名状"外人乱我兄弟者,必杀之",杀死内心正充满希望的二嫂莲生。而大哥此时正在自己房间里斟酒遥送二哥安心上路,他设下计策,让手下人骗赵二虎,说何魁要杀庞青云,约赵二虎在城外相见。在城外,赵二虎被大哥派去的人乱箭射死。庞青云得知莲生已死,放声痛哭。

四月初八午时,在庞青云荣任两江总督的庆典仪式上,姜午阳奉行投名状"兄弟杀我兄弟者,必杀之",持刀要杀大哥,庞青云再次空手夺刃,突然背后中枪,同时,姜午阳的刀眼睁睁捅入心口。背后的枪连续发射,庞青云倒在泥水中,他挣扎起身,笑对三弟道:"投名状,快!"姜午阳再次含泪奋起,一刀结束了庞青云的性命。

朝廷判决下来后,两江总督庞青云于1870年7月26日遇刺身亡,刺客姜午阳两个月后被凌迟处死。

电影故事关键事件发生的时间点如下:

3分09秒　庞青云战场厮杀;

4分23秒　庞青云与莲生在破庙的一晚；

4分50秒　街边蹲着等活儿,兄弟相识；

9分40秒　抢劫军粮；

10分00秒　军队遇袭；

28分07秒　出村投军；

28分26秒　与三位大人第一次见面；

50分36秒　众人攻城与游戏；

57分00秒　三位大人下棋,暗斗心机；

57分14秒　苏州城被围；

84分35秒　苏州变成死城；

89分14秒　攻南京,唱戏—攻城；

91分30秒　赵二虎发军饷,兄弟争执；

93分00秒　赵二虎与何魁对峙；

95分40秒　姜午阳发现二嫂与大哥的私情；

96分50秒　庞青云上殿面见太后；

98分24秒　大臣警告庞青云并挑拨庞赵二人关系；

111分00秒　杀赵二虎；

113分18秒　庞青云就任总督；

118分56秒　三位大人道出庞青云被杀真相。

运用"九步结构法",沿着主人公庞青云的行动线梳理故事事件如下：

故事起点,脆弱的平衡：庞青云兵败,投奔赵二虎落草为寇。（交代故事背景）

第一步,诱导事件打破平衡,主人公开始行动：何魁手下带人劫村,警告他们做匪没有好下场,报效朝廷才是出路。庞青云为保

村民活命,提议投军。为取信任,三兄弟纳投名状,庞青云为大哥,带兄弟们投奔军机处陈公。(提出问题)

第二步,主人公第一次行动/反行动:庞青云立军令状,十日之内拿下舒城。三兄弟生死与共、以命相搏,舒城一役反败为胜。(困难—克服困难)

第三步,拐点(主人公行动目标改变):庞青云杀狗子、小顺子两人树立军中规矩,警告自己兄弟从此不能欺负天下百姓,引起二哥不满。

第四步,主人公第二次行动/反行动:苏州城僵持一年成死局。庞青云与何魁做交易:何魁提供十天军粮,庞青云与之约定携手进南京城。(落入困境—脱离困境)

第五步,主人公第三次行动/反行动:攻陷南京,但兄弟反目。庞青云与莲生私情败露,三弟以为大哥二哥心生嫌隙是因为莲生,主人公陷入绝境。

第六步,小高潮(逼出真相):庞青云任两江总督,但二哥想回家过日子。三人理想不同,矛盾激化。

第七步,反转(体现戏剧性,故事主题改变):姜午阳为救二哥,杀死二嫂莲生。大哥设计送二哥安心上路。

第八步,高潮(揭露人性):姜午阳杀死大哥庞青云,投名状彻底破碎。

第九步,结局(揭示主题):朝廷公布两江总督庞青云遇刺身亡,刺客姜午阳被凌迟处死。(朝廷给予致命一击,理想破灭,问题解决)

※ 阅读与写作训练

运用剧本故事"九步结构法"分析一部经典的类型电影,或者自己仿写一个类型电影剧本,以此建立写作的经验。

要求:

① 要选经典的电影,经得住分析。

② 要选结构非常清晰的影片,从头到尾讲一个故事。

第四单元
非虚构写作

单元导入

◆ 何谓"非虚构"?

——不是虚构的就是"非虚构"吗?

——No!

"非虚构"是一个约定。相对于"虚构"写作,"非虚构"写作其实是指一个大的文学类型的集合,而不仅仅是一种具体文体的写作。它既包含非虚构小说和新新闻报道,也包括报告文学、传记、文学回忆录、口述实录文学、纪实性散文、游记等文体。其"非虚构性"主要指材料,即进入写作程序的材料来源于社会生活或历史文件中的已有人物和事件,与虚构文学写作材料来源于想象、创造相比,非虚构写作的材料有着某种"事实"层面的自足性。

在狭义上,"非虚构"专指美国20世纪60年代至70年代兴起的非虚构小说、新新闻报道和历史小说等新的文学写作类型。

在广义上,非虚构文学是一个相对于虚构文学的文学族群。相对于传统的非虚构写作,当代意义上的"非虚构"又在写作的立场与身份上出现了明显的个人化特征。在叙事上,非虚构文学也可直接用虚构文学的故事性手法。在文体上,许多非虚构文学都具有文体"骑墙"、文体越界特征。

非虚构写作既有文学写作的特点,又遵循特殊的真实性品格。它模糊了虚构(比如小说)与真实(历史、纪实)之间的界限,是一种"中间性"的存在样态。

◆ 非虚构故事

虚构文学在讲故事,非虚构文学其实也在讲故事,我们称之为非虚构故事。小说和戏剧以讲故事为己任,以虚构或以现实事件为原型,设置情节,讲述故事。随笔、回忆录、传记、游记等这样的纪实性文体,也是故事,从阅读心理上说,那些非虚构的事件只有被编排成"故事"之后,才有阅读价值——事实上,那些优秀的散文和回忆录都是一些优秀的故事。在某种意义上说,虚构和非虚构是题材上的区分,而"故事"或"故事性"则是叙事性阅读文本的共同特征。这一堂课,我们重点来讨论一下:怎样写好一个非虚构故事?

第十堂课
怎样写好一个非虚构故事？

◆ **非虚构文学的特征**

非虚构文学最重要的特性即它的非虚构性，或者说写实性。田野调查、新闻真实、文献价值与跨文体呈现应该成为非虚构文学的基本内核，它们都在不同程度地强调作者身份的个人性、写作的亲历性、文本的揭秘性、题材的猎奇性和叙述的故事性等。

1. 材料的非虚构性

非虚构性首先体现为写作材料的非虚构性，即进入写作程序的材料来源于社会生活或历史文件中已有的人物和事件，与虚构文学写作材料来源于幻想、创作相比，非虚构文学的材料有着自足性。在创作中随意编造人物、事件和情节，乃至大量虚构细节、人物对话、独白、心理活动等，都会给非虚构文学带来一定伤害。但是，创作中也可以适度想象或联想，禁止想象是偏颇的。文学是形象思维，也是想象的产物，想象和形象思维是文学创作的基本方法与特点，离开了想象也就没有了文学。想象是基于事实，符合事情发生的历史情境，合乎情理、事理的联想，必须符合真实性原则，即必须契合"势之必然""情之必然""理之必然"。这些想象性描写应该是在具体的环境中必然或可能发生的，是不能被证伪的必然、或然或可然的内容，必须符合事实真实、历史真实、判断真实和艺术真实相统一的原则。

换言之,非虚构作品的想象与联想绝不是凭空虚构、无中生有的,绝不可被质证、对证、印证、验证、论证为虚假或伪造。在这方面,对人物的心理活动和直接对话描写尤其要慎重,特别是历史人物的心理描写和对白。如果没有相应的史料,缺乏第一手的日记、记录、回忆等来佐证,非虚构作品是不允许直接大量地描写历史人物的心理活动和对白的。如果一定要写到这些内容,则应该变换叙述角度,如采用叙述者的叙述,或推测或想象,应该明确告知读者这是作者的主观揣测或推断。在非虚构作品中,过度想象和凭空想象都必须严格被禁止。这正是虚构文体(小说)与非虚构文体(纪实、非虚构小说等)的边界所在。

现实生活比虚构玄想更精彩,经验的故事比想象的故事更迷人,田野写作比书斋写作更本真。从文化意义上说,非虚构写作是对印刷媒介面临全媒介时代受众收缩困境的主动回应,是对社会转型时期人们精神和生存困境的深度解读,因为任何时期最好的非虚构文学都可以显示出明辨是非、检视反思、激浊扬清的导向作用。因此,非虚构写作的作品应具有现实意义,但显著区别于以快速传递信息为目的的新闻,作品须直指时代本质,并侧重对题材的深度挖掘及基于现实之上的写作技巧的运用。

非虚构写作的取材是真实的,但并不局限于物理真实本身,而是试图去呈现真实里面更细微、更深远的东西。它追求的是一种"个人化的真实",即通过个人的深入考察,表现个人看到和体验到的真实。它不回避个人的真切感受,承认写作的主观化视角,与传统新闻报道力求客观、回避个人感情相比,非虚构写作坚守"眼见"的真实、"现场"的真实和个人化的真实。

2. 写作身份的个人性

新闻、报告文学往往以权威视角和宏大叙事的形式对公共事件进行记录,所有的人都离开,让事件来自我呈现,比如报告文学《谁是最可爱的人》,就是从国家角度来表现的;非虚构写作者则更多地以民间立场和个人身份来处理真实材料,强调作者"在场",强调"有我","我"是怎么发现的? 追求"个人化的真实",表现个人看到和体验到的真实——"眼见"的真实、"现场"的真实,展现对个人的意义和价值。因此,非虚构文本的主题往往并非替谁代言,比如,梁鸿的梁庄考察生发于个人对家乡的牵挂,郑小琼写作《女工记》源于个体的打工经历,等等。

从写作伦理上说,非虚构文学对社会生活、历史事件、公共事件的书写,其实是对作家个人写作的自我授权。长期以来,对公共事件的记录、整理以及征用,都是公共叙事、宏大叙事的专利。现在,非虚构文学作家开始以个人身份接触并处理这些传统材料,从个人角度去表达对这些材料的感知、观点、态度以及对个人的意义和价值,它更强调支持写作者以个人视角进行完全独立的写作行为,并提出这一写作行为不应依附或服从于任何写作以外的因素。这种"真实"不但是写作的基本要求,也是写作者基本的伦理标尺。它要求作家应该尽力展现真实经验的残酷性,为被主流话语和中心遮蔽了的"那时那地那人"代言。没有内心观念与思想深度的人,无法发现生活,走向生活的深处。

3. 文体越界

亚历克斯·哈利的《根》的副标题是:"一个美国家族的历史"。作品是根据他自己家族真实的历史事件写成的,描写的是昆塔·肯特家族如何来到美国并在美国繁衍生息的历史。把历史和小说两种要素完美地结合在一起,充分发挥了两种文体的优点,为后来非虚构小说提供了范例。从此类作品中,我们看到了报告文学及非虚构写作对小说等其他文体正在日益产生积极的渗透、交融和影响,以至出现了一些跨越报告文学(真实纪实)与小说边界的混合文体(或称"越界文体""越界写作")。这种所谓的新兴文体在中国其实古已有之,这就是历史小说或历史演义,譬如《三国演义》《水浒传》,乃至《红楼梦》《西游记》,都是根据真实历史和人事演绎、虚构创作而成的。近年来,国内有些作家和评论家或将同类作品标注为"纪实小说""历史小说"或"传记小说"等,其所自加的前缀实际上亦是在强调这些作品所写的基本事实和人物都是真实的,区别于纯粹虚构的小说。

　　《八月炮火》的作者巴巴拉·W·塔奇曼是一位传奇人物,她本是"一个50岁的家庭主妇,三个孩子的母亲,以及纽约的一个著名医生的太太",她虽然毕业于哈佛大学女子学院,但其论文却被评价为"了无特色"。谁知就是这个各方面似乎还没准备好的母亲型作家,却写出了美国文学界"最好的历史作品"。当时的肯尼迪总统特意买了一本《八月炮火》送给英国首相麦克米伦。为了表彰塔奇曼在叙事风格上的杰出贡献,美国普利策奖委员会打破"禁止颁发历史类奖项给主题与美国无关的著作"这条限令,挖空心思找到一个名目,颁给塔奇曼"总体非文学类奖"。美国评论界称赞《八月火炮》之所以成功,是因其"细节丰富、描述生动","以散文叙事风格写作,文字剔透、清晰、慧黠、练达诙谐","描述1914年8月战事手法悬疑性十足"。总而言之,塔奇曼创造了非虚构类作品新的历史。塔奇曼也不讳言她是怎样用文学手法去描写这段历史的,她说:"我对写作艺术的兴趣与对历史的兴趣不相上下……文字发出的声音与其代表意义之间的互动令我深深着迷。"她认为精准典雅的文字是赋予历史美妙声音的乐器,读者打开书后会一页页翻下去,这就是她写作的最大目标。

一种跨文体边界的非虚构写作,它可以容纳一切具备新闻性——新信息、新内容、新发现、新思想和新手法——的非虚构类纪实作品。当下,报告文学创作本身正在面临转型与新变。一方面,我们看到,报告文学的创作空间不断受到挤压,社会影响削弱。数量众多的企业、工程报告,先进人物或事迹报告,大量的平庸之作——包括带有广告嫌疑的作品和有偿作品的涌现,既败坏了报告文学的声誉,也倒了普通读者的胃口。另一方面,"非虚构"这面新旗的竖起,或者说文学界推出"非虚构"这只"乾坤袋"(李敬泽语),它所要装进去的依旧是原先"大报告文学"所容纳的那些作品,只不过是要带给读者与社会一种新鲜的感觉——更加强调真实性、独立性,强调其区别于已被"败坏了名声"的报告文学,希望借此引起社会和读者更多的关注与喜爱。

4. 叙事的故事性

虚构类的小说、戏剧通常以讲故事为己任,以虚构或以现实的事件为原型,设置情节,讲述故事。非虚构写作往往也需要讲好自己的故事,重视故事,故事先行,只不过这故事是以现实发生的事件为对象,或者将历史事件故事化。

理查德·普莱斯顿的《高危地带》虽然被《纽约时报》评为非虚构类畅销书第一名,但却被另一些报刊评论为"一部快节奏的引人入胜的医学惊险小说""一本引人入胜的纪实性惊险小说"。而实际上它却是地地道道美国版的报告文学:"故事是真实的,人物也是真实的",作者在谈到他描述人物的心理活动这样的小说笔法时说,"这种心理描述基于我对当事者的采访,其间他们回忆起当时的想法","我尝试着看透人们的面容而窥视他们的心灵,倾听他们的语言,从而进入他们的生活,其结果是我无法想象的"。可见,《高危地带》讲述了在真实人物身上发生的真实事件,并且呈现出真实里面更细微、更深远的东西,把客观材料转化为有意义的艺术审美结构。因此,叙事的故事性是非虚构文学创作的必由之路。

◆ 当代非虚构常见写作类型

1. 平民自我书写

所谓"平民自我书写",是指以平民为创作主体、以平民(或作者自身)的人生经历与生命体验为主要创作内容,以非虚构为表现形式的文学作品,它是非虚构文学常见的写作类型。代表性作品有饶平如的《平如美棠——我俩的故事》,姜淑梅的《乱时候,穷时候》《苦菜花,甘蔗芽》《长脖子的女人》,秦秀英的《胡麻的天空》,关庚的《我的上世纪》以及范雨素的《我是范雨素》等。

2. 知识分子返乡书写

知识分子返乡书写缘起于上海大学文化研究系王磊光博士的《一位博士生的返乡笔记:近年情更怯,春节回家看什么》,这篇描写返乡的非虚构作品写于2015年春节,之后迅速掀起一股热潮。2016年春节,青年学者黄灯写了《一个农村儿媳眼中的乡村图景》,在当代文化研究网刊发,也引起了广泛的传播。

3. 当代生态与自然书写

生态文明是人类在承受农业、工业和信息文明之后,重新认识人与自然的权利边界,痛定思痛的成长,代表人和自然相处的最高境界。当代生态与自然书写"写什么"? 山、水、林、田、湖、花、草都可以是生态自然文学的写作对象。当代生态、自然书写为草木代言,为生态、自然而写,唤醒人与自然和谐共生的天性。人与自然和谐相处,才是世界原本的样子。生态、自然书写的本质便是真诚聆听大自然的声音,描写大自然的丰富多样、波澜壮阔,思考人类与自然的关系,以悲悯之心看周遭,以审视之眼观自身,以审美之情写生态。当代生态、自然书写为作家提供了更广阔的艺术空间,对伴随人类社会发展而出现的生态问题进行更为理性、全面的剖析与反思,并努力为人类走出生态困境寻求可能的出路,实现对大自然生命价值的关怀和尊敬。代表性作品有陈冠学的《田园之秋》、苇岸的《大地上的事情》、梭罗的《瓦尔登湖》、芮东莉的《自然笔记》等。

4. 社会纪实与口述史书写

20世纪80年代中国报告文学崛起,出现过"纪实文学热"。纪实文学是一个与虚构文学相对应的概念,它不是一种文体的名字,而是一个文学族系的总称,也包括报告文学。社会纪实已成为许多中国当代作家的基本写作立场,并且,这些作家的社会纪实立场明确而坚定,他们40年来取得的成就也是有目共睹的。报道当下的社会纪实,以报告文学最为典型,而报告文学的基本特点就在于它的新闻性。相对于报告文学,当代意义上的非虚构写作具有新的特征:

(1) 在写作立场与身份上,具有明显的个人化特征;

(2) 在叙事上,具有文学写作的特点,可以直接用虚构文学的故事化手法;

(3) 在文体上,具有文体"骑墙"、文体越界的特征。

文学对社会最快捷、最深刻的反映就应该来自此种类型的非虚构写作。例如，梁鸿的《中国在梁庄》《出梁庄记》，马宏杰的《最后一个耍猴人》，纪录片《大宋》《乡村里的中国》，等等。

《中国在梁庄》的作者梁鸿将自己生活了二十余年的河南穰县的村庄虚构为梁庄，通过口述实录、现场调查等方式，记述了梁庄从20世纪80年代起三十年间的社会历史变迁，通过描写一个个乡村人物的具体命运，呈现了梁庄在城市化进程中诸多触目惊心的问题，如农村留守儿童的无望，农民养老、教育、医疗的缺失，农村自然环境的破坏，农村家庭的裂变，农民"性福"的危机，新农村建设的流于"形式"等。作品将人类学田野调查、文学化表现、现实政治诉求相结合，以社会记录、呈现和探究为情感贯注点，书写了一部真实的乡村和心灵的变迁史。

作家阎连科称这部作品"在优美的散文抒写中读到了令人惊诧、震惊的中国现实"，"是一部具有别样之美的田野调查，又是一部与众不同的纪实文本，更是一扇认识当下中国独具慧眼锐思的理论之窗"。

◆ 非虚构写作的典型范式

上海大学的吕永林老师是非虚构写作的研究专家，他为我们提供了非虚构写作的两种典型范式。

1. "讲述—倾听—记录"范式

讲述者讲述自己的经历、身边的故事和个人看法，而作者倾听、录音或者做笔记，然后整理成文。

梁鸿的两部作品《中国在梁庄》和《出梁庄记》，孙慧芬的《生死十日谈》等，采用的主要是这种方式。《中国在梁庄》和《出梁庄记》主体部分——也是最引人注目、最打动人心的部分——是让底层人物发声,而作者所做的主要工作就是倾听,忠实地记录他们的声音。

这种写作范式在王小妮的《上课记》系列中也有很明显的体现。作为一名有良知的大学教师,王小妮除了完成基本教学工作之外,也有意识地扩大自己的边界,"闯入"90后学生的世界中,只不过具体操作方式稍有变化,将那种"讲述—倾听—记录"模式具体化为"学生写—老师看—老师整理"的形式。如《上课记》第十三节《关于苏紫紫的调查》:王小妮先请几名女生针对网上出现的人大女生苏紫紫裸体接受采访一事发表看法,然后将她们回复的短信收进文章;第十四节《关于梦想》:王小妮从397份"关于梦想"的讨论作业中挑出82份,收录进文章;第二十五节《背景》:王小妮收录了23名大学生关于出身背景的不同看法。通过这些"照实抄录",作者真实地呈现了当代大学生的生存状态、心理状况和价值取向,等等。"多声部"协奏,让平凡人物的真实声音进入文字,是《上课记》等作品的一个重要价值。

2. "闯入—体验—记录"范式

作家深入某个特定地区或者特殊人群当中,但又不适宜用访谈形式做调查研究,只得通过实地观察和感受,采集素材,然后记录下来,整理成篇。

如慕容雪村的《中国,少了一味药》。慕容雪村到传销集团中卧底,跟传销人员一起听上级"讲课",一起无所事事地逛街,一起忍饥挨饿,观察传销参与者是如何被洗脑、如何被骗和骗人的,思考政府在处理传销问题上的无力和无奈……每隔几天,他就会想方设法记录下自己的所见所感。

再如贾平凹的《定西笔记》。贾平凹在定西一路行走、感受,进农家观看,与农民聊天,记录下了定西民风的古朴、环境的恶劣和人性的坚韧,"在安定、陇西、通渭,甚或渭源,经过了多少村庄,村庄里走进多少人家,说得最多的就是太阳和水。太阳高挂在天上,水在地上流动,这里的人想着办法要把它们捉到家来,这就是太阳灶和水窖"。

又如李娟的《羊道》。李娟深入哈萨克家庭体验牧场生活,"最初时,有对羊——或者是依附羊而生存的牧人们——的节制的生活方式的赞美。但写到后来,态度渐渐复杂了,便放弃了判断和驾驭,只剩下对此种生活方式诚实地描述"。李娟写《羊道·冬牧场》时,是在2010—2011的冬天,"跟着迁徙的羊群进入乌伦古河南面广阔的荒野深处,观察并记录牧民最悄寂深暗的冬季生活"。她在阿勒泰地区的沙漠中生活了三个多月,见证了牧民们逐水草而居的动荡生活中最艰难的一段,同时也看到了随着牧民定居工程的推进,传统的游牧生产生活方式正在慢慢消失。

◆ **怎样写好一个非虚构故事?**

真实的材料、文学性的笔法,决定了非虚构写作如同虚构写作一样,重视讲故事,不过非虚构故事是以现实发生的事件为写作对象,或者将历史事件故事化,因此,非虚构写作更注重故事技巧的运用。一方面,我们通过讲故事发展了讲故事的技巧;另一方面,我们又根据讲故事的技巧编排故事,包括真实的故事,使它们更具意义感和审美感。

虚构的故事在创造自我,非虚构的故事同样在创造自我,遵循创意写作的普遍规律,通过对过往事件的选择性取用、目的性编排和情节化结构,根据当下的需要重新创造出一个理想的自我。

1. 选材

艾利斯在《开始写吧！非虚构文学创作》中指出，每个人都可以搞非虚构，你身边或者你身上发生的真实的事情，都可以写。她号召每个人去写，不是只有作家才去写。那么，对于非虚构写作，我们该如何选材呢？非虚构的取材，来自现实中发生的事件或者历史事件。

小说创作和非虚构创作是完全不同的类型，而且是不同的文学。那么非虚构凭借的是什么呢？凭借的是事实。非虚构是发现事实，凭着事实说话，它是历史本身，也是现实本身。也就是说，非虚构有一种不可辩驳的现实力量，虚构的东西我可以认为你是编的，但是我现在给你的事实却不容辩驳。

事实的东西、现实的东西，是不是写出来就一定是文学呢？也不是。非虚构文学是从现实中拿出有写作价值的东西，并且要用文学的表现手法写出来的时候，它才是文学。那么，哪些事件用非虚构的方式展现出来才是文学呢？

一是真实的事件，非虚构不同于虚构，两者完全是两种不同的思维。人人都能写作，但并不是人人都能写小说，因为小说家需要一种完全不同的思维。所谓虚构，是艺术创作的本质，所有的艺术都是从无到有的。比如美国新闻记者斯特兹·特克尔写的《美国梦寻》，这本书后来获得了普利策奖。他采访了美国各界人物，有失败的也有成功的；有企业家，也有球星、影星、经纪人、艺术家、普通市民，采访他们对于美国梦的想法。冯骥才正是借鉴特克尔的这种写法，想把"文革"回忆留下来，于是就写了《一百个人的十年》。

二是公共事件，其具有公共意义，作者可以将其意义公共化。如梁鸿的《中国在梁庄》，就把事件意义普遍化、公共化了。还有李娟的《羊道》,是对哈萨克民族生活的调查。另外,非遗在传承的过程中是一个不确定的、流动的、易变的文化,非遗中传承人的口述也是非常有价值的一种非虚构写作。一个鼓手、一个民间舞者,他身上的那些非常重要的信息,往往在他的心里、记忆里。如果他死了,这段文化就要被阻断,所以必须要把他口头的、大脑里记忆的、心里面有但还没有说出来的东西,通过一种口述的方式讲出来,用一些文字记录下来,使文化得以传承。

2. 设置戏剧化的场景

场景是区分故事和报道的特征之一。在非虚构写作中,不能只是通过对事件的概括和总结来记述故事,还应该还原现实场景,通过一个个场景来展现情节的发展,文字着力点始终放在对场景的描写上。少概括,少说空话,把人物放在场景中,还原现实场景,是非虚构叙事具有可读性的一个重要诀窍。比如李娟的《羊道》,作品虽然是对日常生活的记述,但其记述不但没有陷入流水账,反而十分吸引人,一个重要原因就在于她把文字着力点始终放在对于场景的描写上。

当你着手创作一篇非虚构故事时,不妨将自己想象为剧作家,为人物活动搭建舞台,让故事在这个舞台空间展开。在故事发展的过程中,作者运用场景来展现动作,吸引观众的注意力。因此,场景可以更好地刻画人物、推动情节的发展。描写的终极目标在于创造出充满生命力的场景,而生动的细节描写是赋予场景生命力的重要元素,特别是那些最能勾起读者回忆的细节。当然,空间、结构、氛围同时起作用。戏剧化的场景包括冲突双方的相遇、行动、情感、结局或后果等几个部分。彼得·鲁比认为好的场景具有如下特点:

(1) 使下一个场景的发生,创造因果关系;

（2）受主要人物的需求和欲望驱使；

（3）探索人物为了解决困境而实施的各种策略；

（4）展现能够改变人物立场的行为，并与故事的结尾息息相关①。

3. 充分记录对话

新闻写作极少运用对话，绝大多数时候是"直来直去"的，故事性较强的新闻也只是偶尔少量运用对话；小说中大量运用对话，其目的是塑造人物和推动故事情节的发展。但是，非虚构写作中的对话，往往为了还原故事的本来状态，就充分让人物发声，让故事本身要表达的东西在对话中得到自然呈现。对话可以采用内心独白，也可以重构对白。前者通过人物的内心活动来推动情节的发展，为解释情节提供必要的背景；后者能够准确地反映人物在关键时刻的所思所想。对话越是充分的非虚构叙事，越是接近小说。这方面的代表作品有《盖楼记》《拆楼记》《生死十日谈》等。

4. 写细节

文学是需要细节支撑的，小说其实最重要的就是细节。比如鲁迅写祥林嫂。祥林嫂最后要饭的时候，挂着一根拐杖，作者写拐杖是这么写的："她挂了一根比她还高的竹子棍，下端开了裂。"这个细节写了什么呢？祥林嫂是一个孤苦伶仃的女人，儿子被狼叼走了，最后她讨饭吃，她不可能有拐杖，不定什么时候随便捡了一根竹竿，不可能要求长短，所以说是比她还高的竹竿，且是"下端开了裂"的。她不可能换一根竹竿，她有一根竹竿就很幸运了，就老

---

① 哈特.故事技巧：叙事性非虚构文学写作指南[M].叶青,曾轶峰,译.北京：中国人民大学出版社,2012：94.

拄着它。由于这个细节把祥林嫂的命运刻画得淋漓尽致,因此,后来我们看到的祥林嫂的画像形象,都是祥林嫂拄着竹竿,这就是文学的形象。目前的非虚构写作"已经使这种描写达到了不同寻常程度的心理深度"①。正是这一技巧,使得作者的文字和读者的心灵能够抵达新闻报道和小说想象力所不能触及的地方。写非虚构文学,如果你抓不住那些细节,无论你投入多少感情,它都还不是文学。

5. 多元化视角,不同声音的存在

作者"通过特殊人物的眼睛向读者呈现所有的场面,使读者感觉到像是进入了人物心理的内部","这种描写是通过其他人物的一些观点即通过各种不同角度的观察来使读者了解主人公的心理活动和人物特征的"②。中国的非虚构写作中,也十分强调不同的观察角度,从不同角度表现人物和事情,运用"多声部",塑造丰满的人物。这也符合生活的逻辑,不同人面对同一对象,会有不同感受和想法。

比如《大宋》中,小羊倌栓有被乡里那个开出租车的人带到城里,寻找他心中的美好生活了。

双牛的老婆说的是:"留在城里喝酒下歌厅,心野了,不想回来放羊了,学坏了。"

而大羊倌有栓却说:"他主要脑子不行。是吧,你也知道他脑子不行吧?他要是有文化、有钱、脑子机敏的话……咱也不管人家,人家干人家的事业。这里条件不行,他去城里想吃鸡蛋就吃鸡

---

① 霍诺韦尔.非虚构小说的写作[M].仲大军,周友皋,译.沈阳:春风文艺出版社,1988:41.

② 霍诺韦尔.非虚构小说的写作[M].仲大军,周友皋,译.沈阳:春风文艺出版社,1988:42.

蛋,想吃肉就吃肉……"

几句话,将这个被抛弃的搭档内心的孤单与对同伴的担忧表露无遗。同时,通过几个人的陈述,小羊倌的形象丰满起来。

这种技巧,梁鸿称为"复调式书写",取自巴赫金论陀思妥耶夫斯基小说的诗学特征,意指作品中多种声音互相交织、互相对话,最后形成众声喧哗的思维景观。这多种声音是平等的、同等重要的,因此更能表现历史的真实。多种声音之间是一种对话、辩驳甚至相互消解的存在,时代或事件内部的复杂性、真实性最终被呈现出来。

6. 综合运用各种文学修辞手法

写非虚构故事,可以运用小说、散文、诗歌、电影、新闻中的各种手法,如独白、对话、戏剧性、典型化、细节描写、心理分析、联想、想象、蒙太奇、分类、伏笔,等等。比如美国的非虚构小说、非虚构电影,大多是在新闻事件、新闻人物基础上进行重新虚构或部分虚构的文艺作品,采用了虚构文学的创作手法。又如郑小琼在写作《女工记》时,就充分发挥了自己作为一个诗人的特长,用诗歌来写人写事,并辅之以散文来详尽说明。

非虚构写作针对虚构写作而产生,但是它不是反文学的,而是试图拓展文学的边界。它使用"非虚构"而非"真实"这个概念,试图在文学与真实中找到平衡点。作为文学,它不完全以纪实为己任,但也不完全以文学性为追求。非虚构写作有其真实性的一翼,它以真实的故事和情感打动人;非虚构写作亦有其文学性的一翼,在写作中,它也采用文学创作的一些方法,但这些策略与方法最终都是为了真实的写作而服务的。

※ **阅读与写作训练**

写一个旅行游记、回忆录，或是人物采访。从自己角度写对你来说有意义的人、事、物，以"我眼中的……"为题，写一个人，写你的故乡，或者写那些正在消失的事物（做烧饼的、卖糖人的，等等），没有必要刻意美化，也不要刻意丑化。

第五单元
诗歌（自由诗）写作

单元导入

◆ 自由诗界说

广义的自由诗是指一种在语言形式上不受格律限制、着意追求内在意蕴的诗体。这里的自由诗是指兴起于五四新文学运动时期的"诗体解放",与反传统、追求思想自由的特定时代精神相呼应的一种有意味的"自由"诗歌形式。其在字数、行数、节数、句式诸方面均无固定格式,可押大致相近的韵,也可不押韵;可以用标点,也可以不用标点;语言可以典雅,也可以比较通俗;它包括原创之作,也包括用自由体形式对国外诗歌的翻译。虽然在"新诗"阵营中亦有"现代格律诗"形式,但自由诗形式仍旧是我国现代诗歌创作的主流,也是诗歌爱好者乐于接受的一种诗体。

◆ 自由诗的特点

1. 表情达意上的凝练性

诗总是试图以最少的语言去传递最多的情感与生活信息,高度简洁、凝练是诗的首要特征,如诗人徐芳所言,一首好诗的标准,也许就是如何做到以最少说最多(《今天我们该如何写诗》)。在文字上做减法,删去一切不可观看、不可感知、无法产生意义、无关结构的字词,惜字如金,抛字至至简至少,这是诗在体制上的基本要求。作为诗歌形式的一种,自由诗也同样追求通过富含意蕴的意象、具有典型意义的生活片段,或具有表现力的瞬间,将生活和情感高度浓缩,反映具有普遍意义的社会现实,表现广泛深沉的思想情感。一般而言,诗歌内在信息的所指要大于能指,言有尽意无穷。

2. 情思与结构上的跳跃性

巨大的信息和情感容量与最小的篇幅之间的矛盾,要求诗歌尽可能通过修辞上的省略、并置、象征以及结构上的抛字、转行等方式,在简化语言的同时扩大意蕴空间,完成特殊的文体审美要求。因此,自由诗常常采用意象切割、蒙太奇特写方式,留下有意味的"空白""不确定性"。同时,诗歌的抒情本质和创作上的情感驱动,也要求诗歌遵循情感与情绪的逻辑,"扭断语法的脖子",自由跳跃,超常规组合,建构与情思、心理活动相应的文体形式。

3. 内在的韵律与节奏感

自由诗也是一种形式感很强的诗体,一些自由诗借鉴了中国传统或国外格律诗,采用"参差的行列"或者"递进的行列""回环的行列",抑或典型的"三顿七言句式""三顿八言句式""四顿九言句式""四顿十言句式",追求和呈现一种外在的形式感。

与此同时,自由诗又根据诗歌情绪抒发的平衡和意义完整的需要,通过调节诗句的长短、音节的强弱、音调的重复,形成有节奏的变化,追求一种内在的韵律与节奏感。一般而言,情绪强,诗行就短;情绪弱,诗行就长,体现情绪强弱与诗行长短的配合关系①。也就是说,自由诗可以通过对诗行、音节、音调等这些不规则的外在要素的调整,建立一种"规则"的、"均衡"的内部结构。自由诗的

---

① 参见陈本益.中外诗歌与诗学论集[M].重庆:西南师范大学出版社,2002:98-109.

韵律与节奏之所以是自由的,是因为每一首诗的韵律与节奏只与它所呈现的意象和表达的情感相关,并无固定的形式。

4. 外在形式的"困难模式"

格律是对日常与口语的一种对抗,自由诗是对格律诗的违反。同样,"口语诗"是对自由诗的对抗,它们都在形式上争夺"奇观化""陌生性"。实际上,模拟日常、表现日常,并赋予日常以存在论的意义和反日常的审美,历来是高难动作,我们能想到的,古诗中大约只有"自去自来堂前燕""相亲相近水中鸥""出门一笑大江横"等这样不多的诗句。而当代"口语诗"的写作,绝大多数将"诗"写成了真正的大白话,其原因就在于那些"口语诗"诗人,往往在不自觉的状态下选择了困难写作模式。在许多以日常生活事件为题材并用日常语言写就的诗歌中,我们注意到,诗歌语言的"日常性""口语化"只是一个让步修辞,它一定在意义和语感方面有一个大的飞跃、突进、翻转,从而形成另一种精致,其效果绝非日常所能比拟。仿口语、仿日常之下,其实是严格的"技术"与"艺术"。

◆ **自由诗的语言形式**

诗歌是以最简约的形式最集中地表现个人思想与情感的语言艺术,与叙事文学相比,诗歌的"言"与"意"形成最大之反差和张力。在现象学那里,诗人与常人、哲学家共享一个意识结构,一个意识指向,一个意识世界。诗人与常人的情感、与哲学家的思考并无真正区别,与哲学、口语、小说、散文之间的区别只在于形式和声音。

诗歌的魅力在于语言形式,这个道理中国古人很早就领会到了。脱离语言形式的魅力,几乎所有的经典诗歌都是大白话。

中国古典诗歌如果翻译成其他语言,翻译家也必须按照自己母语以诗歌最高的标准进行二度创作,否则它们也都是口语或纯粹的思想情感。中国古典诗歌极其重视语言形式,发展到极致就是格律。格律的魅力在于听觉上声音的押韵、感觉上节奏的变化、形式上的整饬,无论是听还是读,它都有自己内在的声音存在,富有音乐的感觉。

汉语众多单音节的动词、双声叠韵的名词和同义字词,为汉语诗歌营造形式感、音乐感、节奏感提供了便利。英语诗歌虽然没有汉语在结构上的便利,但是它们利用声音依旧构成了美感的形式。重音、轻音、清音、浊音,语音轻重的变化及音节尾音的相近,构成一个声音回环往复的整体,同语义一起,勾连起整体的诗境。思想、生活、情感,配以属于它们的声音,构成听觉美感丰富的"歌"。不押韵的地方,押韵了;本可一带而过的地方,轻音重音赋予其节奏变化;情思被声音强化。诗天然地是简约形式的艺术,也是声音的艺术。

自由诗写作部分我们分为四堂课,围绕自由诗的诗体规范、诗意的捕捉、联想力与逻辑力、鉴赏与批评展开,分别回答以下问题:"诗"是什么?如何证明一首"诗"是诗?诗有没有限定性?好诗的标准是什么?从创作与批评的双重角度切入诗歌写作。

第十一堂课
"诗"是一种怎样的文字艺术?
——诗体规范

◆ 什么是"诗"(自由诗)?

"诗"是什么?有无数个答案。之所以有无数个答案,是因为有无数个回答问题的角度。从文体上来回答,广义的自由诗是指一种在语言形式上不受格律限制、着意追求内在意蕴的诗体。

简言之,"诗"是一种艺术。那么,"诗"是一种什么艺术?

1. 诗是精致艺术

在英语语境里,"Art"有时被称为"Fine Art"。这说明,艺术不是粗鄙之物,虽然它可以描写粗鄙之物,但"技术"的介入总能把它从日常或粗鄙状态中区分开来。

"诗"是一种文字艺术。无论它"行善"还是"作恶","再现"还是"表现","沉思"还是"抒情",它都是意愿、想象力、经验与技巧的综合。缺乏"技巧"的情感、想象、经验,不会自动成为艺术,传递审美的愉悦,除非它凑巧暗合了"艺术"的形式,或者已经经过了"艺术"装置的选择,比如"自去自来堂前燕,相亲相近水中鸥"等这样的诗句。

2. 诗是文字压缩的艺术

相对于小说、戏剧、散文等文体,诗歌是一种努力用最少的文字,去传达最多的情感信息、价值观信息、智慧信息、生活信息等的文体。在这个意义上,情感真实、强烈与否,价值观正确与否,题材高大上与否,都不是必要条件,只是充分条件。

很多时候,不懂压缩,不懂收敛的作品,仅仅情感真实、价值观正确、题材高大上往往不能带来审美愉悦,反而对阅读形成一种道德上的压迫。如同E.M.齐奥朗所说的:"诗歌虽然神圣,本质上却是一种不敬神的亢奋。"

诗是文字压缩的艺术,表现在以下四个方面:

(1)用物象、意象、意境、象征说话。

我们喜欢的诗歌,肯定是简约不简单的,用意象与意境表达的,留有丰富的联想余地,是一种空白的艺术。

【例】

镜　中

张　枣

只要想起一生中后悔的事

梅花便落了下来

比如看她游泳到河的另一岸

比如登上一株松木梯子

危险的事固然美丽

不如看她骑马归来

面颊温暖

羞惭。低下头,回答着皇帝

一面镜子永远等候她

让她坐到镜中常坐的地方

望着窗外,只要想起一生中后悔的事

梅花便落满了南山

这首诗是诗人深层情感的具象表达，"只要想起一生中后悔的事/梅花便落满了南山"，诗人深层的情感（"后悔"）用一种具象（"梅花落满南山"）表达出来，虽然有一种反差在里面，读来却丝毫不觉违拗、突兀，因为这里的"梅花"带给读者的不再是以往"傲霜""坚贞"等审美感觉，而是被诗人赋予了"新的发现"，其中蕴含了淡淡的惆怅、无奈等种种无法言说的情绪，带给读者丰富的情感体验。几个细节"游泳到河的另一岸""登上一株松木梯子""骑马归来"等，加重了这种情感体验。同时，每一个细节都是一个独立的事件，跳跃感极强，带给读者丰富的想象空间。除了"梅花"之外，"镜子""皇帝""南山"，这些意象也都违拗了它们以往带给我们的固有感受，打破了意象本身的审美自动化。

（2）跳跃、留白。

一首表面松松垮垮但被认为很好的诗，一定有巨大的转折、巨大的突进，前面的"啰唆"往往是假象，最终让你一脚踏空，引起阅读的震撼。到了这个时候，你会觉得诗人很坏，原来前面的"啰唆"，其实都是为这个地方的留白准备的。一般而言，"啰唆"的程度跟留白的余地成正比。当然，我们也可以把啰唆理解为写实、叙事、叙述，这些都是非常占文字空间的，写实部分越多，读者对留白的期望越大。

【例】

在一颗小星星底下

［波兰］辛波斯卡/陈黎、张芬龄译

我为称之为必然向巧合致歉。

倘若有任何误谬之处，我向必然致歉。

但愿快乐不会因我视其为己有而生气。

但愿死者耐心包容我逐渐衰退的记忆。

我为自己分分秒秒疏漏万物向时间致歉。
我为将新欢视为初恋向旧爱致歉。
远方的战争啊,原谅我带花回家。
裂开的伤口啊,原谅我扎到手指。

我为我的小步舞曲唱片向在深渊呐喊的人致歉。
我为清晨五点仍熟睡向在火车站候车的人致歉。
被追猎的希望啊,原谅我不时大笑。
沙漠啊,原谅我未及时送上一匙水。
而你,这些年来未曾改变,始终在同一笼中,
目不转睛盯望着空中同一定点的猎鹰啊,
原谅我,虽然你已成为标本。

我为桌子的四只脚向被砍下的树木致歉。
我为简短的回答向庞大的问题致歉。
真理啊,不要太留意我。
尊严啊,请对我宽大为怀。
存在的奥秘啊,请包容我扯落了你衣裾的缝线。
灵魂啊,别谴责我偶而才保有你。

我为自己不能无所不在向万物致歉。
我为自己无法成为每个男人和女人向所有的人致歉。
我知道在有生之年我无法找到任何理由替自己辩解,

因为我自己即是我自己的阻碍。

噢,言语,别怪我借用了沉重的字眼,

又劳心费神地使它们看似轻松。

辛波斯卡说,在诗歌语言中,每一个词语都被权衡,绝无寻常或正常之物。没有一块石头或一朵石头之上的云是寻常的。没有一个白昼和白昼之后的夜晚是寻常的。总之,没有一个存在,没有任何人的存在是寻常的。

辛波斯卡是真实世界的信仰者。她擅长自日常生活汲取喜悦,以小隐喻开发深刻的思想,寓严肃于幽默、机智。这首诗一次次地致歉,思维不停地跳跃,简单的文字中包罗万象,平实的画面里蕴含深刻的思考,诙谐中透露着深刻,平淡中充溢着凝重。

【例】

秋

海 子

秋天深了,神的家中鹰在集合

神的故乡鹰在言语

秋天深了,王在写诗

在这个世界上秋天深了

该得到的尚未得到

该丧失的早已丧失

海子的诗歌想象丰富,跳跃性都非常强。《秋》这首诗很短,只有 54 个字。写了三个内容:鹰、王、秋天的收获。三个内容有内在的统一性和逻辑,以鲜明的对照揭示深秋本来是一个收获的季节,但实际上并没有什么收获,只有一片肃杀荒凉的气氛。

同时,在这首短短的诗中,"秋天深了"出现了三次,第一个"秋天深了"是指大自然的秋天;第二个是指"王"写诗的那个秋天,隐含着诗人已经在写作上有了一定的收获;第三个是指作者所处的那个残酷的现实,隐含着秋天的肃杀和无情。

(3) 找准关键词。

要学会用关键词,力求用最少的词语表达既定/更多的信息,冰山露出来的那一部分要能代表整座冰山。

【例】

春

穆　旦

绿色的火焰在草上摇曳,
他渴求着拥抱你,花朵。
反抗着土地,花朵伸出来,
当暖风吹来烦恼,或者欢乐。
如果你是醒了,推开窗子,
看这满园的欲望多么美丽。

蓝天下,为永远的谜蛊惑着的
是我们二十岁的紧闭的肉体,
一如那泥土做成的鸟的歌,
你们被点燃,卷曲又卷曲,却无处归依。
呵,光,影,声,色,都已经赤裸,
痛苦着,等待伸入新的组合。

这首诗的关键词是"欲望",体现了诗歌内在的张力和戏剧性。

一系列充满对抗与冲突的词语和意象组合在一起,形成错综复杂而又强烈的抒情形式。一切缘自生命中新生和强力冲动的"欲望",诗人在"春"的迷恋与等待中感受到这种对立观念的冲突。

(4) 所指大于能指。

一句完整的、正确的话,一个完整的段落,它有字面意思,也可能有言外之意。我们把这个字面意思和言外之意,套用现代语言学家索绪尔的概念,分别称作能指和所指。如果这句话、这个段落的能指大于所指,这句话或者这个段落极有可能是"啰唆"的。如果它的能指与所指严格对应,能指正好等于所指,那么这样的语句或段落极有可能是公文、法律条文、科学术语等。如果它的所指远远大于能指,这样的句子或段落,极有可能就是诗了。"只要想起一生中后悔的事,梅花便落满了南山",这句话,是用一句话解释不清的,所以它是诗。再比如顾城的《远和近》。

远 和 近

顾 城

你
一会看我
一会看云

我觉得
你看我时很远
你看云时很近

这首诗包含着两个动作和三层感情。第一个动作,"你"对"我"的观察:"一会看我""一会看云";第二个动作,"我"对"你"的反观察,否则"我"怎知道"你"在看"我"?请注意,这里始终没有

"我"和"你"的对视、凝视,只有相互的窥视。第一层感情是,"你"对"我"的情感试探及失望,因此"看我时很远""看云时很近"。第二层,"我"对"你"的在意:"你"所有的动作与情感反应都在"我"观察之中,尽收眼底。第三层,"我"对"我们"之间所存在的隔膜与相互的孤独,感到无尽的悲凉。"你"和"我"可以被理解为生活中的两个人,也可以被理解为一个时代社会关系的折射,还可以被理解为人类的根本生存处境的象征。简单的一个题目和六句诗,包含了从生活到时代到终极关怀的极为丰富的信息,言有尽意无穷。

3. 诗是文字炫技、主动修辞的艺术

我们经常讲,写诗是戴着镣铐跳舞。跳舞很平常,戴着镣铐跳就不平常了,这是人为地增加难度,干吗要戴着镣铐跳舞呢?诗如果仅仅是传递信息、抒发感情的工具,那么它完全不必这么折腾。诗歌是一种文字的炫技,是要引起读者注意,比如,"扭断语法的脖子",会主动使用跳行、抛字、断句、重复、"啰唆"、格律,反其道而行之,最后会有一个反转,等等,而不是只注重结局。

从这个意义上说,诗歌抒情是可以的,但必须成为抒情的艺术,诗歌写景也是可以的,但必须成为写景的艺术。所谓格律诗,就是戴着有形镣铐跳舞的艺术。这个镣铐,就是格律,对诗歌的字数、行数、声音及节奏等各方面的强行规定,格律诗写作,就是戴着格律跳舞,它完成的是规定动作。自由诗呢?没有要求吗?不是的,它有要求,这个要求是无形的,自由诗写作是戴着无形的镣铐跳舞,它完成的是自选动作。因此,在某种意义上说,自由诗比格律诗难写得多。优秀的"运动员"能够将规定动作做得像自选动作一样优雅,比如杜甫、陆游等。蹩脚的"运动员"总是不自觉地将自选动作做成规定动作,比如我们现在说的"老干部体"。

4. 诗是一种反转度最高的文字艺术

叙事就是讲故事,故事是事件,叙事文体以讲故事、说事件为己任。长篇小说、电视连续剧讲长故事,讲人的一生、长时段的事件;短篇小说、小品文讲人的某个时刻、短时间的事件。无论是长故事还是短故事,大事件还是小事件,"变化"总是其情节线索:或人物的转变,或事件性质(比如秘密被揭示,意义被反转等)的转变。长篇故事讲主人公的成长或颓废,短故事讲事件的突转、出人意料。巴赫金曾将人类的故事情节概括为"成长"和"死亡"两大变化结构,而"欧·亨利式结尾"则形象地揭示了短篇小说/短故事的结构秘密——反转!但是,诗却是一种反转度最高的文字艺术。这种反转或是体现在意象与意义之间,或是体现在行为与动机之间,或是体现在现象与价值之间,或是体现在内容与形式之间,等等。

特蕾莎修女的《无论如何》写道:"人们不讲道理、思想谬误、自我中心""如果你友善,人们会说你自私自利、别有用心""如果你成功以后,身边尽是假的朋友和真的敌人"……如此之后,她又坚定地告诉读者:"不管怎样,还是爱他们""不管怎样,还是要友善""不管怎样,还是要成功"……这里存在着行为与动机的不合常规的断裂,到最后才告诉读者:"你看,说到底,它是你和上帝之间的事,这绝不是你和他人之间的事。"行为与动机之间的反转,省略了完整的论证过程,极大地增加了诗的容量,也让我们理解了诗人高贵的情操和异常坚韧的内心世界。

很多时候,"反转"与"反差"是等同的,反转的目的就是为了形成各个层面的反差。这种反转最常见于它的体制,即以高度仪式化、非日常化的装置去表现普通的生活内容、永恒的人类情感。从某种意义上说,诗是最"不自然"的艺术。这一点我们在古体诗、格律诗中看得更清楚,"白日依山尽,黄河入海流""床前明月光,疑是地上霜"等即是。这是内容与形式之间的反差,是"诗意"产生的重要渠道和外在表征。另一种常见的反转是在日常生活中产生新奇的发现,或者给日常生活赋予新的意义,就像我们第一次发现它一样,这是自由诗、现代诗最常见的构思方式,当然也是"诗意"产生的内在机制。

在一首诗的内部,行为、意象与主题之间也会存在结构上的反转,雷平阳的《杀狗的过程》中,"金鼎山农贸市场3单元"发生的"杀狗"事件与记录这个事件的"诗"、杀狗的残忍与狗对人的忠诚、"人性"与"狗性"、表面的冷峻与文字内部的炽热等形成了意义上的对峙,但这些对峙所蕴藏的惊心动魄的力量在结尾的反转中爆发出来:"11点20分,主人开始叫卖/因为等待,许多围观的人/还在谈论着它一次比一次减少/的抖,和它那痉挛般的脊背/说它像一个回家奔丧的游子。""回家奔丧的游子"与全文格格不入,刹那间扭转了上述对峙双方的位置。实现反转功能的句子可以在结尾,作为点题收束句;可以在中间,成为整首诗的核心句;可以在开头,作为核心意象;甚至还可以作为题目。比如伊沙的《张常氏,你的保姆》,正是诗的题目"张常氏,你的保姆"扭转了整首诗的文字信息:张常氏,不是他人的保姆,而是你我的保姆,在文化传播与文化自信上,我们包括"外语学院的教授"都没有成功——这并非"真是可爱极了",而是一点也不好笑。

诗永远是文字艺术,这是常识,但诗不是文字艺术已经很久了。不尊重常识,"常态"也不正常,诗也如此。否认或者没有认识到诗是文字艺术,等于完全拆掉了诗歌写作的门槛,导致"口水诗"

"老干部体"这些伪诗横行、泛滥,真正的诗反而被淹没。没有认识到或否认诗是文字艺术,导致我们这个时代对那些精致的文字、真正的诗充满了偏见,"读不懂""假装""学院派"等伪批评甚嚣尘上。我们一边在抱怨没有"诗",一边在抱怨"读不懂";一边在恶意攻击诗的艺术属性,一边在责备诗的粗鄙。诗与批评、诗人与读者无法正常对话,最终受伤的还是诗本身。

诗是高度自反的艺术,这一点在自由诗尤其是现代主义语境下的自由诗里更明显。这个自反包括两个方面:一方面是语言、意象等层面的自反,它要求我们的诗在这方面不可模仿他人,永远不可能做现代版的"李白第二""杜甫第二",它的要求之严格,甚至在很多时候无关诗本身。比如,"飞流直下三千尺,疑是银河落九天"是好的,但"飞流直下四千尺,疑是银河落十天"怎么样呢?前面一句是诗,后面一句什么也不是。另一方面是指叙述主人公的人格形象方面,它要求主人公必须保持一个特立独行的个性。我们知道,诗的作者、隐含作者、叙述者、人物形象这四者是高度统一的,如果这四个环节有哪一个出现问题,就会导致读者对诗歌的整体厌倦。

自反性带来一系列问题和有意思的现象,比如,在文学史尤其是现代文学史上,诗这种文体最折腾,流派、思潮、主义最多,变化得最快。诗人也最折腾,为什么呢?这就是诗的自反性在作怪。因为诗不能重复别人的诗,诗人也不能重复别人,甚至不能重复自己。

◆ 如何写出一首诗?

诗歌是如何创作出来的?从创作驱动力上说,可分为以下五种类型：

1. 逻辑驱动

比如臧克家的《三代人》，分别罗列"孩子""爸爸""爷爷"各自面对土地时所表达的感情，在平静叙述中刻画出一个普通的农民家庭中三代农民的土地情结和命运的延续。少年、中年、老年三代人的形象，折射出曾经世世代代生活在土地上的农民"面朝黄土背朝天"的生活和命运。《有的人》则是一种正、反逻辑的对照，而余光中的《乡愁》是遵循时间、空间上"家—家乡—祖国"的递进逻辑。

2. 观念/哲理驱动

史蒂文斯的《坛子轶事》表达了"世界的秩序在于设置，而不一定是坛子"的观念；玛格丽特的《重要书》表达了"视而不见的事物很重要，不一定是'天'"的观念，"重要书"其实是"不重要书"；穆旦的《诗八首》之六则表达了人与人之间的情感相处悖论，把握其中的"度"本身就是一种危险的事，因为厌倦是人的天性，而孤独永存。陈先发的《前世》，海子的《地狱王》，韩东的《有关大雁塔》《你见过大海》，徐志摩的《偶然》，辛波斯卡的《在一颗小星星底下》等，都传达了一种超越日常的观念或哲理，给人以警醒和智性的思考。

【例】

坛 子 轶 事

[美]史蒂文斯/赵毅衡译

我把一只坛放在田纳西，

它是圆的，置在山巅。

它使凌乱的荒野，

围着山峰排列。

于是荒野向坛子涌起,
匍匐在四周,再不荒芜。
坛子圆圆地置在地上,
高高屹立,巍峨庄严。

它君临着四面八方。
坛是灰色的,未施彩妆。
它无法产生鸟或树丛,
不像田纳西别的事物。

【例】

《诗八首》之六

穆 旦

相同和相同溶为怠倦,
在差别间又凝固着陌生;
是一条多么危险的窄路里,
我驱使自己在那上面旅行。

他存在,听我底指使,
他保护,而把我留在孤独里,
他底痛苦是不断的寻求,
你底秩序,求得了又必须背离。

3. 意象驱动

比如郑愁予的《错误》,以莲花开落的意象表达来人不是归人,而只是过客,造成一个美丽的错误。为什么是莲花,而不是桃花、杏花、樱花?我们可以从这些花的音韵、外形、相关性、内质、象征、意蕴上来区别。桃花、杏花美丽而轻佻,属于乡村采风,暗含韵事;樱花是外来之物,与江南不协调,用樱花则破坏整个意境。因此,桃花、杏花、樱花,都不能保证这首诗的格调。只有莲花的美丽庄重,能保证这次错误的性质。另外,莲花有佛性,含有一种古典意蕴,用莲花的意象,使得这个"错误"美丽而圣洁,又令人怅惘。

意象驱动的诗,还有戴望舒的《雨巷》、李之平的《我与壁虎同居一屋》、席慕蓉的《一棵开花的树》等。

4. 故事驱动

诗歌背后往往都有一个故事,有些诗歌,直接讲述一个故事,其中有人物,有情节的发展,甚至有对话。比如杨黎的《桉树》,梅绍静的《她就是那个梅》,李亚伟的《中文系》,艾青的《大堰河——我的保姆》,伊沙的《张常氏,你的保姆》,刘擎、王嫣的《四月的纪念》等。

【例】

桉　树

杨　黎

1

这株桉树与其他的桉树不一样
它特别的高,特别的高
我从下面往上面望
还没有望到它的树尖就已经望见了天
像一片天和另一片天

像两片天空和三片天空
二十年过去了
我一闭上眼睛它们仍然悬挂在
这株高高的桉树上
数不清楚有多少
但知道
都非常的亮

2

小丽在这株桉树下等我
她整个身体靠在桉树的上面
一片桉树的树叶
慢慢的落下来
并准确的落在她的胸前
那是我们第一次约会
那应该是一个秋天的傍晚
天正在黑
小丽抬起头往上面看
她说：我越往上
越是什么也看不见

3

我爱上这株桉树是从那时开始的
小丽爱上这株桉树也是在那时
在几株桉树中

我们单单选择这一株
我们有我们的理由:
我是因为它的高
小丽是因为
落在她胸前的桉树叶
再说一下二十年以后吧
这株桉树还在
而那片树叶
是不是还在呢
就只有问小丽了

4
二十年的时间里这株桉树并没有再长高
但它依然是最高的
比所有我见过的桉树
都要高

5. 情感驱动

诗歌都是情感驱动的结果,比如,孤独感、爱的激情等,使诗人有一种想要表达自己情感的内在驱动,阐发自己对世间万象的独特体验,比如萨福的《给安娜多丽雅》、聂鲁达的《我喜欢你是寂静的》、艾吕雅的《除了爱你我没有别的愿望》等。情感驱动的诗,往往通过前面所讲观念/哲理驱动、逻辑驱动,特别是意象驱动的诗歌表现出来。比如普希金的《致大海》、舒婷的《致橡树》、夏宇的《甜蜜的复仇》、穆旦的《赞美》等。

【例】

给安娜多丽雅(节选)

[古希腊]萨福/杨宪益译

当我看着你,波洛赫,我的嘴唇
发不出声音,
我的舌头凝住了,一阵温暖的火
突然间从我的皮肤上面溜过,
我的眼睛看不见东西,我的耳朵
被嗓声填塞,
我浑身流汗,全身都在战栗,
我变得苍白,比草叶还无力,
好像我几乎就要断了呼吸,
在垂死之际。

【例】

甜蜜的复仇

夏 宇

把你的影子加点盐
腌起来
风干

老的时候
下酒

※ **阅读与写作训练**

练习写一首诗。

要求：

（1）采用借物抒怀/托物言志/说理的手法，用物象、意象、象征说话，也可以结合叙事（讲一个故事）。

（2）用诗的语言说话。

（3）二十分钟内写完传到小组微信群，大家品评，每个组员指出别人写的诗的三个优点。

（4）各组选出一首诗在全班交流。

【工坊活动】

根据以下的诗歌写作考核向度，检查一下你写的诗，看看哪些地方还可以修改。

（1）是否准确传达出了某种信息/意味？

（2）是否还可以进一步抛掉多余的字/句？

（3）有哪些语言硬块可以进一步软化？（所指＞能指）

（4）结构是否完整？（信息要完整）

（5）哪些形式的营造是不必要的？

（6）重复/"啰唆"的目的是否达到？（反对重复，除非为了达到某种风格）

第十二堂课
如何证明一首"诗"是诗？
——诗意的捕捉

◆ **什么是诗意？**

恩格斯说，评价艺术有个最高标准，这个标准就是历史的标准和审美的标准。审美标准是前提，你的作品包括诗必须没有任何接受上的障碍，必须是被认可的作品，包括完整性、没有病句等。内容方面，要求在极简的文字里面，读者能够发现更多关于诗人自己的情感信息、价值观信息、生活的时代信息、生活的环境即地方性信息，甚至包括诗人背后民族、种族、国家的独特气质。

一首被认可的诗就是好诗吗？未必，还要看这首诗在整个诗歌发展史上的位置、影响、贡献等。比如下面这首诗：

> 两只黄蝴蝶，双双飞上天。
>
> 不知为什么，一只忽飞还。
>
> 天上那一个，感觉好孤单。

这是胡适的《两只蝴蝶》。现在看来，这当然不是好诗，可是它在新诗发展史上地位了不得，没有它，大家都不知道新诗怎么写，胡适开了一个头。当然，胡适自己也知道写得不好，就把自己的诗集命名为《尝试集》。它的价值在于开启了一个新的审美标准，引领了一个新方向，也就是说，随之有后来者，有模仿者。

自反性促使诗这种文体不断革新，这让诗人不得安宁。诗歌的压缩文字、炫技等特点要求诗人掌握诗歌写作的技巧,保证写的东西是诗,而不是分行文字。

那么,没有格律、仿格律这种外在的诗歌标示,你怎么向大家保证你写的分行文字是诗而不是其他呢?我们的分行创作,什么情况下是诗?什么情况下不是诗?一首诗里面所描绘的东西、某个瞬间、某种情感,我们觉得很有感觉、有意思、回味无穷,当我们用英文、法文、阿拉伯文翻译出去,也还是诗。但有很多诗歌描绘相同的东西:主题、事件、情感,各个国家的诗人都表现过了,但我们依然认为是诗。共性的东西在哪里?

其实,诗之所以称为诗,在于其诗意。因为有了"诗意",我们才认定一首"诗"是诗,就像故事中的故事核。那么,什么是诗意呢?

当我们谈"诗"的时候,其实是在谈"奇观",即日常生活的反常或稀有之物,内心世界的异象,景致的极致,人格的卓绝或自反,当然也包括对日常语言的蓄意冒犯,等等。从诗歌技艺上讲,写诗一方面就是通过发掘或营造各种奇观,反抗日常生活的自动化、庸常与无聊,在相互参照中重建对生活的感知,像我们第一次发现生活、发现事物、发现自身一样。另一方面,写诗也是使用新的观看角度、感受装置、理解方式与表达方式,擦亮已有事物身上的修辞尘垢、意义富余,让它再次熠熠发光,重新回到我们的视野,是其所是,像第一次看到它那样。我们把上述行为达成的效果称为"诗意",诗意让一首诗成其为诗。然而诗意又是一次性的,其"垃圾化"的速度甚至快于其形成。因此,诗歌的对立面始终有两个:一是日常生活,二是已有的诗意。至于"诗如其人""三美"或"真善美"等标准,应在"诗意"标准之下,不应成为判定"是不是一首诗"

的必须标准。

简单地说,所谓诗意,就是诗人通过对日常生活与现象世界的敏锐观察和精粹提炼所传达给读者的独特意义与新鲜感受。永远第一次,永远是奇观,这就是诗意。

◆ 诗意从哪里来?

诗意来自两个方面。

第一个方面,表现形式的奇观化。

诗意来自文字对情感、认识、生活信息的着意安排,也就是我们常说的与其他文体相异的"抛字""断句""跳转""分行"等写作惯例、"有意味的形式"设置,使其获得一种超越日常本身,乃至有异于其他文体成规的陌生化效果,就像我们第一次接受这些要素一样。比如《三代人》《有的人》《乡愁》《错误》《流浪者》等。

我们发现,臧克家的《三代人》(包括他的《有的人》)传递的信息非常简单,差不多是我们生活中的常识或某些共识,但是,形式赋予这些常识以特别的力量。《乡愁》也是如此,用我们的口语翻译一下,极其简单。

而郑愁予的《错误》其实就是一个正常的误会:我从江南某个地方经过,引起一个美丽女子的误会,以为"我"是她思念的良人,结果不是,她很遗憾,我也很遗憾。但是用现在这个形式表现之后,这个"错误"就很美。为什么?因为它把这个美丽女子的失望、希望与再次失望用"莲花""莲花的开"与"莲花的落"来比拟,就将简单的情绪、心理戏剧化了,同时,"江南""莲花""三月"等意象带有非常古典的文化、宗教气息,为诗歌审美增值许多。

我们知道,诗是有赖于排列的,白荻的《流浪者》的排列方式给读者一个广阔的空间图示,唤起了人们某种新颖的阅读愉悦。作为一种"有意味的形式",现代诗分行排列的外在建筑美赋予诗歌以艺术生命。现代诗人借助诗歌外形的排列,完美地表现他的意图,实现其对世界真善美的把握与创造。

另如徐志摩的《再别康桥》,诗歌的每一节都以"楼梯状"呈现。这种错落有致的变化使得诗形摇曳多姿且富于灵动之美。其韵脚大致是相同的,听觉上音节的声调和视觉上端庄划一的形式完美统一在一起。此外,徐诗在诗行的排列上,其有规律的错综本身也是一种建筑美的传达与体现。

第二个方面,思想内容的奇观化。

诗意来自对生活与事物新的意义和价值的认知,超越日常、尘俗的感受,"永远第一次""发现"或者"重新发现"这个世界,是诗人独特的人生体验,比如陈先发的《前世》。

前　　世

陈先发

要逃,就干脆逃到蝴蝶的体内去
不必再咬着牙,打翻父母的阴谋和药汁
不必等到血都吐尽了。
要为敌,就干脆与整个人类为敌。
他哗地一下就脱掉了蘸墨的青袍
脱掉了一层皮
脱掉了内心朝飞暮倦的长亭短亭。
脱掉了云和水
这情节确实令人震悚:他如此轻易地

又脱掉了自己的骨头!
我无限眷恋的最后一幕是:他们纵身一跃
在枝头等了亿年的蝴蝶浑身一颤
暗叫道:来了!
这一夜明月低于屋檐
碧溪潮生两岸

只有一句尚未忘记
她忍住百感交集的泪水
把左翅朝下压了压,往前一伸
说:梁兄,请了
请了——

陈先发在《黑池坝笔记》(第一辑)中写道,过度地依赖间接经验使我们的"观看"和"倾听"大大削弱了。我们目睹的月亮上有抹不掉的苏轼,我们捉到的蝴蝶中有忘不掉的梁祝。苏轼和梁祝成了月亮与蝴蝶的某种属性,这是多么荒谬啊,几乎令人发疯。我们所能做的,是什么呢?目光所达之处,摧毁所有的"记忆":在风中,噼噼啪啪,重新长出五官。

诗意把捉并非要一味追求新奇,日常生活、熟悉的事物也能产生诗意。比如,玛格丽特在《重要书》中写道:

对天空来说,
最重要的是它总在那里。
高高的,飘着云朵,纯净的蓝色,充满了空气。
不过,对天空来说,
最重要的是它总在那里。

我们从来没有注意到天，但是没有注意到就不重要了吗？玛格丽特的《重要书》写我们平常以为不重要的事物很重要。仅仅因为一个陌生的角度和儿童思维，让我们重新"发现"了天，熟视无睹的"天"突然焕发出光彩。

另如《坛子轶事》《荒城》写的是本来以为很荒凉、很杂乱、没有自主性的事物突然变得生机勃勃，有着自己的秩序。《关于大雁塔》《车过黄河》是写本来很重要的事物其实没有那么重要。

◆ 如何获得诗意？

诗意的本质是"永远第一次""发现"或者"重新发现"这个世界，永远是"奇观"。那么，我们如何获得诗意？"奇观"有哪些种类呢？概括来说，奇观的种类可分为以下六种：

（1）表现形式的奇观化；

（2）想象的奇观化；

（3）思想的奇观化；

（4）自然的奇观化；

（5）语言的奇观化（修辞的奇观）；

（6）经典意象的奇观化。

上文提到的《乡愁》《错误》《再别康桥》等，突出了表现形式的奇观化；《重要书》《坛子轶事》《有关大雁塔》等，则突出了思想的奇观；谭克修的《归途》、海子的《大自然》等，突出的是想象的奇观、修辞的奇观；张枣的《镜中》、陈先发的《前世》等，则是对经典意象审美自动化的突围。

【工坊活动】

分析洛夫的《因为风的缘故》所蕴含的诗意。

因为风的缘故

洛　夫

昨日我沿着河岸
漫步到
芦苇弯腰喝水的地方
顺便请烟囱
在天空为我写一封长长的信
潦是潦草了些
而我的心意
则明亮亦如你窗前的烛光
稍有暧昧之处
势所难免
因为风的缘故

此信你能否看懂并不重要
重要的是
你务必在雏菊尚未全部凋零之前
赶快发怒,或者发笑
赶快从箱子里找出我那件薄衫子
赶快对镜梳你那又黑又柔的妩媚
然后以整生的爱
点燃一盏灯
我是火
随时可能熄灭

因为风的缘故

这是一首构思独特的爱情诗。第一段主要写"我"给你写情书,但令人惊奇的是,这情书居然是在天空中游弋的烟雾,而且是由烟囱代写的,由此可见诗人独特新奇的想象。后一段则表现时间的紧迫性,沉重,令人唏嘘,表明命运的飘忽不定。两段结尾均是"因为风的缘故",把诗人传达的情感造成了延宕,给读者一种风吹无痕的感觉。诗境亦如诗题,不可捉,不必说。

※ **阅读与写作训练**

(1) 每人提供与诗意提炼相关的一到两个例子。

(2) 选取生活中的某个现象、物象或意象作为诗歌的表现对象,为其赋予一种特别的意义,写一首诗。

要求:

① 遵循诗的形式。

② 发掘出"诗意"。

③ 各组选出一首在全班交流。

【工坊活动】

对照以下诗歌写作考核向度,检查一下你写的诗,并进一步修改。

(1) 是否重新感知了生活/现象?

(2) 是否重新阐释了生活/现象?

(3) 是否能够提供愉悦感?

(4) "诗意"表现在哪些方面?

第十三堂课
戴着镣铐跳舞：
联想力与逻辑力

我们说，写诗就是"戴着镣铐跳舞"，如果说格律诗写作是戴着有形的镣铐（格律）跳舞，那么，自由诗写作则是戴着无形的镣铐跳舞。因此，写诗需要联想力与逻辑力的融合。

◆ **联想的本质**

联想的本质是使两个看上去不相关联的事物建立联系，从而产生创新的设想和效果。联想有多种方式，比如相似联想、接近联想、对比联想、连锁联想、发散联想、飞跃联想等。相似联想、接近联想、对比联想是容易的，连锁联想、发散联想、飞跃联想需要开脑洞。我们先来做两个思维训练的小练习。

【专项思维训练】一支粉笔的用途

一支粉笔，它有哪些用途呢？

【例】

写字，画画，干燥剂，润滑剂，中和胃酸，武器（暗器），化妆品，卖钱，染头发，搭积木，杠杆，做毒药，鼻塞，笛子，垫桌子，蚂蚁的船，尺子，项链，农药，化学原料，增白剂，防滑剂，滑轮，无聊时当毽子，书签，棋子（围棋），拉动相关产业（比如黑板、黑板擦），礼物，定情物，等价物，信物，别针，填充物，体育器材（接力棒），门塞，发簪，镇尺,筹码,算筹,灭火剂,磨圆当弹珠,吸水器,绝缘体,搅拌器,砝码,泻火(无聊时发泄,踩),铺在地面按摩,魔术道具,击鼓传花(当作花),素材(小说、写生),给乌鸦当石子喝水……

【工坊活动】故事接龙

"他拿着一把刀,夺门而去……"

根据多种可能性,编一个故事(口头)。

【例】

砍人;杀鸡(鸡跑掉,去撵鸡);救人;抗拆迁(钉子户);逃命(被仇人上门追杀);演戏;退货(被地摊江湖骗子骗了);避祸(屠龙刀);复仇(隐藏多年的仇人出现了);偷刀(小偷偷窃被人发现);重要的信物(定情物);还刀(刀主人在街头等着);发疯(精神病受了刺激);厨师离家出走;去磨刀;中了咒语的魔法刀;避祸(有人抢宝刀);地震了,带刀逃命(刀很珍贵);去参军打仗(军情紧急);家里闹鬼;捅了马蜂窝;上北京台鉴宝;卖刀(铁匠铺,有生意来了);去赶车(郊游,当水果刀);大功告成得意忘形(铸剑师);一个小妇人去割韭菜(娘家来人了,鸡蛋打在锅里了,没有韭菜)……

◆ 诗歌中的联想力

诗意把捉的内在动力是逻辑,外在却是联想能力。从某种意义上,诗意的把捉,主要是通过联想的方式发现生活中的各种联系,建立新的秩序,这就是创意。在语法上,其实就是一种修辞与反修辞、远取譬("近取譬"常取形似,"远取譬"多取神似。取形似者长此以往易于雷同;取神似者舍其形表而求其内同,创造的天地更为广阔)与反取譬的形象思考,杂糅眼耳鼻舌身意等陌生化的手段,改变或颠倒观看世界的角度,深思事物之间可能或不可能的联系与秩序，进而刷新旧世界，发现新世界，重新感知生活和自身，获取一种生理与心理的愉悦。

诗歌中的联想力，可以归纳为以下五个要点：

（1）以逻辑力为基础；

（2）重建事物之间的联系（可能性/不可能性）；

（3）远取譬、反取譬、反修辞（比喻：明喻、暗喻、转喻/换喻等）；

（4）运用五感，全身思考（眼耳鼻舌身意）；

（5）联想目的：永远第一次，永远是奇观。

比如，李之平的《壁虎与我同居一室》、雪子的《错位》、轩辕轼轲的《故事的中心》、庞德的《在一个地铁车站》、艾吕雅的《除了爱你我没有别的愿望》、帕斯的《例证》等。

故事的中心

轩辕轼轲

故事的中心从来都是一位主人公
但讲故事的却在故事中心栽了一棵树
虽然这棵树旁边也围绕着几个乘凉的人
但故事的中心总是在讲述着这棵树
为了反对这棵树我们捂住了自己的耳朵
但大嗓门的讲故事的还是让我们听到了这棵树
我们只好央求他把我们也编进这个故事
让我们沿着故事情节去靠近这棵树
我们故意用各种理由向他要锯和斧头
但他除了微笑之外什么也不给我们提供

我们只好让那些还没进入故事的回家拿工具
但等他们跑来时讲故事的已经口若悬河
把我们讲到了一座海天茫茫的孤岛
这棵树这时才凸显出作为中心的作用
它给我们果实果腹给我们枝条燃起篝火
在故事中还有一伙土著飞奔来给我们添乱
但我们及时地攀援到了遮天蔽日的树冠
从树上一出溜下来故事就快要结尾了
但供我们返回的船不小心被讲故事的忘掉了
这回他不得不给我们扔进来锯和斧头
这回他不得不给我们递进来造船的图纸
我们的手出现了老茧我们的脊背出现了汗
我们亲眼看到在树存在的位置出现了一条木船
没有油漆就没有吧没有铁锚就没有吧
没有香槟就没有吧反正我们一跳到甲板它就启航了
我们远离了故事中心我们现在哪还有心思
管谁是故事的中心在暮色中我们听到了
父母喊我们回家吃饭我们一个个扔下故事就跑
只有杜三没跑他爸正绘声绘色地坐在他身边

  这首诗，围绕"故事的中心"展开丰富的联想，运用发散思维，经由讲故事的人的口，从故事中心的主人公，联想到讲故事的人在树下讲故事。于是，他在故事中心栽了一棵树，由这棵树，又联想到围绕树乘凉的人，由故事中心的人，联想到听故事的人，他们也进入故事中心。由讲故事的人口若悬河，联想到海天茫茫中的一座孤岛，联想到这棵树将为孤岛上的人提供果实果腹，提供树枝燃起篝火,又联想到飞奔而来的一伙土著;由听完故事要回家而联想到船,但讲故事的人把船给忘掉了,于是扔进来锯和斧头以及造船的图纸;在孤岛听故事的人辛辛苦苦造出来一条船,由船又联想到油漆、铁锚和香槟,虽然这些并没有;"我们"乘船远离了故事的中心,暮色中踏上归途,听到父母喊"我们"回家吃饭,于是大家都跑回家,只有杜三没跑,因为他爸就在身边,就是那个讲故事的人。这首诗通篇发散联想,绕了一大圈又回到了讲故事的人身上,可谓神妙。

又如下面这几首诗。

在一个地铁车站

[美]庞德/杜运燮译

人群中这些面孔幽灵一般显现;

湿漉漉的黑色枝条上的许多花瓣。

两句诗,各自独立,由"面孔"联想到"花瓣",形成语言的跳跃,诗意的跳跃,始于意象而终于意象。

例　　证

[墨西哥]奥克塔维奥·帕斯/董继平译

一只蝴蝶在小车之间飞翔。

玛丽·何塞说:

它肯定是庄子,

在纽约旅游。

然而蝴蝶

不知它是蝴蝶

梦着它是庄子

> 或者庄子
> 梦着他是蝴蝶。
> 蝴蝶从不惊诧：
> 它飞翔。

帕斯的大部分作品都是基于他同东方世界的对话。中国古典诗词等构成了他的关心所在，以及其作品的某种基础。这首诗就是如此，由"蝴蝶"联想到"庄子"。

除了爱你我没有别的愿望

[法] 保尔·艾吕雅/飞白译

> 除了爱你我没有别的愿望
> 一场风暴占满了河谷
> 一条鱼占满了河
>
> 我把你造得像我的孤独一样大
> 整个世界好让我们躲藏
> 日日夜夜好让我们互相了解
>
> 为了在你的眼睛里不再看到别的
> 只看到我对你的想象
> 只看到你的形象中的世界
>
> 还有你眼帘控制的日日夜夜

由"爱"联想到"一场风暴占满了河谷""一条鱼占满了河"，想象奇特。

◆ **逻辑力**

　　逻辑力更多的是一种成人化思维,而联想力(想象力)则要求像孩子一样思考。诗歌就是这两种思维方式的结合。先来看津渡的两首儿童诗。

海 的 肚 皮

津　渡

风变幻出一千只手
一万只手
在海的肚皮上揉搓

海的肚皮上
有一千个一万个褶皱

风使劲地搓啊搓
搓干净了
像面镜子一样光滑

海也平静了

木　　偶

津　渡

每一棵树里
都住着一个木偶
每一个傍晚,他们都会脱掉树冠的帽子

掀开树皮,走出来

哦,他们在原野上走着

我记得他们天牛翎一样的眉毛
白蜡杆一样的鼻子
我记得,他们喷水壶一样的脸
马蹄铁一样的下巴

就是这样生动的面容
这样冰冷的伤感
一颗木头的心,这样永不开口说话

一双木头的腿,走着
像你我,在傍晚的原野上走着

  这两首儿童诗,有孩子似的思考,又充满了成人的智慧。因此,儿童诗也并不仅仅是运用拟人化的修辞手法模仿儿童式思维,把动物、植物都当成人来描写;儿童诗也需要奇观,也需要反日常,也应该给人以新的发现与智慧,有一种内在的逻辑力。

◆ 诗歌中的逻辑力
【写作要点】

(1) 结构完整,起承转合有法度。

  文章的结构由开头和结尾、段落和层次、过渡和照应这三组相关材质和关系组成。开头提出问题,结尾要呼应;段落之间要有关系,如递进、平行,或者相反对应,它们之间不兼容;过渡和照应则是段落之间的一种关系。

(2)指向集中(指向主题),描写、叙述、议论有落脚。

主题通常有一个落脚点,叫作"诗眼"。"诗眼"围绕主题展开,往往通过题目点出来,也可以忍着不说,让人猜。

(3)步步为营,跳跃突进有根据。

根据一是生活、情感、文化、哲理等的可然律和必然率;根据二是与前文本的互文性:顺着写、反着写或仿着写。

比如,徐志摩的《再别康桥》、侯马的《酷评》、马非的《手指》、何其芳的《预言》等,都依循着某种逻辑力。

【例】

预　言

何其芳

这一个心跳的日子终于来临!
呵,你夜的叹息似的渐近的足音,
我听得清不是林叶和夜风私语,
麋鹿驰过苔径的细碎的蹄声!
告诉我,用你银铃的歌声告诉我,
你是不是预言中的年青的神?

你一定来自那温郁的南方!
告诉我那里的月色,那里的日光!
告诉我春风是怎样吹开百花,
燕子是怎样痴恋着绿杨!

我将合眼睡在你如梦的歌声里，
那温暖我似乎记得，又似乎遗忘。

请停下你疲劳的奔波，
进来，这里有虎皮的褥你坐！
让我烧起每一个秋天拾来的落叶，
听我低低地唱起我自己的歌！
那歌声将火光一样沉郁又高扬，
火光一样将我的一生诉说。

不要前行！前面是无边的森林：
古老的树现着野兽身上的斑纹，
半生半死的藤蟒一样交缠着，
密叶里漏不下一颗星星。
你将怯怯地不敢放下第二步，
当你听见了第一步空寥的回声。

一定要走吗？请等我和你同行！
我的脚步知道每一条熟悉的路径，
我可以不停地唱着忘倦的歌，
再给你，再给你手的温存！
当夜的浓黑遮断了我们，
你可以不转眼地望着我的眼睛！

我激动的歌声你竟不听，

你的脚竟不为我的颤抖暂停！
像静穆的微风飘过这黄昏里，
消失了，消失了你骄傲的足音！
呵，你终于如预言中所说的无语而来，
无语而去了吗，年青的神？

  这首诗表达了爱情经历的种种：从甜美的期盼到痛楚的相思，由温馨的怀想到清醒的失落……代表爱的"年青的神"在一个心跳的日子终于来临，"我"痴梦着、憧憬着，然而对方无语而来，却又无语而去，从来不为任何理由停留，也从不为爱停留。诗歌内在的节奏感增强了诗作本身的抒情性，四节一顿的诗句将诗人的心理波动明晰地坦示给读者，给人以平衡和谐之感。

  ※ **阅读与写作训练**

  （1）写一首诗，在本体、喻词、喻体三者之间生发、跳跃，但要有一个完整的故事。

  （2）仿写《故事的中心》，运用发散联想，注意词语的滑动。

  （3）每个小组选择一首诗，在全班分享、交流。

  【工坊活动】

  根据以下的诗歌写作考核向度，检查一下你写的诗，并进一步修改。

  （1）诗歌叙述/描写的目的是什么？

  目的是交代必要信息。诗歌往往借事件/物象/意象表达见解，抒发感情，也就是说，叙述/描写终究是为了最后一句话（主题）。反过来讲，若要表达作者见解，抒发感情，首先要叙述/描写。

  （2）诗歌突进、跳转、省略的前提是什么？

  前提是内部信息的完整与统一。诗歌都可以根据文字所提供的信息进行复盘,因为它符合冰山理论。诗歌复盘之后,才显露出整座冰山。比如《远与近》《断章》《致橡树》《神女峰》等,复盘之后,都是一个完整的故事。

(3) 诗歌佯谬、戏仿、冷/反抒情的假想敌是什么?

假想敌是虚伪、假崇高、道德压迫以及滥情。此手法不建议过多使用。

(4) "精致""压缩"的实质是什么?

学会用关键词,或者用最少的词语表达既定/更多的信息,力求找到最具包含性的词语。冰山露出来的那一部分要能代表整座冰山。

第十四堂课
好诗应具备的 N 个要素：
鉴赏与批评

今天讨论诗歌的鉴赏与批评，但我们的讨论是从创作，也就是从如何构思和创作出一首好诗的角度来讨论的，而不仅仅停留在"什么是好诗"的理论层面。辨别什么不是诗，什么是诗，是容易的；辨别什么是诗，什么是好诗则有难度；知道什么是好诗，以及好诗生产的机制，则需要多种准备。面对分行文字——我们先假设它是诗歌——如何鉴赏和批评呢？我们不妨循序渐进。

◆ 作为一首诗，它成立吗？

过往我们把这个判断权力完全交给了刊物、经典文学选本或者诗人自己的声誉。正规刊物发表的、经典选本收录的、著名诗人创作的，我们一般不多做迟疑，接受这些文字一定是"诗"的事实。纵使有些疑惑，我们也倾向于认为：这是风格，这是技巧，这是有意为之，而不会想到，这些文字有可能不是诗。但在自媒体盛行、全民写作的年代，几乎人人都可以"创作"诗歌、"发表"诗歌，作为读者，我们很多时候要被迫时时提醒自己：作为一首诗，它成立吗？

检验一首诗是不是诗，大致有这么几个步骤：

1. 逻辑上成立吗？

我们首先要考察的是这些文字的抒情、叙事、说理的起点在哪里,也就是它的根基在哪里。无来由的抒情、无目的的叙事、强行推出的观点等,即使作为普通文字也让人不舒服,尤其是强硬表达"真善美""政治正确"的道德压迫,我们可以断然拒绝。

2. 信息是否完整?

诗是减法的艺术、留白的艺术,但有些"诗"的留白、简约、意蕴无穷等于信息残缺。许多时候,一首诗的不可理解,不是读者感悟力低下,而是这首诗的必要信息没有交代完整。不可理解,或者怎么理解都行,是一体两面。

3. 文字上是否有瑕疵?

诗当然可以使用跳跃、转折、抛字、断行、"扭断语法的脖子"等手法,以降低读者阅读的速度,提醒读者注意:那些诗人特意做的标记往往是有意味的形式,阅读时不可滑过去,忽略重要的信息。但是,这些特殊的文字处理,是建立在过硬的文字基本功之上的,语病不等于有意味的形式。

能做到以上三点,我们看到的文字差不多是"正确的文字"了,但不能保证它一定是"诗",我们需要继续考察。

4. 是否是"减法艺术"或者是"精致的艺术"?

"正确的文字"未必是"精致的艺术""减法的艺术",我们要考察这些文字的言外之意与文字自身信息、所指与能指的减法运算结果,如果等于零或者小于零,这样的文字基本上可以排除是诗。换句话说,它可以是"歌"或者其他,却未必是诗。反例是格律诗/古体诗,许多格律诗/古体诗翻译成现代文,基本是大白话,但我们要考虑到,其严格的文字形式相对于其他文体、诗人的理想人格与生活方式;其对于奇观景象的描述,相对于诗人的社会位置,至少在农业时代是具备减法与精致的艺术特征的。但是在今天,我们认为，上述要素大多成了知识性内容，或是一个行业入门的训练。

运用第四点可以在形式上考察这些文字是不是诗，但我们要提防各种形式的"老干部体"，包括"新诗老干部体"，我们需要作进一步的追问。

5. 是否提供了"诗意"？

在这个层面，我们要注意两个极端：一是非常像诗的诗，包括"老干部体"和"新诗老干部体"；二是极度不像诗的"口语诗"和"反写诗"。

什么是诗意？我们可以回顾一下第十二堂课："如何证明一首'诗'是诗？"但是，有一点要特别指出，当我们说这些文字具备"诗意"时，是在哪个层面上说的。在从未阅读、也不喜欢阅读现代诗、白话诗的人那里，他们可能分不清陈词滥调和先锋诗歌苦心经营的东西；对专业阅读者，即见多识广，尤其是与当代世界诗歌保持互动、未脱离诗歌现场的批评家以及诗歌研究者而言，他们很难被打动，绝大多数"诗意"在他们那里是"古已有之"或"不过尔尔"。所以，这个层面的判断带有一定的偶然性、个体性，我们可能会因为自己的眼界而高估或低估一些文字。如果举棋不定，我们依旧回到前四点，在这个基础上，谨慎地出发，保持开放性、包容性，也无须一惊一乍。

比如，笔者在《创造一个新世界——周瑟瑟诗歌印象》中写到，周瑟瑟不是在发现生活中的诗意，而是去创造生活的诗意；他不是去发现生活世界的另一面，而是直接开创了另一个世界。这个世界有巫楚的底子，魅影憧憧；不知今夕何夕，又仿佛是异次元空间。在周瑟瑟的诗歌世界里，你完全感觉不到"诗"的存在，你只能看到一个叫"周瑟瑟"或模仿周瑟瑟的人，执拗、沉郁、特立独行，而这个"周瑟瑟"或模仿周瑟瑟的人，恍惚间是李贺、杜甫和李白的合体。

◆ 如何判断一首诗是否为"好诗"?

如果作为一首诗成立,我们需要继续判断,它是好诗吗?我们可以从以下几个方面去判断:

1. 它提出或者"解决"了什么问题?

好诗总是"有用"的、利他的,超越个人的杯水风波和无病呻吟,回答更广大的时代、社会、文化、文明、人性等问题,或者开启新时代,或者存亡续绝、起死招魂,保留一个美好的"旧时代"。

2. 它为这个世界增添了什么新的精神力量?

诗可以写世界的丑陋、黑暗与险恶等,也可以写自己的软弱、颓废与无助,但好诗总为人类精神的成长提供支持。纵使是波德莱尔的《恶之花》,也是在帮助这个世界清洁精神。

3. 它为已有的诗歌在艺术上提供了什么新东西?

好的诗歌总是在已有的艺术基础上,继续提供异质性、陌生化的要素,提供个人性或地方性要素。换句话说,好诗总是以形式与内容的陌生化继续为当代诗歌作出贡献。从外部看,好的诗歌回应社会问题,也就是说,诗人生存的时代出了问题,诗歌要虚拟解决它。美好的稀缺之物,需要赞美;多余的有害之物,需要祛除;强大的有害之物,可以以厌恶、反讽的方式去瓦解它的权威、摇动它存在的根基。从内部看,好的诗歌回应诗歌审美疲劳、表达方式包括内容的单一、专制的问题。好诗促进内部与外部问题的解决,两者往往交织在一起。

【敲黑板】诗意与反诗意

诗之所以称为诗,在于其诗意。诗意就是诗人通过对日常生活与现象世界的敏锐观察和精粹提炼所传达给读者的独特意义与新鲜感受。诗意的特点：永远第一次，永远是奇观。诗意有时候以"反诗意"的方式去营造。一方面，好诗总为人类精神的成长提供支持，它可以批判世界的丑陋、黑暗与险恶，也可以真实表现自己的软弱、颓废与无助，击穿某些肤浅的"岁月静好"的表象；另一方面，好诗总是以形式与内容的陌生化为当代诗歌作出贡献，它不拒绝以反讽的艺术手法对已经形成共识的审美知识、形式进行解构，以反抗诗歌欣赏的审美疲劳。

2018年，第七届鲁迅文学奖诗歌奖颁给陈先发的诗集《九章》，可谓实至名归。陈先发的诗歌直面个人生存事实，又植根于中国大地；超越了传统与西方，前现代、现代与后现代等的区隔，又将传统与西方，前现代、现代与后现代等化作气息，融入现在，溶于现实，不拘形迹，是其所是。这是一种扎根于传统、扎根于现实并面向未来及各种可能性的综合写作，大气、冲和，代表着当代中国诗歌的正路。从《春天的死亡之书》《前世》，途径《黑池坝笔记》的诗学反思，再到《养鹤问题》《写碑之心》，陈先发一路前行。但是到了《九章》，他的诗歌好像突然跨越了一道分割线，思想、技巧与情感恰到好处地一并成熟，三者均衡进入一个江流天地宽的大境界。这个现象对于陈先发而言，有其内在逻辑，但是对于中国百年新诗的发展而言，可能是偶然的事情，它为当代诗歌提供了新的东西。

◆ 好诗的产生及筛选机制是什么？

事实上，我们讨论一首诗的"好"与"更好"的时候，始终参照了"审美的标准"和"历史的标准"，两个纬度的交织，方可准确地认识一首诗歌。我们以中国百年新诗的演进为例，检查创作实践中一首好诗如何产生,以及它事实上是什么样子的。

中国新诗的起点是针对律诗与古体诗的诗体解放,其目标是要用一种新的诗歌样式去表达新的观念和已经变化了的现实。这个起点是严肃的,带着强烈的问题意识和目标意识。新的诗歌样式,我们习惯称之为"新诗诗体的现代化";表达新的观念和已经变化了的现实,我们习惯称之为"言之有物""贴近生活与心灵""为人生"。它们本是一体两翼,有时候却以"为艺术"与"为人生"而对立存在。用新的诗歌样式去表达新的观念和变化了的现实,是中国百年新诗演变或者说是发展的内驱力。这种内驱力的外在表现是创新。创新有整体性的创新,比如新诗相对于律诗/古体诗,现代诗/城市诗相对于田园诗;有局部的创新,比如浪漫主义相对于早期白话诗,新月派相对于早期白话诗和浪漫主义诗歌,朦胧诗相对于政治抒情诗,等等。

创新在绝大多数时候以"反抗"的形式出现,在当代相当长的时间内甚至以政治化的形式出现,"反抗"可以说是百年新诗演变方式的一个关键词。比如:

古体诗/格律诗——早期白话诗(针对前者的形式拘束和内容陈旧)

早期白话诗——浪漫主义(针对前者神采、想象不足)

白话新诗、浪漫主义——新月派/格律派(针对前者形式的粗疏)

早期白话诗、浪漫主义、新月派——纯诗/象征派(针对前者"诗意"提炼不足,包括对诗歌形式的经营、过分包容生活导致"不纯")

早期白话诗、浪漫主义、新月派、纯诗/象征派——现代主义/现代派(针对前者对现代化反思的不足)

早期白话诗、浪漫主义、新月派、纯诗/象征派、现代主义——现

实主义（中国诗歌会、七月诗派）（针对前者对现实问题、中国问题复杂性的认识与表现不足）

中国诗歌会——七月诗派（针对前者对现实问题、中国问题的简单化处理，缺乏诗人个性与生命的思考）

中国新诗派——新歌谣、歌谣化（针对前者对中国白话传统和对广大底层阅读者阅读实际与需要的忽视）

现代主义诗——政治抒情诗（针对前者对现实政治的疏离和诗歌"功用"的忽视）

朦胧诗——新生代（后新诗潮）（针对前者过于紧贴政治、宏大事物而忽视个性和自我的进一步解放）

上半身——下半身（针对前者对于身体真实性、复杂性的忽视）

知识分子写作——民间写作（针对前者的过于学院化、专业化）

……

我们注意到，现代新诗的发展是波浪式演进的，每一次的演进都有它的内在合理性，这个合理性就是针对当下诗歌存在状况的不足提出批评与替代性方案。它们的批评非常具体，甚至到了只攻一点、不计其余的地步。它们的替代性方案的价值在于对前一个诗歌运动的反拨与纠偏。当然，每一次以革命的方式驱动，将会带来新的问题。

创新的激烈方式我们称之为"先锋"。先锋其实不是自选问题、自选目标，而是针对既定目标、既定问题；不是随意性转移话题，而是创造性解决问题。换句话说，先锋不是一个自选动作，而是一个规定动作。失去目标的先锋是伪先锋，是无效的"创新"。

今天中国诗歌的问题是什么？创新的空间在哪里？这个问题需要作转换，今天最大的现实是什么？我们认为今天最大的现实是人类生活的整体转换。

从丛林/穴居、乡村居住到城市居住,人类的生活方式发生了划时代的转变,新的生活形态逐渐形成,对于新的生活形态的感知也在发生变化。表现这个正在变化的现实并采取相应的审美范式,已经成为当代艺术包括诗歌的重要使命和创新点。然而,我们当代诗人绝大多数对这个现实视而不见、见而不知,以至于出现大面积的身在城市、心在乡村,眼见与所写的"灵肉分离",或者因田园诗、农业文明的审美装置导致明明感受到城市生活的便利,却无法表达的状况。

因此,我们呼吁更多的诗人去表现已经发生、正在发生的现实,不要视而不见,或者仅仅从田园诗、现代主义角度去批判这个现实——批判很简单。我们不能总是长久地处于灵肉分离的状态,"城市,让生活更美好",不仅仅是政府和房地产开发商的口号,它是一个现实。将来,它还会是我们灵魂的栖息地,人在那里,心也在那里。

◆ 诗歌鉴赏与批评

当我们已经确认(或者个人确认)眼前的文字是诗之后,我们该如何对之作出鉴赏与批评呢?不妨从以下几个方面入手:

(1) 整体判断:考察诗人、写作年代、背景、文体、类型、写作方法、历史地位。

(2) 作者意图:作者想要告诉我们的,一定要让我们知道的,包括作者极力掩藏或委婉表达的社会信息、情感状态、个人形象、价值观。

(3) 文本意图:大于或小于作者意图的部分,技术与创作动机的较量。从接受理论出发,发掘出更丰富的信息,包括作者自己也没有意识到的(比如经济、社会结构、人类学、人性、无意识等)。

(4) 核心竞争力:主要特色,在同类作品中脱颖而出的部分。

(5) 从作家角度阅读:作者意图如何通过结构、意境、意象、修辞等实现?与上述活动程序相反,从以下方面考察这首诗:题目如何点题?选择何种现象、意象?如何将情感隐藏又显现?如何呈现效果?比如画面、节奏、速度、感觉等。

当然,鉴赏与批评有诗人单篇作品的鉴赏与批评、某个时期或某个类型作品的赏析与鉴赏和诗人创作的整体批评与研究。但是单篇、某个类型或时期的鉴赏与批评总是要结合诗人整体创作状况的,不可割裂而谈。

当我们谈"诗"的时候,我们其实是在谈"奇观"。因此,诗歌鉴赏与批评要紧扣"奇观"!诗歌的对立面始终有两个:一是日常生活,二是已有的诗意。

比如孙启放的《伪古典》的对立面也有两个:一是今天的日常生活,二是过去的诗意。诗人召回已经走远了的英雄美人、退隐了的梅兰竹菊、消逝了的白日放歌,重新营造了一个感时伤怀、洒脱不羁的古典名士形象,以对抗今天的庸常。但这毕竟是以彼之矛攻彼之盾,古典终究是"皮相"。诗人对"古典"的征用只是一种设想:像过去的名士反抗过去的日常那样,今天的名士要反抗今天的日常。然而,真正的名士又是自由的,他可以用名士来反抗日常,可以用古典反抗现代,但反之亦成立。因此,在《伪古典》的世界,不存在真正的古典,所有的古典都是征用的,是"伪古典",各种旧有意象、词令按需分配,随物赋形。一切的现在、当下,也未必就是"现代"的,它们身上保存有诗人喜爱的旧日气息。

古典意象、现代情怀、烟火气息、自省意识和名士形象,这是《伪古典》的几个关键词,但它们跨次元的组合,最终告诉我们的是:在诗人眼里,压根就不存在什么真正的古典或现代,也不存在什么真正的名士或知识分子,有的只是自由和对自由生活的向往。

◆ 如何构思并创作出一首好诗?

(1) 首先要成为诗,让自己的文字达标。

(2) 围绕"诗意"核心,构造作品的创新点。

(3) 开口可以小,从个人生活、日常感知入手,选择并组织诗歌材料,但是努力打通个人与世界的关联,让个人生活穿越多个层次,一并回应多个问题。

(4) 创新总是针对问题,从迫近的问题出发,回应现实问题与诗歌问题,最后直抵人类生存的终极问题。

【案例分析】

归 途

谭克修

这是几号车厢的门重要吗

我像运动员完成规定动作一样

跨进车厢。或者说

被吸进一条发光的蚯蚓

一条被照亮的暗河

暗河里蠕动着一些陌生生物

视力退化,甩出

谁也看不上谁的眼神

那眼神嵌在无所事事的脸上
让脸显出某种同质化的空洞感
里面若浮现一张荒谬的脸
那应该是诗人的
这让我有些幸灾乐祸
他们也不是真无所事事
要占座位,把自己摁进手机屏幕
发出吓坏这个时代的声音
我一度充满警惕
把所有人视为想象中的敌人
直到我筋疲力尽地发现
唯一的敌人,是脆弱的自己
和自己的脆弱。我必须
把自己控制起来,解放他们

要说车厢里全是无关的人
也未必。我们可能一起
排过队,看过同一场电影
睡过同一个人,甚至
在某只股票上有过直接交易
准确的说法是,车厢里
所有人,都不是无关的人
把脸故意转向别处
若无其事捏着男友裤裆的
清纯女孩,让我也有了反应

谁说他们，只是一对
需要相互治疗的特殊病人
要提醒那蓝色的制服女人吗
她在练习把微笑作为奖品
发给想象中的冷漠客户
如果她会腹语，爱唠叨心里话
会不会在每个微笑下面
配送一句牢骚，比如草泥马
所以，有一个翘起的臀部
挡在正前方是幸运的
它被一根钢管挤压得有点变形
我用手机调出一支舞曲
想激励它，绕着钢管扭动扭动

但已经到站了。拜拜
美丽的臀部。噢，应该
先拜拜我那位痛经的同事
她怀揣一条东非大裂谷
承受着伦盖伊火山的爆发
和塞伦盖蒂大草原
上百万匹角马的奔突踩踏
脸色苍白，但始终安静地坐着
不想引起任何人关切
表现得像一位传说中的伟大女性
还要拜拜没来得及提到的

死死盯着窗户的老头

他可能发现,地铁窗户

证明了窗户本身才是风景

也可能被窗外一茬一茬

飞扑过来的黑暗蛊惑

在加速肉体和思想的纤维化

我到了那个年纪会怎样呢

这个急着跨出车厢的

松松垮垮的中年人

多像蚯蚓拉出的一团湿泥

地铁司机呢?也拜拜一下吧

那从没见过的神秘人

希望他,不要因为长时间

被放在潮湿昏暗的地方

长出散发着烂红薯气味的脸

不要为适应在地下管状空间穿行

真的进化出一个蚯蚓的头

在停电的时候

拖着恐慌的人群继续前行

从外在形式上说,这首诗似乎包括三个部分,分别呈现上车、在车上与准备下车三个阶段的观察与想象。但这个形式是自然成型的,实际上全诗是诗人思绪流动的文字跟进——身体行动、内在思索与想象和全诗的形式铺陈同构:上车前,观察随之开始,这是诗歌的开头;在车上,观察继续,但浮想联翩,作为诗歌的中段;下车时,思绪继续,突然又想起了那条"蚯蚓"——一个漂亮的首尾呼应,诗在形式上趋于完整。但由于核心意象的重复,主题就在众多的可能性中脱颖而出,信马由缰成为形散神不散的炫技。这种炫技,建立在仿日常行动、"反诗歌行为"的基础之上,与口语诗的仿口语写作有着异曲同工之妙。

《归途》的诗意来自哪里呢?首先我们说,来自城市日常生活、日常景观的奇观化。地铁以及上地铁的动作、地铁里的乘客等,事实上是城市日常生活的一部分,我们司空见惯,或者自在庐山中,从不以为意。但《归途》因为观察的角度、取景的节点以及它们之间跨生活逻辑的剪辑与组合,突然从浮泛的城市背景中凸显,活喇喇地矗在眼前,就像我们第一次看到它们,感受到它们。而那些看似没有关系的人与人、人与事、人与物,突然被一种可能的关系连接,构成了一个新鲜奇特的另一个世界。生活多么有趣!这不是现代主义,也不是荒诞派,这是生活大爆炸的产物,是城市生活本身,是现实主义的奇妙花朵,但是多年以来被我们错过了,而我们却仿佛身处"荒原"而妄自悲叹。

但眼见的奇观与想象的奇观相比,后者更加瑰丽多姿。这次地铁归途与其说是一次饶有趣味的城市浮世绘记录,不如说是一次内心想象的奇幻之旅。在归途,从前到后,诗人除了上车和准备下车,实际上什么也没有做,但是内心的活动,却四处出击,神游八荒,不时触轨犯禁,惊心动魄,比如他想"用手机调出一支舞曲",激励一个"翘起的臀部"跳钢管舞,让人忍俊不禁。他像魔术师,指挥一个个脱壳的灵魂在四处游荡,比如他假定"那蓝色的制服女人",练习"把微笑作为奖品/发给想象中的冷漠客户";他像一台透视机,一些内心的景观、掩藏的秘密被一一照见,比如那位"痛经的同事",正"怀揣一条东非大裂谷/承受着伦盖伊火山的爆发/和塞伦盖蒂大草原上/上百万匹角马的奔突踩踏"。

  想象的结晶就是比喻。一首诗提供了一个好比喻,以及围绕着这个比喻建构了一个好的情境,让我们通过它记住事物本身,不亚于一部小说塑造了一个经典的人物形象。关于地铁和地铁站,我们见怪不怪了,现代城市诗里关于它们的比拟也有许多,但"一条发光的蚯蚓""一条被照亮的暗河",这个瞬间的把捉和带有价值倾向性与体验性的想象力的介入,却让我们深刻记住了它,或者说唤醒了我们对它最初的印象,从此它成为我们内在事物的一部分。而结尾处,想象地铁司机,不要因为"长时间被放在潮湿昏暗的地方",真的"进化出一个蚯蚓的头/在停电的时候/拖着恐慌的人群继续前行",这个转喻自然对主题有大的推进,但是它把地铁、乘坐地铁的行动再一次奇观化了。

【学生诗歌创作选录】

小 说 集 市

熊莛荻

是吉卜赛人的响板和手鼓

把我们引向妖精的集市

老掉牙的巨树上

结着垂满枝条的历史

地精摘下历史　　嗓音尖细地叫卖

"买我的故事吧,鲜嫩又多汁!"

他随意地啃着,吐出的果核都是小小世界

"从前有个青年——"流浪的骗子信口胡编

"他爱上了谁家的小姐?"三足的黑猫赶忙衔接

热热闹闹的小说集市
迷宫般把我们困在里面
弗朗明戈和美酒挽留我们
"跳舞吧,这样就有更多的故事啦!"

无　问

崔子隽

麋鹿走过干枯草荞看见星河,
灵魂只有二十一克。
溪水在四亿年以后流淌回来,
错过的人走过岸边看见花开,忙着赶路不会摘。
桥洞下少年和破木吉他,
喜欢的和弦响了三年,
一个春天,一个冬天,
寂静的山岭喑哑无眠。
荒漠中有许多沉睡的骆驼,
一个驼峰两个驼峰,不吃不喝。
凉夜底下的老人,
提着空空如也的鱼桶尽兴而归,
他说放生的还是婴儿。
奶茶店的女孩抓一把彩虹埋入土壤,
归还生命一圈又一圈;
她在萧瑟中问那片飘来的枫叶,
你为什么沾满灰尘?

因为问题太多了,烈酒解不开。

以上两首诗,是学生在诗歌写作课堂上创作的作品,虽有不完美之处,但可贵的是运用发散思维和奇思妙想讲述故事,营构诗意,并试图用意象、象征说话,提供了阅读的愉悦感。

【工坊活动】

根据以下诗歌写作考核向度,重新审视你写的诗。

(1) 你诗歌的"奇观"在哪里?(思想奇观/人格奇观/体验奇观/想象奇观/意象奇观/景致奇观/结构奇观/语言奇观/修辞奇观……)

(2) 有无对生活与人、事、物超越日常、尘俗的感受和认知?是否"第一次"发现一个新世界?

(3) 文字是否准确传达出了某种意味?是否采取有意味的形式设置(抛字/断句/跳转/分行等),使之获得一种超越审美自动化的陌生效果?

第六单元
创意文案写作

单元导入

我们把创意写作分成欣赏类阅读文本写作、生产类创意文本写作、工具类功能文本写作三类。

欣赏类阅读文本写作：传统纯文学范畴的文学写作，包括故事、小说、散文、随笔、自由诗、剧本、游记、传记等内容。

生产类创意文本写作：这类创作文本本身不是欣赏类阅读的终端产品，不是艺术欣赏消费的直接对象，而是创意活动与设想的文字展现，对应着创意活动的各个环节，其功能主要是为了生产新的创意文本及创意活动，具有再生产性，包括出版提案、剧本出售提案、广告文案、活动策划案等。

工具类功能文本写作：这类写作文本与中国高校传统应用写作、公文写作的对象基本重合，它们作为信息传达工具而存在，其价值体现于文本信息的沟通、交流、传达，不以欣赏消费作为创作目的。

写作本质上是一种交流、沟通、说服活动，以文本为媒介，牵连写作者和接受者两头。即使是纯文学虚构类作品，其个性和风格也建立在有效的交流、沟通和说服的基础之上，生产类创意文本更是如此。因此，一份好的生产类创意文本首先是能自我推销、求取接受对象认同的文本。强烈的读者意识、市场接受观以及相应的沟通、说服能力，是生产类创意文本写作取得成功的生命力来源。

创意文案本质上属于生产类创意文本范畴，但是综合了欣赏类阅读文本、生产类创意文本和工具类功能文本的特质,它包括形象生产文本、活动生产文本、销售生产文本和意义生产文本等几种形式。文案的形式种类不同,要素不一,具体写作时要区别对待。在工作实务中,使用文案频率最高,同时又对创意有积极追求的当属销售生产文本,又称广告文案。广告文案是一种借助时代的媒介技术为市场营销服务,又具有文学艺术属性的文种,具有一定的传播功能,在这个资讯时代有着重要的地位与作用。

今天的广告文案已经发生了重大变化:一是更多样化与多元化;二是更文学化,更注重广告本身所具有的独立审美价值,以艺术审美性软化广告的功利实用性;三是生活化,更注重从生活的视角去诠释产品的特质;四是价值观化,更注重情怀的诠释与理念的表达。因此,出于软化营销目的、降低排斥度的需要,传统广告文案催生了软文广告,用讲故事的方式将营销的意图包裹在易于接受的背景材料中。这就是我们最后一课所要着重讲的——创意文案如何讲故事?

第十五堂课
创意文案如何讲故事？

◆ 什么是创意文案？

一般把有意识的活动规划称为"策划"，策划具有生产性。策划是指人们为了达成某种特定的目标，借助一定的科学方法和艺术，为决策、计划而构思、设计、制作方案的过程。从策划的对象上看，它一般分为商业策划、创业计划、广告策划、活动策划、会展策划、营销策划、网站策划、项目策划、公关策划、婚礼策划、医疗策划等各种具体形式，记录策划活动全过程的文字形式叫策划文书。

文案是指策划文书中集中体现活动中心主题、理念、定位、期许、承诺，展示形象、传达信息、表现价值等的语言和文字部分，是创意活动的继续、深化与提升。一般来说，它是策划文书的组成部分，但是在显现位置上，它处于策划活动的金字塔尖部分，具有同样重要的创造性。

什么是创意？赖声川认为，创意是生产作品的能力，这些作品既新颖（也就是具原创性、不可预期），又适当（也就是符合用途，适合目标所给予的限制）[1]。简单地说，创意就是出一个题目，然后解这个题目。从这个意义上说，创意是一场发现之旅，发现题目，并且发现如何解答；发现题目背后的欲望，发现如何解答的神秘过

---

[1] 赖声川.赖声川的创意学[M].桂林：广西师范大学出版社，2011：21.

程。创意就是一个人的活法,以及他独有的思维方式。

什么是创意文案?顾名思义,创意文案就是文案的创意表达。创意是内隐的核,文案是外显的表达;创意是内容,文案是形式。

◆ **创意文案的分类**

1. 形象生产文本

所谓形象生产文本,就是通过创意写作的发现、反思、总结和超越的方式,生产出的能够取得接受者认同并符合自我预期形象的创造性成果。小至一个产品品牌的树立、一个单位 Logo 的制作,大至一个城市名片的构思、一个国家形象的宣传、一种文化的定位,都需要创意写作活动来促进完成。

2. 活动生产文本

所谓活动生产文本,即通过创意思维策划整个活动的理性化整理和视觉化显现结果,以取得活动主管、主办、协办及参与者和接受者各利益单位的认同,得以成功生产出物质性活动的创造性成果。

活动生产文本的写作是一个系统化、综合化过程,它包括活动开展得以展开的各个环节与要素的整理、规划,既包括活动意义的陈述、活动过程的详细规划、活动成本的预算、活动结束后的后期工作安排等。作为有创意的活动,它要考虑到活动实施的前提条件,活动的宗旨、意义与预期目标,活动的周密规划,活动的个性,活动的成本,可行性与操作路线,替代性方案及后续工作等。在这方方面面的考量中,既体现出活动的思维创意,又得益于有创意的视觉化写作。

3. 销售生产文本

所谓销售生产文本,即通过有针对性的产品信息介绍、产品推介时间与方式选择、产品形象的塑造,以获取消费者的认同,产生消费欲望和销售活动的创造性成果。

销售生产文本一般称为广告文案或广告销售文案。实际上同其他创意生产文本一样,它包括两个部分的写作,一是广告文案,即广告内容本身的文本,这类文本面向终端接受者,即消费者,它的成功与否取决于销售(消费)的生产;二是包括广告文本在内的提案,即广告的制作、广告的投放、广告的成本、广告的预期等因素,它决定广告文本是否得以产生。广告文本处于销售生产的末端环节、显在层面,强调可阅读性、说服性,在很大程度上类似于欣赏类阅读文本的写作,虽然它更多地采用数字技术。而广告制作提案直接面向广告文本面世的相关者,它类似于活动生产文本的写作。

4. 意义生产文本

所谓意义生产文本,即通过包括语言在内的视觉符号,赋予人的行为或物的使用以正面价值的创造性成果。与形象生产文本不同的是,它主要是通过语言来揭示人物行为活动,包括对物的使用所具有的审美性、道德性、真理性,从而在普适意义上求取更高层次、更广范围的认同,并在审美意义上确证自己的个性价值。

正如现代性席卷全球,发展主义、成功哲学、享乐精神也成为压倒性意识形态,支配着全世界的大脑和日常生活。财富、容貌等既成为成功人士炫耀的根据,也成为普通民众的心结,形成新的等级,压迫着无数草根。在这个过程中,以电视为代表的大众传媒起到推波助澜的作用。实际上,与绝对贫困不同,草根们的"失败"与平庸并不意味着他们实实在在缺衣少食,而是在根本上缺乏一种生活的意义,缺乏一种能够赋予他们生活价值的评价体系。换句话说,在与现有成功人士的比照中,他们输在没有一套有利于自己的游戏规则。比如,《中国达人秀》是东方卫视制作的一档真人秀节目,自 2010 年 7 月 25 日播出,该节目旨在实现身怀绝技的普通人的梦想,传达出平凡人也可以成就大梦想,相信梦想、相信奇迹的生存理念。

◆ 创意文案写作的特征

1. 结论先行

对于受众来说,读文案不是学知识,没有人是抱着思考的态度来读的,也没有人关心逻辑和原理,人们的眼睛和耳朵只会对"结论"敏感:逻辑越简单越容易传播,越耸人听闻越容易获得关注。所以文案一开始应该就抛出斩钉截铁的结论,先把受众的目光吸引过来。

受众的目光扫到信息,停留的时间平均只有 0.1 秒,因此,出招必须要快,第一招就要出"杀招",一剑封喉。比如:

(1) 快餐店的冰块比马桶水还要脏!

(2) 可乐会腐蚀你的骨头!

2. 言简义丰

优秀的文案言简义丰,多一个字都嫌多。但不浪费一个字,并非意味着写更短的文案,而是说,文案的每一个字都必须指向消费者,用词要简洁。比如:

(1) RedBull give you wings. 红牛给你翅膀!(红牛的文案)

(2) Don't dream it. Drive it. 告别梦想,尽情驰骋!(捷豹的文案)

（3）人类失去联想，世界将会怎样？（联想的文案）

（4）一切皆有可能！（李宁的文案）

3. 文学手法

文案的表现手段是丰富多样的，无论是叙事、论述、说明、抒情等表达方式，还是开门见山、篇末点题、欲扬先抑等写作手法，抑或是比喻、拟人、排比等修辞手法，只要能达到效果，皆可灵活应用，不拘形式。

4. 说服性

生产类创意文本是劝说性文字，通过有创意的写作，打动、说服不同层面的接受者，让活动得以产生。文本背后的写作者身份不应该是理论家、哲学家、心理学家、文学家、艺术家或娱乐家，而应该是创意写作作者。生产类创意文本的读者不是热爱艺术、热爱哲学等这样的专业学者、批评家，而是能够决定"生产"能否产生的相关人员。让人喜欢的不应该是生产类创意写作文本，而是创意本身。

5. 愉悦性

文案必须能让受众从中得到美的享受，在愉悦中形成对相关商品、品牌、公司、理念的认知，生成用户黏性。随着国人生活水平和欣赏水平的提高，人们用越来越高的审美眼光去看待广告作品，广告文案的审美效应将会起到越来越重要的作用。

6. 真实性

撰写文案要"诚实"，即用真诚的心，对客户说"实在的话"，真实性是创意文案"第一法则"。文案内容的表达可以强调亮点，但必须遵守真实性原则，不可做虚假宣传，否则就是欺骗受众，这是不可触碰的红线。

◆ **"创意"六字母**

人们认为一个成功的"创意"至少需要符合六个英文字母:"ROI""SSS"。这里的"ROI"理论是20世纪60年代美国DDB广告公司的创意指南。

"R"就是Relevance,意为"关联性",一个好的创意首先要跟所售卖的产品/品牌具有关联性,涉及消费目标群、品牌个性、广告利益点、媒介等多个方面。

"O"为Originality,即"原创性",原创是广告创意的生命力。

"I"为Impact,即"震撼性"或"冲击力",广告没有震撼性和冲击力,就不会给消费者留下深刻的印象,只能淹没在信息的汪洋大海之中。

这里的"SSS"则分别是Simple,即"简单",好的广告每次只能和消费者沟通一件事情,简单明了才能让人印象深刻。

Smile,"微笑"(即令人心动),要知道消费者是健忘的,因而好的创意应该直指人心,触动人性中最隐秘、最柔软的部分,让消费者会心一笑或怦然心动。

Surprise,即"惊喜",能够让消费者眼前一亮并非易事,惊喜之后记住商品、付诸消费行动才是其根本目标。

◆ **创意文案(软文)如何讲故事?**

我们就以广告文案(特别是其中的软文广告)为例,对创意文案写作技巧,特别是对创意文案如何讲故事进行探索,展开说明。

传统的广告文案,其语言文字部分(即广告词),主要由标题/副标题(吸引受众)、正文(支持标题,说服受众)、口号(阐释品牌理念)、附文(补充正文,实现交易)这四大要素构成,是广告内容的文字

化表现。现在的广告文案,在形式上更自由,例如奔驰汽车的广告文案,一反男人视角,以不同女性之口说出了属于自己的独立宣言:

标题:握好手中的方向盘,无论去往哪里。

正文:(1)她有三千烦恼,更有万千解药

(2)做好大孩子,才能养好小孩子

(3)饿出来的好身材,总是少了些味道

(4)别人说的,听听就行了

(5)睡一觉,说不定灵感就醒了

(6)买包解决不了的问题,背包试试

口号:遇见知己,更看见自己

【写作训练】闲鱼:让你的旧物游起来

毕业了,请为你的旧物、闲置物写一个广告文案,转让/拍卖你的闲置物、旧物,赋予其新的价值。

【学生作品选录】

标题:瞬间照亮你的美

正文:伸缩式多功能酷壁灯,呆萌的价格,一流的设备

附文:买灯具,就来3616

联系方式:1395989839(139 红酒白酒葡萄酒)

口号:酷壁灯——太阳唯一的对手

传统广告文案强调全面、信息准确、价值实用、来源可靠,而在今天这个信息过剩的资讯时代,信息泛滥,供大于求,日常生活审美化、个性化,权威不再,人们可能会对信息来源非常警惕,审美疲劳的受众对广告的敏感度越来越低,对商品非常麻木,甚至反感。出于软化营销目的、降低排斥度的需要,传统广告文案中的这四要素逐渐以变形的方式,甚至以删减的方式呈现,这种转变进而催生

了软文广告。软文广告更注重广告本身所具有的独立审美价值，以艺术审美性软化广告的功利实用性。

爱听故事是人的天性。从文案传播角度来讲，最好传播的内容毫无疑问是故事。因此，优秀文案都是在讲一个故事。那么，新时代的软文广告如何讲好一个充满吸引力的故事呢？

1. 熟知品牌理念，寻找创意点（idea）

广告文案有非常明确的目的性——营销，因此，广告文案都是"命题作文"，不会是自由创作。在文案创作之前，我们要弄清楚我们想告知（宣传）的是什么，即创意点。

找到切入点之后，我们的创意点借助怎样的手段才能得到最好的文字呈现，取得最好的告知（宣传）效果。我们必须谙熟各种广告文案，这样才能游刃有余地利用形式，又突破形式，将创意点完美呈现。因此，用以下问题来自我拷问，能更为快捷地引领我们少走弯路，顺利完成文案策划。

（1）为什么而写——广告主通过广告要达到什么样的目的？广告活动要达到哪些目标？广告作品要产生什么样的效果？

（2）广告文案的主角是什么——是企业，是商品，还是服务？它们具有什么优势？它们有哪些特点？

（3）广告文案写给什么人看——广告的诉求对象是谁？他们通常从事什么职业？他们的受教育程度如何？他们的收入如何？他们的消费方式具有什么样的特点？他们有什么样的心理需求？

（4）广告文案要写什么——将要完成的广告作品要传达哪些信息？哪些信息是最重要的？哪些信息是次要的？哪些信息是消费者最感兴趣的？哪些信息是广告主最想传达的？

（5）广告文案怎么写——广告的诉求策略是什么？广告文案

应该采用什么样的主题?应该采用什么样的风格?应该使用什么样的语言?

(6)广告文案是写来听的,还是写来读的?——将要完成的广告作品要经过印刷媒介发布,还是要通过广播或电视媒介发布?

(7)广告文案要写多长——广告活动的媒体计划中规定的广告发布的版面、时间能够允许多大篇幅的广告文案?多长的文案才能收到最好的诉求效果?

在对上述问题答案的整合过程中,广告文案的意义生成,创意点也就找到了,接下来,就进入文案创作环节了。

2. 满足"好奇心缺口"——标题的写法

大卫·奥格威说:"阅读标题的人数是阅读正文人数的5倍。除非你的标题能帮助你出售自己的产品,否则你就浪费了90%的金钱。"在这个信息泛滥的时代,一则文案吸引读者眼球的时间不到2秒,而在这不到2秒的时间里,标题决定了文案的存亡。因此,要把文案最吸引人的地方放在标题中,因为你必须在2秒钟之内,成功吸引到他们,让他们愿意打开看一眼。

你必须引发他们的好奇心。每个人的知识与见闻都有缺口,当读者看到标题而发现自己知识的缺口时,好奇心由此产生,随之就会不由自主地被吸引住,填满自己的好奇心缺口。

那么,如何通过标题引发读者的好奇心,满足读者的好奇心缺口?马楠为我们归纳了10种标题的写法。

(1)疑问体——打开潜藏的好奇(要多少钱才能包养李易峰?);

(2)合集型——要细节,要具体(30页干货PPT,史上最深度电商行业分析报告);

(3)急迫型——限定元素(必须看!iPhone保养不得不知的五

个误区);

(4)"负面"型——逆向思维(如果你的简历石沉大海,看看这8个秘笈);

(5)独家型——八卦心理(Google 程序员薪资探秘);

(6)专业型——目标读者(2018年互联网职场薪酬报告);

(7)趣味型——自带矛盾(Instagram 上 50 位 KOL 晒同款女裙照片,裙子迅速售罄,但 FTC 说违规了);

(8)简单速成型——干货(一篇文章读懂营销本质变迁:从广告到 SDI);

(9)福利型——有奖回馈(2018年度礼物榜单:献给不会送礼物星人的福利帖!);

(10)"暴力"型——一篇微型悬疑小说(电冰箱再袭击)。[①]

选择什么类型的标题,取决于产品的品牌特性和目标消费群体的特点。比如卖乡土食品,就不适合使用"暴力"型的标题。

3. 讲一个人们爱听的故事——正文的写法

(1)人物有代入感。

人在读故事时,都会把自己代入某个角色,产生身临其境的感受。因此,文案要有意识地塑造角色,运用对话、行动与细节描写去塑造使人产生移情的角色。

比如,一个乞丐行乞,牌子上写着:

a. 我是盲人,请帮助我。

b. 多么美好的一天啊,可是我看不见……

[①] 参见马楠.尖叫感:互联网文案创意思维与写作技巧[M].北京:北京理工大学出版社,2016:143-144.

如果你是路人,哪一句更能打动你呢?恐怕第二句更能让你感同身受。

(2)充满情感力量。

诉诸感情也是产生代入感的重要方法之一。如某公益广告,描述非洲草原上一头大象和一头小象的对话:

"妈妈,我长牙了。"

"……"

"妈妈,我长牙了耶!"

"……"

"妈妈,我长牙了!"

"……"

"妈妈?……"

"妈妈,你不为我高兴吗?"

孩子长牙了,对妈妈来说本来是件值得高兴的事,但对大象妈妈来说,却意味着担忧和害怕。简单的对话,讲述了一个令人揪心的故事,将"不要买卖象牙"的诉求表达得相当走心。

(3)巧妙设置悬念。

如何讲故事才能勾起消费者的兴趣和好奇心?才能激发消费者认同感,促使其进一步采取行动?最吸引人的故事讲法是巧妙设置悬念,比如这个可口可乐文案就使用了这种手法:

据说,在英国流传着这样一个故事,世界上最不为人知的三个秘密是:英国女王的财富,巴西球星罗纳尔多的体重,以及可口可乐的配方。

(4)制造冲突和竞争。

你想要消费者安安静静地坐着花上 30 秒看完你的广告吗?

请在 30 秒里制造一些戏剧冲突,让他们惊心动魄地度过这 30 秒。你可以把你的产品跟非同类的产品进行对比和竞争,双方形成冲突,以突出产品优势。

比如耐克球鞋广告,让代言人 C 罗跟布加迪威龙跑车进行百米赛比拼,结果 C 罗赢了。

比如谷歌 Chrome 浏览器创意广告,为了突出 Chrome 快,让它和闪电的速度进行竞争。

再比如为了突出麦片的"停不下来",让某人在来电话时,犹豫是继续再吃一口麦片,还是接电话。(吃麦片和接电话的竞争)

除此之外,很多创意广告为了"制造竞争",会让产品处于某个"不常用的情形"下,以替代更加常用的产品。

比如为了突出牛仔裤结实,有创意广告塑造这样的情形:车抛锚后拖车来了,但是没有绳子,于是让拖车用牛仔裤拖着后面的车走。(牛仔裤和绳子的竞争)

(5)塑造极端情境。

极端情境就是找到一个情形,在该情境下,产品的一个卖点重要到了不切实际的程度。比如将产品的卖点凸显到荒谬的、不现实的程度。如摩托车文案:

太省油,以至于太久不加油,油箱盖都生锈了。

或者讲一个故事,向消费者呈现使用产品之后出现的极端后果(甚至是负面的后果);或者干脆从反面来讲一个故事。有时候你创造性地呈现一些"因为功能太好而导致的负面后果",往往可以加强消费者对产品功能的认可。比如:

联想笔记本太薄了,让你一不小心容易丢到下水道里!

为了塑造这样的"极端情形",一个最常用的技巧就是"荒谬地

取代",这个"荒谬地取代"的构思过程是:你不必购买我们的产品,其实有替代方案。比如烧烤餐具的广告:

> 野炊时可以没有我们,你可以用扫把作为替代方案。

(6) 蹭热点+有趣的创意。

在这样一个浮躁的时代,大家的注意力都是高度聚焦的,基本都在热点事件上,所以学会在故事里蹭热点很重要。但热点话题一出来,所有公号都会跟风推文,这相当于命题作文,你不能人云亦云,你得有自己独特的看法,切入点要独到,创意要有趣。比如杜蕾斯在北京暴雨时曾策划了一个"安全套当鞋套"的故事,在微博上迅速成为热门:

> 北京今日暴雨,幸好包里还有两只杜蕾斯。

这个故事风靡的原因,不仅在于北京暴雨这一即时热点,更是在于它出色的创意(大多数人都从来没有想到过安全套可以当鞋套),这个文案讲了一个出人意料而又很幽默有趣的故事,所以当天就创造了惊人的转发量。

(7) "洞察+逗趣"式的戏剧性效果。

洞察,就是窥视消费者心理,并将这些或隐秘或无法言说的心理巧妙表达出来,加上逗趣效果,让读者产生共鸣。比如美容院的文案:

> 请不要同刚刚走出本院的女人调情,她或许就是你的外祖母。

这个文案的特点是违背预期,突兀但合理地颠覆读者的惯性思维,让读者产生被戏耍的体验,由此产生阅读乐趣。

不是优秀短篇小说的段子不是好文案。不要以为段子只是低俗的引人发笑的笑话,真正优秀的段子,一定是能够洞察人性、人生或者群体规律的,只是这种洞察往往有着逗趣的表象,而这也正是段子容易成为流行的重要原因。

（8）设置情节转折点（反转）。

讲一个故事或者一个经典情节，然后设置一个出人意料的反转，打破读者的固定印象，能够起到制造笑点的效果，比起以往的"心灵鸡汤"，因其贴近生活的真相，反而更容易流行。比如安利的文案：

两人分手后多年，在一个城市不期而遇。

男："你好吗？"

女："好。"

男："他好吗？"

女："好。"

女："你好吗？"

男："好。"

女："她好吗？"

男："她刚才告诉我她很好。"

一阵沉默后。

女："你听说过安利吗？"

【软文案例】

风雨交加的深夜，海边悬崖上，一对苦命鸳鸯相拥相依。雨水，或者是泪水，从脸上滑落。

"……龙成哥，我们的路走到了尽头吧。"

创业失败；朋友背叛；家人抵死反对；绝症……种种愁苦掠过眉头。男生苦笑了一下。有些人的路，天生要比别人难走。

"委屈你了！"男生站起来，轻挽女生胳膊。两人缓缓走向大海，仿佛在婚礼上走向幸福的殿堂。

"……龙成哥,我们的故事将来会有人传说吗?"

"有吧,美好的事物总会有人记住的。"

"可是,他们会怎么讲呢?还会像二毛他们那样吗……"

一道闪电掠过,刺破了无边无际的黑暗。惊涛拍岸,乱石穿空。

"不!"男生猛醒一般,他停下脚步,坚定地说:"我们的路,必须由我们自己走;我们的故事,必须由我们自己设计。"

"怎么设计?"女孩抬起头来,无限崇拜地看着自己的爱人。

"我们要振作起来!是的,我们现在什么都没有,但是我们还有时间、知识、经验、不屈的心,最重要的是,还有你。总会好起来的,就像我们的前辈马云、刘赛、高翔那样。"

"……龙成哥,我问的是我们的爱情故事怎么设计。"女孩娇羞地说。

"哦。听我爷爷说,曾经有一门课,叫'故事设计原理与技巧',里面讲到了世界上许多伟大的爱情故事,每个故事都有一个完美的结局……总有一个设计适合我们!"

"这门课在哪里呢?"

"华文翼书网,http://bookis.cn"

※ 阅读与写作训练

请为你的学校(或专业)写一篇适合在微信上推送的软文广告。

附　录

创意写作教育教学方法基本问题探讨

爱荷华大学于 1897 年首创作家工作坊（Iowa Writers' Workshop），在世界范围内率先探索新型的写作教育教学模式。1922 年研究生院院长 Carl Seashore 创建并实施"创意写作系统"（Creative Writing Program），工作坊开始提供写作方面的固定课程，并由驻校作家和访问作家为选修课程教学提供写作指导，高级学位班开始接受创意作品作为学位授予依据。现在创意写作（Creative Writing）已经是一个包含近 20 个子门类，提供学士、硕士、博士学位课程的大学科，在美国、英国、澳大利亚以及随后的加拿大、新西兰、以色列、墨西哥、韩国、菲律宾等国家和中国香港、中国台湾等地区开花结果，并呈现出与文化创意产业更紧密结合，向社会培训、网络教学延展，向中小学写作课程延伸等趋势。

复旦大学于 2009 年率先实践创意写作研究生课程教育教学，上海大学在本科生教育教学方面则领先一步。2010 年，上海大学开设创意写作本科实验课、应用写作改革实验课，2011 年开展创意写作夏令营、创意写作新生研讨课，2012 年陆续开设创意写作通识课、创意写作系列专业选修课、创意写作研究生课程等，开创了适应高校文科教育教学改革、面向文化创意产业、应对国际文化创业竞争新格局以及呼应当代文学创作数字化趋势的教育教学新方向。中国人民大学早年开设创意写作批评课程,而苏州大学、温州大学等内地高校也纷纷跟进,创意写作学科在中国的创生已经从理念引进、改革呼吁进入实质性的课程实践层面,因此,关于创意写作教育教学方法的探讨已经成为十分紧要的问题。翻译引进并作中国化的转换当然是一个选择,经验总结、试错创新,或许更适合中国创意写作学科建设的实际。本文在调研欧美部分有代表性高校及社会培训机构创意写作课程教育教学经验的基础上,结合上海大学创意写作本科课程教育教学实践,尝试就中国高校创意写作教育教学方法基本问题进行学理探讨,以供方家指正。

一、创意写作教育教学方法要服从创意写作教育理念

中国有作家班、文学讲习所、写作夏令营、鲁迅文学院等这样的作家培训机构,高校也有普通写作、应用写作和文学写作这样的课程,虽然说传统写作教育教学积累有相当的经验,但是却存在着难以克服的问题,即教育教学方法与教育教学理念脱节,两者相互抵牾。一方面,各种写作课程、教材不厌其烦地探讨写作的发生、写作的过程及作品构成规律;另一方面,它又相信写作不可教学,作家不可培养。既然写作不可教学,那么写作课程也就可有可无,导致的结果是,写作被神秘化,写作课程被边缘化,以至于许多高校中文系都不开设写作课,或者转而开设"可以教学"的应用写作课。即使是应用写作,也只是自觉地教学文体规范、篇章结构、语法修辞等这些"看得见"的技巧内容,至于思维训练、写作训练,因为秉承写作不可教学的理念,也自然偏重于写作知识的提问,难以触及创意和写作活动本身,更无从谈起创建科学的包含思维训练和写作训练的系统。

创意写作课程教学方法自然要打破传统迷信,转而服从创意写作教育教学理念。创意写作教育教学理念是:创意可以习得,写作可以教学。台湾创意大师赖声川明确提出,创意是可能学、可能教的,而且每个人都具有可能被激发的潜在创意能力。他的"创意金字塔"图表详细剖析了创意的来源、创意的本质与创意的机制,而其创意系统的确打开了无数人的创意空间,就其自己、创意团队和学生的创意成就而言,本身就是一个关于创意"可以习得"的注脚。作家可不可以培养,爱荷华大学创意写作工作坊自成立以来所培养和走出去的数十位美国著名作家已经回答了这个问题。与之相应的事实是,在美国已经很难找到没有经过创意写作培训的成功作家,尤其是那些获得如普利策这样重要奖项的作家。与此同时,那些成功的文学作家包括与创意写作相关(不仅仅是文学)的作家,都在高校教授创意写作或者有教授创意写作的经历。"作家阁楼"创建者杰里·克利弗(Jerry Cleaver)、罗伯特·麦基(Robert McKee)在小说、银幕剧等文类写作规律研究方面成就斐然,尤其是后者,"桃李满好莱坞",看看他编剧,或者与学生合作,或者指导学生创作的令人肃然起敬的好莱坞电影名单,就会对"世界银幕剧作教学第一大师"深信不疑,他们以事实证明创意与写作可以授也可以习得。

现在,创意写作课程不应该在"创意"与"写作"可不可以教育教学上面迟疑,应该做的是如何研究创意与写作的规律,开发学生的创意潜能,拓展学生的写作技能,从教育教学方法和训练系统方面去实现创意写作的教育教学理念。

二、创意写作教学方法服从创意写作教学目标

现在中国有一种将"创意写作"等同于"文学写作",又进而等同于"虚构类文学写作"的倾向。这种认识不能说没有道理,创意

写作第一个工作坊"爱荷华创意写作工作坊"其实就是诗歌工作坊。在相当长的时间内,爱荷华大学创意写作依旧以文学教育为主,在美国许多高校,创意写作教育至今依然以文学为中心,而在英国,以文学创作教育为其传统。但是放眼世界以及宏观把握其发展趋势,创意写作已经远不是"虚构文学写作"甚至"文学写作"了。纽约歌谭作家工作坊(Gotham Writers' Workshop)课程设置就说明了创意写作内容的丰富性,诚然它有传统意义上的文学写作、虚构文学写作,比如小说写作(Fiction Writing)、回忆录写作(Memoir Writing)、神秘故事写作(Mystery Writing)、非虚构写作(Nonfiction Writing)、故事写作(Novel Writing)、随笔写作(Personal Essay Writing)、剧本写作(Playwriting)、诗歌写作(Poetry Writing)等,也有非文学性写作,比如食品介绍(Food Writing)、剧本分析(Script Analysis for Screenwriters and Movie Lovers)、剧本出售(How to Sell Your Screenplay)、商务写作(Business Writing)等,还有创意心理课程,比如突破写作障碍(Jumpstart Your Writing)等。而在澳大利亚如皇家墨尔本理工大学,其课程有创意产业(Creative Industries)、专业写作与编辑(Professional Writing and Editing)、电影剧本写作(Screenwriting)、编辑出版(Editing and Publishing)、图书出版(Book Publishing)、公共关系(Public Relations)等。由此可见,创意写作不等于文学创作,更不等于非虚构写作。那么什么是创意写作? 在我们看来,创意写作是以写作为活动样式、以作品为最终成果的一切创造性写作的统称,它的第一规约是"创造性",第二规约是"写作",其本质是"创造性活动"。

创意写作课程的培养目标不是也不应该仅仅局限于文学作

家:它不仅培养传统意义上的作家,供职于各种作协组织、有特定头衔的人,还为整个文化创意产业链条培养具有创造能力的文学创作者和文案撰写者,为当代文学的繁荣和文化创意产业的提升起到引擎作用。创意写作将写作的权利、信心和秘诀交给每一个人,让他们能够成为文学作家,成为为文化创意、影视制作、出版发行、印刷复制、广告、演艺娱乐、文化会展、数字内容和动漫等所有文化产业提供具有原创力的创造性写作人才。

当下文学数字化趋势更明显、与文化创意产业联系更紧密、跨文体跨媒介写作更普遍,这是创意写作发展的新背景,然而创意写作引进中国内地,还隐含着一个难以启齿的苦衷,那就是就业问题。正如西方创意写作多放在英语系一样,中国创意写作首选中文系。中文系接纳创意写作,这自然是写作与文学文字有一种天然的联系,更重要的是,当前中国中文专业"文学教育"已经不能完全适应当代中国社会及文化产业化发展的需要,而成为冗余学科。麦可思中国大学生就业研究课题组的《中国大学毕业生求职与工作能力调查》指出,汉语言文学专业连续数年位列最难就业专业前十名。现在中文系开设创意写作课程包括学生选择学习创意写作课程,不能说没有"学得一身好本领,谋得一个好饭碗"的想法。在这种情况下,我们的课程教育教学除了在西方教育教学理念的"发现自己、成为自己、超越自己"外,要特别注意创意写作技能的培养。课程的教学方法在"自我诗化""自我完成"之外,也要或多或少偏向技能拓展训练。这也许是一个妥协,也许是一个前提。

三、创意写作教学方法要研究和遵循创意写作规律

任何教育教学方法都要适应自己的对象,科学有效的创意写作教育教学方法需要打通写作的规律与教学的规律,建立在对创

意写作规律充分研究的基础上。研究创意与写作的规律,需要研究创意与写作的全部,而不仅仅停留在创意的类型划分和写作的知识体系、技巧规范方面,将创意与写作的本质、起源、功能、特征等基本问题让渡给心理学和文艺学,使创意写作学处于不完整状态。

创意写作学认为,"写作"在本质上是一种基于表现自我和沟通他人的创造性活动,"创意"体现在"创造性"表现和沟通的活动之中,换句话说是为了更好地表现自我和沟通他人。创意来自哪里?创意不会空降,而是来自自身;表现自我与沟通他人的逻辑起点也是表现自己的生活和表达自己的愿望与利益诉求。同样,表现自我与沟通他人也需自我和他人都能接受的工具及方式,文类成规正是写作得以开始与实现的场域。因此,我们认为"自我挖掘""文类成规"和"对象化思维"是创意写作的几个基本规律,也是创意写作教育教学要遵循的几个基本规律。

写作的素材来自自身,写作的愿望(动力)来自自身,写作的目的也是为了发现自我、成为自我、延展自我并超越自我。"创意"与"写作"不会在自身之外,其起点与归结都在自身。弗洛依德的"作家与白日梦"理论从无意识角度说明了虚构文学创作的潜在动因,陈平原的《千古文人侠客梦》也从心理学角度说明了武侠小说的创作动机,那么绝大多数种类的创意文案、工具类功能性文本差不多就是从"有"意识的角度展开创意与写作了。创意与写作活动是作者世界观的外化、利益诉求的间接或直接表达,在这个意义上,"写作"其实是"创意"的途径,创意第一位,写作第二位。解决了创意,自然就解决了写作。正如安托万·德·圣-埃克苏佩里(Antonie de Saint-Exupery)所说:"如果你想造一艘船,不要抓一批人来搜集材料,不要指挥他们做这个那个,你只要教他们如何渴望浩瀚的大海就行了。"创意来自哪里,创意来自自己的心思。有强烈的表达自我的渴望自然而然就有写作,一切的形式、技巧、章法自然而然地随着表达的需要跟随出来,只要有助于表达渴望本身,所有的形式、技巧、章法都是合理的,即所谓"气盛言宜"是也。对于创意写作教育教学来说,激励学生发展"表达自我"的渴望而不仅仅是对于"写作"的渴望,是促使写作活动的正确开端。当然"自我"是一个利益与情感单位,它还有更大的指涉,比如团体、政党、地方、国家、性别、文化甚至人类整体,都是"自我"的外延,它们也有自己的意愿。

创意不等于百分百创新,自我作古、全面创新的事情是没有的,如果有,那么这样的创新一定莫名其妙,不知所云。创意写作始终承认并遵循文类成规,在此基础上展开创意与写作。文类成规既是写作的一般规律,也是某种文类的特殊规律。它的形成既来自作家对某个特殊生活领域、特定审美趣味和特定思想意愿的创造性表达,也来自读者对相同对象的固定性阅读期待,一般来说作家的创作预期跟读者的阅读期待处于互动状态。创新就是在遵循接受者既有的接受期待上给予更有新意的创意,并在表现形式上给予接受者以惊奇和惊喜的表达、有限的陌生化。没有成规,创作根本无法开始;不了解成规,创新也是盲目的:你根本不知道哪些地方可以创新,哪些地方将是陈词滥调。那些不承认文类有成规的"先锋"作家,在实际创作中其实是在回避某一个成规,而暗中自觉或不自觉地遵循另一个成规,模仿另一种写作。理解、遵循并超越创意与写作的成规,是创意写作教育教学得以开始和行之有效的前提。

创意写作在形式上是"戴着镣铐跳舞",在内容上是人与人之间的交流、沟通和利益、观念的碰撞及妥协。吴仁援曾说,公文在表面上是文字与文字打交道,实质上是人与人的交流,公文写作始终要有一个对象化思维。创意来自需要,没有需要的创意是零创意、伪创意。不了解接受者的需要而盲目创意,这样的创意是无效的,这样的写作同样无效。创意的正确标杆是"利他"而不是"利我",那些优秀的创意,文学的也好,非文学的也好,都是创造性地解决了人类(他人)普遍问题,从各自(个人、地方)的角度给予创造性解答。李欣频曾说,创意就是提供一个更好的世界图景,一种更好的生活,创意就是创世。因此,有效的创意写作能够找到正确的接受者并尊重接受者的创造性活动,而这样的事实我们屡见不鲜。因此,创意写作教育教学鼓励学生在创意与写作前须调查自己的阅读对象,尝试找到更好的沟通渠道与形式,而不是盲目地写作或狂妄地写作。

四、创意写作教育教学方法要考虑中国高校教育制度

过程教学法(Writing Processes)的兴起主要是针对二语写作(Second Language Composition)传统控制写作法和现时—传统修辞法的弊端,后来因其与欧美高校或各种形式的创意写作课程的教育理念不谋而合,并与各种形式的 Workshop(工作坊)相得益彰,最终被广泛采用。现在,过程教学法是海外创意写作课程的主要教育教学方法。

过程教学法认为创意写作是一种群体间的交际活动,而不仅是写作者的个人行为;同时创意写作也不是简单的语言、段落、篇章以及技巧、修辞的组合,而包含着创意、构思、写作及反复修改的全部过程。因此,过程教学法对应着写作的全过程、全方位,建立

在对"过程写作法"的充分理解和操控之上。过程写作法一般分构思（Prewriting）、打草稿（Drafting）、修改（Revising）、校订（Editing）和发表（Publishing）五个相关阶段。所谓"构思"就是写作前的集体创意及写作准备时期，主要解决创作意图问题，关键环节在于以集体讨论开创思路，以问题引导激活思维。"打草稿"的主要任务是解决主题创意，而不拘泥于具体的语法和修辞。"修改"即是根据同伴或教师的反馈，修改自己的初稿。"发表"即是在班上或小组内朗读或传阅彼此的作文定稿。

过程教学法的优点是将创意写作的教学从传统偏重下游环节的篇章结构、语法修辞拓展至全程，尤其是延伸到写作的上游——"创意"，解决创意写作中"创意点"的产生、成型及修正问题。在揭开"创意"与"写作"神秘面纱的同时，还打破了创意与写作的孤立状态，使创意写作教育教学进入"集体创意""集体写作"和"集体修改"层面，从操作环节实现"创意可以习得""写作可以教学"理念。过程教学法对于学生而言是相互合作、相互鼓励、多向反馈、思维碰撞的过程，对于教师而言是对创意写作活动主体性的让渡和过程的管理。实践证明，过程教学法有助于活跃写作课堂气氛、发展学生的创意思维、掌控写作的全过程，从而提高写作积极性和写作能力。

但是过程教学法有着它的局限性，尤其是在当下中国高校教育教学制度之下更加明显。首先，它对教师的要求极高。在欧美国家，教学创意写作课程的教师都是有着丰富写作经历的作家，能够对学生的写作随时随地给予评判、指点。创意千变万化，写作过程也难以预料，极容易出现"猜得到开始，猜不到结局"的情况，这种情况往往是"戏水伙伴"难以解决的，这个时候需要教师根据自己的写作经验和对写作规律的了解,对学生的创作提供贴身体己的分析,提供多种替代性方案,帮助学生实现创意与写作的最优化。众所周知,中国高校的写作教师绝大多数有学术写作能力,少有多种文体的写作经验,尤其是面向文化创意产业写作的经历,这就使过程教学法的实施留下隐患。其次,过程写作法对学生也有严格的要求。这种要求既有数量上的,也有质量上的。一般来说,创意写作课堂最理想的人数是不超过15人,但是在中国高校,比如上海大学,低于20人的班级反而不能开课。在质量上,参加创意写作工作坊的学生需要提出申请,除了写作兴趣之外,还要有相匹配的写作能力。在海外,某些高校创意写作工作坊对学生的挑选几乎达到"百里挑一"的程度。这种要求在中国高校也难以实现,因为我们要兼顾教育公平和学生需要。就我们调查,某些写作课程比如"大学应用写作",学生人数经常高达上百人甚至一二百人。再次,创意写作毕竟是特殊的教学对象,既要遵循写作规律,还要有特殊的教学制度相匹配:工作坊、夏(冬)令营、社会活动、项目参与、田野采风、生活体验等,这就需要创意写作得到更多教学资源的支持。最后,过程教学法解放了学生的创意生产力,提高了写作积极性,但是对文类写作技巧等技术方面照顾不足,这又需要相应的课程系统和写作训练相匹配。如何在技能拓展课程中实现过程教学法的最优化,则是另一个课题。

五、创意写作教育教学方法要有写作训练系统的支撑

传统写作重知识传授轻写作训练,写作训练又偏技巧、章法、文体、修辞,整体上零散、割裂、随意,不成系统。创意写作教育教学不能走传统的老路,其教育教学方法要建立在创作障碍突破、创作潜能激发、创意思维训练、创作技能拓展等系统的训练基础之

上,得到训练系统支撑。

1. 创作障碍突破

海外创意写作教育教学很久以前就发现了创作过程中存在"创作障碍"现象,并且十分慎重地对待它,甚至专门开设解决创作障碍的课程。创作障碍可以细分为两种,一种是"作家障碍"(Writer's Block),即写作者在创意写作课程上或创作过程中被"作家是天生的""读者不会喜欢我的文章"这样的问题所困扰的现象;另一种是"写作障碍"(Writing's Block),指那些具体的不能用文字表达自身意思或沾染不良写作习惯导致写作无法正常进行或者开始的现象。无论是作家障碍,还是写作障碍,都会导致创作无法继续,严重者完全丧失创作能力。

多萝西娅·布兰德(Dorothea Brand)以全新的理念阐释了"作家"概念与写作性质,首次打开了作家的"魔术箱",动态描述了成为作家的可能和路径,其《成为作家》(1934年)一书已成为美国文学界经典,被中国学者称为"奇书"(刁克利)。实际上,《成为作家》主要解决的是"作家障碍"问题,兼及"写作障碍"。葛红兵于2011年开设的"创意写作:成为作家"也是关于突破作家障碍的心理课程。但是在我们看来,"成为作家"并不能解决所有学生的创作障碍,比如有些学生并不想成为"作家",要求他们成为"作家"反而增加了新的障碍。这种情况在海外也普遍存在,比如美国商务写作专家、创意写作教师 Jan Yager 在宾夕法尼亚州立大学教授创意写作时发现,只有极少数学生想成为职业作家,大部分学生只是想学习基本的实用文体写作技巧,以增加自己日后求职和长期职位晋升的筹码,或者把写作当作表达自我的一种方式。对于这样的心理障碍,上海大学的对策是,重新阐释创意写作活动:它只是一种创造性活动;调整了创意写作教育教学目标:"成为作家",或者"成为写手"(创造性写作人才、创意文案撰写者等),像职业作家那样工作。

解决作家障碍和写作障碍这样的心理问题,不仅需要心理上的辅导,对"writer"与"writing"作出新的阐释,还需要具体的训练保证。如果仅仅是这样,它又成了传统写作课程另一种知识或观念的传授。比如在葛红兵的"创意写作:成为作家"课堂上,教师通过"捶背法"让学生找到理想的合作伙伴(即 Amy Bloom 所说的"戏水伙伴"),建立同伴反应小组(Workshop);让学生学习打坐、冥思,树立作家信念、培养作家气质等。在笔者的"大学应用写作改革实验课"上,也尝试"写作"与"说话"的转换训练,锻炼学生开口的勇气,建立写作的对象意识,实践证明这些尝试都取得了效果。训练(后来命名为"'故乡名片'制作")是这样开始的:

(1) 导入:我们来自全国各地,有城市的,有农村的;有海滨的,有内陆的;有不同的生活经历,也有不同的文化背景。有的会骑马,有的会开车,说不定还有同学会巫术。种种不同之中有一个共同之处,那就是我们都有自己的故乡,都了解并热爱自己的故乡。好,我们先认识一下自己的同伴,打个招呼,然后向他们介绍一下自己的故乡。时间有限,琢磨一下哪些是你们故乡最有代表性、最美丽、最传奇、独一无二的元素,哪些是你最想告诉同伴的,然后说出来,与同伴分享。

(2) 记录:请大家用笔互相记录同伴的讲述,不要遗漏关键信息,句子要完整、连贯,尽量记下同伴讲述的语气,争取从他们的语气当中就能判断出讲述者是谁。

(3) 整理:请交换口述底本,各自检查,看同伴对自己的口述记录是否完整、忠实。现在大家将自己的"作品"重写一遍,可以添加、修改、修饰,可以查阅资料。现在结合你写的故乡历史知识、地域文化、生态环境、生活模式等方面,面向世界做一个介绍故乡的创意文案,这个文案就是介绍你们故乡的名片。

这个训练进行得很顺利,没有遇到心理或技术上的障碍,学生在不经意的状态下开始了创作。当然,这只是这个训练的第一个环节,后续有跟进写作。

2. 创作潜能激发

创作潜能激发训练是创作障碍突破训练的跟进,进一步将写作从文字训练转向创意训练,将创意写作与学生的成长、个性的培养更紧密勾连。其关键在于,写作训练不是外在于学生,去孤立地学习技巧、章法,或是进行种种创意思维训练,而是向内,从学生内部(经历、思想、思维、情感)进行挖掘,实现从自身寻找潜能并实现自身。

创意写作,就是捕捉自己的心思,发展自己的心思,并给自己的心思赋予形式的创造性活动。我们的训练程序:第一步,通过情境设置,帮助学生捕捉自己成长过程中最稳定、最想实现的意愿,(或出示参考案例,如 Jay Kirk 的《垂死的山羊》、释迦牟尼的《最后的遗教》、马丁·路德·金的《我有一个梦想》等),进入现在不说、以后永远没有机会说出的状态。第二步,要求学生通过普遍性和隐喻的方式讲出自己的心思,包括给自己的心思准备一个故事。武侠小说是中国文人的侠客梦,公案小说是中国老百姓的清官梦,历史小说是我们这个民族的家国梦,而世博会中国馆则是国家的未来生活梦,所有这些都是心思的曲折表现、世界观的外化。在这个阶段,我们一般推介学生从自己的家族故事或者成长经历的写作开始,但是不必拘泥于物理的真实,按照心理的真实、自己希望的样子去记录或者改写这些素材,实现自我梦或家族梦。第三步,给自己的心思赋予形式,这个形式没有任何局限,比如短的可以是对联、谜语,长的可以是系列作品,直接的可以是情书、报告、申请,间接的可以是反讽,甚至可以是声音(比如歌曲)、建筑(比如中国馆)、肉体(行为艺术)等。我们的要求是,只要能完整地表达自己的心思,形式可以无所不能、无所不为。第四步,找到自己的腔调。每个人都有自己的心思,并且都有属于自己心思的表达方式,忠实地实现自己,就可以成就自己的腔调。腔调没有对错之分,也没有等级之分,只有忠实与否。

在2011年创意写作夏令营活动中,就出现了这么一个现象。几个藏族学生在写作之初怀有很大的写作压力,因为他们怕自己的生活与汉族学生不同,没有"普遍性"价值,从而失去写作导师的信任;同时,他们也认为自己的写作能力大大低于汉族学生,对于写作结果不抱有任何希望。但是我们在他们的作品中发现了许多闪光点,就要求他们继续写下去,并且按照自己民族思维、地方生活的印记写下去,不要跟汉族学生一样,如果一样就是他们的失败,因为两者根本就不一样。于是有几个学生交上了很好的作品。比如德庆卓嘎的《聂赤赞普的故事》这样开头:

> 当清晨的第一缕阳光还未洒向神圣的土地时,人们早已走在转经的路上。走出家门的多是老人,念珠和转经筒从不离手。远远望去,拉萨这座城市依稀可见,桑烟袅绕不绝。

我们从行文上感受到了藏族叙事的那种繁复、富于装饰性的风格,而叙事内容也有强烈的地方志特色。拉姆次仁的《苦行者》这样开头,也令人震撼:

一场雨下过后,雪域高原变得更加的美丽动人,充满神秘色彩。蓝蓝的天,白白的云朵,天空出现一道彩虹,这时在后藏一个富豪家里出生了一个小男孩,他生性善良,聪明。

　　他在爸爸、妈妈的关怀下幸福地成长着,但天有不测风云,在他七岁时,父亲病故。此时,因人的贪欲,家中的伯父和姑母,并没有同情或者安慰这三个可怜的母子,反而霸占家产,把小男孩和她妈妈、妹妹沦为家奴。同村人也没人站出来为他们打抱不平,反而笼络他伯父跟姑母,助纣为虐。

　　虽然他们母子吃不饱,睡不暖,每日每夜被伯父和姑母虐待着,但是生性刚烈的母亲在心里并没有屈服于命运,只想着快点报仇。于是,她敦促小男孩寻访咒师,习练巫术,在母亲的一再催促下,小男孩开始了寻师习术。

　　小男孩先后拜了几个师父,他心里想着伯父跟姑母的无情,母亲与妹妹的无奈,专心学习巫术。因他勤奋肯受苦,很快学有所成。他咒杀了同村三十五人,还召唤过冰雹,毁尽全村一年的收成。虽然他报仇了,但同时致使年轻的他由此造下黑业。

　　这是一个宗教故事,宣扬了大罪之人弃恶从善、苦修得救、立地成佛的佛教经义。但这也是一个民族故事,其故事内容、叙事立场与叙事态度,隐约透露了一个民族独特的生活景象与观念,具有可贵的民族志价值。比如,故事主人公"噶举派三大祖师之一的苦修者米拉热巴或尊者米拉热巴"及其母亲"寻访咒师,习练巫术"并"咒杀了同村三十五人""毁尽全村一年的收成"的行为,对于有着儒家"忠恕"思想的汉族是难以理解的,更让人惊奇的是这篇文章冷峻的叙事腔调,使西藏这个地方的宗教观念充满了神秘色彩。

　　并不是所有的藏族学生都写出了好作品,也不是说藏族学生的作品在夏令营所有作品中是最好的,但他们的创作给予我们启发:只要激发了学生的创意潜能,他们就能做到不可能做到的事情。

3. 创意思维训练

创意写作课程仍旧需要专门的思维训练,全面认识人类思维结构,通过激发创意潜能,形成正确高效的创意机制。在2010年的创意写作实验班课程中,我们借用了赖声川的创意金字塔模式进行解说。赖声川创意学更多的是理论知识,作为知识谱系,它的确起到了对创意写作课程"头脑风暴"的作用,然而它毕竟是静态的,没有进入训练层面;同时,它也只是思维训练的一家之言,并不能取代其他的思维训练方法。现在比较认可的思维训练方法有脑力激荡法、心智图法、曼陀罗法、逆向思考法、综摄法、强制关联法、"七何检讨法"等,对于创意写作课程的教育教学大有裨益。但是,这些思维的训练孤立进行又是不可取的,我们在2010年的"美丽华府"策划活动以及"大学应用写作改革试验课程"之"故乡名片"制作中,将思维训练、创意活动与写作训练结合起来,发现效果更好。"故乡名片"制作思路如下:

(1) 个人文案制作完成之后,在小组内部传阅,小组同伴互为评委。要求:A. 指出同伴作品中的闪光点、最有创意的部分。B. 告诉同伴,哪些地方最能打动自己,并且说出原因。C. 找出同伴作品中哪些是自己作品中没有的地方,尝试能否用到自己的作品中去。D. 作品集中,商讨哪部作品最优秀,最值得扶持。如果把握不准,可以邀请其他小组同学参加,也可以邀请教师发表意见。E. 推选出一部作品,作为小组代表作,大家共同完成。F. 调研、搜集与这部作品相关的文案,并列出十种以上风格(推荐阅读李欣频著作《希腊,一个把世界蓝色都用光的地方》等)。G. 反思:看看自己的作品哪些地方需要改进,从主题、材料、文字、结构、语言、制作各方面着手。H. 请小组选派代表上讲台宣读作品,一个讲解,一个放映 PPT(鼓励制作 Flash)。I. 评选出全班最有创意的小组作品,并从各自的角度谈谈对最有创意作品的看法,指出优点和商榷处。J. 思考替代性方案或修补性方案。K. 按照最有创意作品产生程序,修改自己的作品,力求尽善尽美,可以借鉴所有创意与制作技术。

(2)制作"故乡名片"数字文案底本。(略)

(3)创意活动:如何把"故乡名片""卖"出去?(略)

(4)推介文案写作。(略)

4. 创作技能拓展

创意写作课程的"创意"与"写作"是合二为一的,写作遵循创意规律、写作规律、文类成规,同时还要提高写作技能,实现写作技能的拓展。创作技能的拓展应该包括文类写作训练、感知写作训练、系统写作训练、专项技巧训练等内容,实际上这些训练可以在某个课程里进行单独训练,也可以开设相关课程进行专门训练,同时,这些训练还可以交叉进行,不一定有训练等级、训练先后之分。

雪莉·艾利斯(Sherry Ellis)按照文学的虚构和非虚构标准编写了《虚构文学创作》和《非虚构文学创作》两部著作,其中收录了部分美国创意写作课堂上的成功教学案例。将创意写作课程分为"虚构"和"非虚构"两大类是需要商榷的。作为众多作家(教师)的教学案例汇编,其体系是否完整科学,也需要检验,但是这个思路是可取的,即创意写作课程是需要也是可以按照文类进行文类训练和专项技能训练的。比如《开始写吧!虚构文学创作》中,就对训练做了"开始动笔""视角""人物发展""对话""情节和节奏""背景和描述""技巧""修改"几个环节的整理,其中每一个环节又包含多个具体训练方案(教案),比如"视角"部分,就包含"想讲的故事""第一人称视角:想象并拥有人物""餐厅中的角色互换""准确处理人物的年龄""他们想什么?视角练习""第三人称叙述和心理距离""天使回望""让死者说话:第一人称练习"等,从设计到创意写作心理、创意写作专项训练,合起来则又是虚构文学创作的系统训练。

当然,这个训练系统是由众多教师在不同时间完成的,如何将这些单个训练方案进行整合,发挥普遍性的效用,还需要做进一步的努力。但是未来课程训练的发展,是可以借鉴这种模式的。

中国创意写作学科的创建、创意写作学的发展离不开创意写作课程的实践,创意写作课程的教育教学方法也需要得到学科建设的支撑和写作学研究的理论支持,但它不是从研究到研究、从文字到文字的理论推演、纸上谈兵,主要是写作经验和教学经验的总结、提炼、升华。在创意写作学科刚刚起步的今天,探索一条适合中国创意写作课程的教育教学方法不是哪位天才可以"发明"或者一蹴而就的事情,而是需要广大从业同仁的共同努力、大胆试错创新。相信随着今后创意写作课程在中国高校的大面积开展和逐步深入,教育教学方法会逐渐成形、完善、科学,更好地为创意写作课程教学服务。

(本文发表于《文衡》2011年卷)

参考文献

[1] MYERS D G. *The Elephants Teach: Creative Writing Since 1880* [M]. New Yorker: University of Chicago Press, 2006.

[2] DONNELLY D. *Establishing Creative Writing Studies as an Academic Discipline* [M]. Ann Arbor: Umi Dissertation Publishing, 2011.

[3] POPE R. *Creativity: Theory, History, Practice* [M]. New Yorker: Routledge, 2005.

[4] GABRIEL R P. *Writers' Workshops & The Work of Making Things* [M]. New York: Addison Wesley Longman Publishing Co., 2002.

[5] KEALEY T. *The Creative Writing MFA Handbook* [M]. New York: Continuum International Publishing Group Ltd, 2008.

[6] DONNELLY D. *Does the Writing Workshop Still Work?* [M]. New York: Multilingual Matters Ltd, 2010.

[7] MORRISON M. *Key Concepts in Creative Writing* [M]. New York: Palgrave Macmillan, 2010.

[8] SCHULTZ J. *Writing from Start to Finish: The " Story

Workshop" Basic Forms Rhetoric-Reader[M]. Chicago: Columbia College · Boynton/Cook Publishers, INC, 1990.

[9] SELLERS H. *The Practice of Creative Writing — A Guide for Students*[M]. New York: Hope College, Bedford/St. Martin's Boston, 2008.

[10] DANA R. *A Community of Writers — Paul Engle and the Iowa Writers' Workshop*[M]. Iowa City: University of Iowa Press, 1999.

[11] 雅斯贝尔斯.什么是教育[M].邹进,译.北京:生活·读书·新知三联书店,1991.

[12] 夸美纽斯.大教学论·教学法解析[M].任钟印,译.北京:人民教育出版社,2006.

[13] 马斯洛.动机与人格[M].许金声,译.北京:中国人民大学出版社,2012.

[14] 皮亚杰.发生认识论原理[M].王宪钿,译.北京:商务印书馆,1981.

[15] 皮亚杰.结构主义[M].倪连生,王琳,译.北京:商务印书馆,1984.

[16] 黑格尔.美学[M].朱光潜,译.北京:商务印书馆,1981.

[17] 弗洛伊德.精神分析引论[M].高觉敷,译.北京:商务印书馆,1984.

[18] 姚斯.审美经验与文学解释学[M].顾建光,顾静宁,张乐天,译.上海:上海译文出版社,2006.

[19] 伽达默尔.哲学解释学[M].夏镇平,宋建平,译.上海:上海译文出版社,1994.

[20] 米勒.解读叙事[M].申丹,译.北京:北京大学出版社,2003.

[21] 巴赫金.文艺学中的形式主义方法[M].李辉凡,张捷,译.桂林:漓江出版社,1989.

[22] 雅科夫列维奇·普罗普.故事形态学[M].贾放,译.北京:中华书局,2006.

[23] 弗莱.世俗的经典:传奇故事结构研究[M].孟祥春,译.上海:上海人民出版社,2010.

[24] 赖声川.赖声川的创意学[M].北京:中信出版社,2006.

[25] 麦克格尔.创意写作的兴起:战后美国文学的"系统时代"[M].葛红兵,郑周明,朱喆,译.桂林:广西师范大学出版社,2011.

[26] 葛红兵,许道军.创意写作教程[M].北京:高等教育出版社,2017.

[27] 葛红兵,许道军.大学创意写作:文学写作篇[M].北京:中国人民大学出版社,2017.

[28] 李欣频.十四堂人生创意课(系列Ⅰ)[M].北京:电子工业出版社,2007.

[29] 李欣频.十四堂人生创意课(系列Ⅱ)[M].南宁:广西科学技术出版社,2009.

[30] 李欣频.十四堂人生创意课(系列Ⅲ)[M].南宁:广西科学技术出版社,2010.

[31] 布兰德.成为作家[M].刁克利,译.北京:中国人民大学出版社,2011.

[32] 沃尔夫.创意写作大师课[M].史凤晓,刁克利,译.北京:中

国人民大学出版社,2013.

[33] 刁克利.诗性的寻找:文学作品的创作与欣赏[M].北京:中国人民大学出版社,2013.

[34] 纳博科夫.文学讲稿[M].申慧辉,译.上海:上海三联书店,2005.

[35] 葛红兵.小说类型学的基本理论问题[M].上海:上海大学出版社,2012.

[36] 陈平原.中国小说叙事模式的转变[M].北京:北京大学出版社,2010.

[37] 布鲁克斯,沃伦.小说鉴赏[M].主万,等译.北京:世界图书出版公司,2012.

[38] 福斯特.小说面面观[M].苏炳文,译.广州:花城出版社,1984.

[39] 克利弗.小说写作教程:虚构文学速成全攻略[M].王著定,译.北京:中国人民大学出版社,2011.

[40] 考恩.写小说的艺术[M].董韵,李菱,戴凡,译.北京:中国人民大学出版社,2015.

[41] 刘恪.现代小说技巧讲堂[M].天津:百花文艺出版社,2006.

[42] 毕飞宇.小说课[M].北京:人民文学出版社,2017.

[43] 狄克森,司麦斯.短篇小说写作指南[M].朱纯深,译.沈阳:辽宁教育出版社,1998.

[44] 伊格尔顿.文学事件[M].阴志科,陈晓菲,译.开封:河南大学出版社,2017.

[45] 哈特.故事技巧:叙事性非虚构文学写作指南[M].叶青,曾

轶峰,译.北京：中国人民大学出版社,2012.

[46] 津瑟.写作法宝：非虚构写作指南[M].朱源,译.北京：中国人民大学出版社,2013.

[47] 菲尔德.电影剧本写作基础[M].钟大丰,鲍玉珩,译.北京：中国电影出版社,2002.

[48] 托宾.好剧本如何讲故事[M].李子,译.北京：中国人民大学出版社,2015.

[49] 麦基.故事：材质、结构、风格和银幕剧作的原理[M].周铁东,译.天津：天津人民出版社,2014.

[50] 克雷默,考尔.哈佛非虚构写作课：怎样讲好一个故事[M].王宇光,译.北京：中国文史出版社,2015.

[51] 陈本益.中外诗歌与诗学论集[M].重庆：西南师范大学出版社,2002.

[52] 艾青.诗论[M].北京：生活·读书·新知三联书店,2014.

[53] 江弱水.诗的八堂课[M].北京：商务印书馆,2017.

[54] 马楠.尖叫感：互联网文案创意思维与写作技巧[M].北京：北京理工大学出版社,2016.

[55] 孙祖平.戏剧小品剧作教程[M].上海：上海人民出版社,2019.

[56] 格尔克.情节与人物[M].曾轶峰,韩学敏,译.北京：中国人民大学出版社,2014.

后　记

跟以往每一本书一样，快截稿时总感觉时间不够，心想再给我们一个月，这本书最终一定不会是这个样子。当然，这是幻觉。这本书依旧是匆匆交稿，留有许多遗憾，只能在心中默念：最好的书，永远是下一本。这或许依然是幻觉。

这本书最终问世要感谢我的搭档冯现冬副教授。2017年春季，冯现冬来上海大学做我的访问学者，说实话，我不知道她要"访问"什么，因为我也是一个副教授，而且正处在科研、教学等各方面的低落期。但是冯现冬给予了我足够的鼓励，尤其在课堂上，她比所有的学生都积极、热心：做笔记、参与工坊活动、课堂写作等，对我的每一节课，都表现出了极大的赞赏。她说，我的课对她有极大的启发，我的课是她遇到的最好的创意写作课。她说，她用我的方法在自己学校依葫芦画瓢，取得成功，而且还得到同城山东大学的邀请，连续做了五天的讲座，效果非常好。山东大学是985老牌高校，他们也说好，我自然很得意，殊不知，她在"使用"我的材料时，已经做了整理、提升，"我"的课程已经成为"我们"的课程。后来再冷静一想，鼓励、赞美自己的同伴，不是创意写作课堂工坊活动的基本原则与方法吗？她把我在课堂上对待学生们的那一套成功地用在了我身上，果然很有效！她说，将来有一天，她一定要帮我把我的课程复盘出版，让更多的人受益。

我以为她只是说说，谁知话音未落，上海大学文学院中文系高原学科二期就给了资助，可以出版了。既然如此，我们就顺水推舟，将这些讲义做了挑选，组成十五堂课的著作。

此书的出版，当然要感谢高原学科的资助，也要感谢葛红兵教授对我的启发，他是中国创意写作学科的奠基人，也是中国最好的创意写作教师。还要感谢我们上海大学创意写作学科同仁，比如吕永林老师、谭旭东老师、陈鸣老师等，另外，"小说写作""剧本故事写作""非虚构写作"和"创意文案写作"这几堂课，受益于葛红兵、黄斌、吕永林、王磊光、许峰诸位老师颇多，他们是这些研究领域的专家，也是教材《创意写作教程》的撰写者，在此一并表示感谢。感谢我的课堂上的研究生、本科生、旁听生，他们已经九年没有在我的课堂上睡觉了。感谢来自新疆创意写作培训班、中国网络文学高研班、中国网络诗人高研班、中国文学杂志高级编辑班、翼书网络作家培训班的学员们，他们是作家、诗人、编辑，面对这些实实在在的作家，我的课程变得实在。

以复盘的方式来做成著作，是兼得文字的严谨和课堂的活泼，还是四不像，尚未可知。一般来说，我的书出版后，我都怯于送人，总希望大家把它忘掉。即使它没有造福人间，也不至于祸害大家。当然，说一点也不关心是假的，我也偷偷关注我的书在豆瓣上的评价。有一天，我看到我的《故事工坊》居然得到了 7.5 分（当然，这个分数也不稳定），真是高兴极了，因为分数完全由陌生读者评价打分而来。

希望这本书也能拿一个好分数。

2019 年 3 月 26 日

再版后记

《创意写作十五堂课》首次出版是 2019 年 12 月,到现在正好四年。四年中它加印三次,经受了读者的检验,也基本得到了他们的肯定。作为作者,我们自然欢喜,也感到庆幸,总算没有辜负出版社、学科以及朋友们的期望。

一堂课好不好,由学生来判定;一本书好不好,由读者来判定。说实话,我是不怎么相信专家的,因为我也经常扮演"专家",多少知道"专家"是怎么回事。但是呢,对于这本书而言,我却特别在乎学科内几个同行的意见,甚至在出版后相当长的时间里,我十分忐忑,根本不愿意让他们看到这本书,更不用说赠书并请他们"指教"。直到有一天,我看到葛红兵教授在微信群里留言,说他对这本书"爱不释手",并"勒令"我给学科全体老师赠书。而几乎是在此前后,谭旭东教授也连续在朋友圈"晒"他幸福的读书生活,图片的背景就是《创意写作十五堂课》。我幸福地颤抖,于是第一时间将"喜讯"告诉了冯老师,并且将他们的留言与图片截图发到朋友圈"嘚瑟"。从那一刻起,我们决定要继续完善这本书,期待立即再版,好借此补充、修订,让它变得更"好"。

修订的机会比想象的要来得快,当然这里面也另有"故事"。但无论如何,期待我们这次的修订能得到广大老师、同学与写作爱好者们的肯定,并得到他们的反馈。

2023 年 11 月 2 日